식물 심고
그림책 읽으며
아이들과 열두 달

식물 심고 그림책 읽으며
아이들과 열두 달

1판 1쇄 펴냄 2021년 11월 2일 **1판 2쇄 펴냄** 2025년 5월 20일

지은이 이태용
펴낸이 이희주 **편집** 이희주 **교정** 김란영 **디자인** 전수련
펴낸곳 세로북스 **출판등록** 제2019-000108호(2019. 8. 28.)
주소 서울시 송파구 백제고분로 7길 7-9, 1204호
https://serobooks.tistory.com/ **전자우편** serobooks95@gmail.com
전화 02-6339-5260 **팩스** 0504-133-6503

ⓒ 이태용, 2021
ISBN 979-11-970200-6-3 03810

※ 이 책은 저작권법에 따라 보호를 받는 저작물이므로 무단 전재와 무단 복제를 금합니다.
　이 책의 전부 또는 일부를 쓰려면 반드시 저작권자와 출판사의 허락을 받아야 합니다.
※ 잘못된 책은 구매처에서 바꿔 드립니다.

식물 심고
그림책 읽으며
아이들과 열두 달

이태용 지음

세로
SEROBOOKS

추천의 글

••• 저자는 16년째 교육 현장을 누비고 있는 원예 전문가이자 원예 활동가이다. 저자는 말한다. 우리 인간은 오랜 세월 식물과 함께 살아온 만큼 몸속에 '식물 친화 유전자'를 지니고 있는지도 모른다고, 대다수의 도시인들은 이를 까맣게 잊고 '자연 결핍 장애'를 지닌 채 살아간다고 말이다.
원예는 자연과 우리를 잇는 징검다리가 되어 준다. 식물을 심고 가꾸는 일은 우리 안의 식물 친화 유전자를 깨우고 자연 결핍을 치유하는 과정이기 때문이다. 도시인의 하나인 나는 이 책을 읽으면서 반성과 함께 경탄을 거듭했다. 가정에서, 유치원이나 학교에서 꼭 한 권씩 비치하고 수시로 참조하면 좋겠다.
책에는 원예의 역사와 여러 나라의 원예 문화, 풀과 나무와 꽃이 인간에게 주는 기쁨도 담겨 있다. 마음에 상처가 있거나 소외감을 느끼던 아이들이 원예 활동을 하면서 스스로 마음을 여는 모습은 가슴 뭉클하다. 저자는 '아이들이 늘 보고 싶어 하는 어른'이 되고 싶어 한다. 정말 실현하기 어려운 꿈인데, 아마도 그 꿈을 이룰 것 같다. **_ 엄혜숙** 그림책 전문가, 번역가

••• 몹쓸 역병이 지구촌을 휩쓸면서 몸과 마음을 살피고 돌보기 위해 저마다 작은 자연을 꿈꾸는 시대다. 단단한 흙을 고르며 씨앗을 심고 한 송이 꽃을 피우기 위해 애쓰는 정원사의 마음은 아이를 키우는 마음과 다르지 않다. 그림책을 읽고 식물을 심으며 아이들에게 초록 물을 들이는 '원예 활동가'인 저자는, 방대한 역사적 문화적 지식이 어우러진 흥미진진한 원예 이야기와 생생한 수업 현장을 이 책에 담았다. 아이들은 고사리 잎 하나로 공룡시대 상상놀이를 즐기고, 낙락장송을 보며 식물의 시간을 이야기하는 꼬마 철학자가 된다. 그 과정에서 자연과 생명의 원리, 문학과 예술적 소양은 덤으로 얹혀질 테다.
나는 가끔 내가 설계한 현장에 일곱 살 딸아이를 데려간다. 흙과 풀을 경험하면서 자연과 생명을 가꾸는 일이 얼마나 소중한지 느끼게 해 주고 싶어서다. 우리 아이들이 모니터보다 정원에서 더 많은 세상을 깨달아 가기를 바라며 이 책을 추천한다. **_ 조혜령** 조경가, 『정원가의 열두 달』 감수

··· 일 년 넘게 저자와 그림책 모임을 한 적이 있다. 그림책 읽기로 시작해서 긴 수다로 이어지는 시간, 『제랄다와 거인』을 읽어 주고 스킨답서스를 심으며 아이들과 소통하는 그의 원예 수업 이야기를 들을 때면 내심 부러웠다. 한 부모 가정에 원예 수업 하러 가는 길, 치킨 한 마리 사 들고 가서 아이와 맛있게 나눠 먹었다는 얘기를 들었을 땐 '아, 이 사람 정말 아이들을 사랑하는구나!' 하는 느낌과 더불어 그 집에 가득 전해졌을 행복 바이러스가 상상되었다.
이 책에는 저자의 16년 경험이 녹아든 사계절 원예 수업 이야기, 계절별로 함께 심은 식물과 활동, 함께 읽은 그림책에 관한 생생한 정보가 실려 있다. 무엇보다 이 책은 우리가 아이들에게 어떤 어른이 되어야 할지를 사유하게 만든다. 나도 저자의 바람처럼 '아이들이 보고 싶어 하는 어른'으로 살아 보리라!
_**김순한** 『씨앗은 무엇이 되고 싶을까?』 저자, 그림책 강사

··· "선생님, 오늘 꽃 심는 날이지요?", "앗싸~ 오늘 아이비 선생님 오신다."
이처럼 원예 수업은 아이들이 손꼽아 기다리는 시간입니다. 저희가 7년 넘게 원예 활동을 이어 오고 있는 까닭은 '연결됨의 기쁨' 때문이지요. 그림책과 식물의 연결, 아이들과 그림책의 연결, 아이들과 식물의 연결, 그 연결의 중심에는 고유한 결을 지닌 '사람', 바로 이태용 선생님이 있습니다.
선생님이 그림책을 펼쳐 들면 아이들은 목을 길게 뺍니다. 어찌나 속삭이듯 말씀하시는지 들리지도 않을 것 같은데, 아이들은 이야기 속에 빠져들어 까르르 웃습니다. 꽃에도 이름이 있다며 다정하게 불러 주시면, 그 순간 꽃은 소중한 생명이 되어 아이들과 친밀한 관계를 맺습니다. 장난꾸러기의 엉뚱한 질문에 선생님의 허풍스러운 이야기들이 덧붙여지고 더 큰 상상력을 발휘하며 생각을 키우는 아이들을 보는 것은 참 즐겁습니다.
흙을 만지고 꽃을 심으며 사람과 자연의 연결을 알아 가는 우리 아이들의 이야기가 고스란히 담긴 이 책은 아이와 함께하는 모든 이들에게 소중한 선물이 될 것입니다. _**강혜승** 소망유치원 원장

아이들에게
어떤 물을 들일까?

'그린핑거 Green Finger'라는 이름으로 아이들과 함께 그림책을 보고 식물을 심은 지 벌써 16년이 다 되었습니다. 첫 수업 시간에 제 이름을 그린핑거라고 소개하면 대부분의 아이들이 묻습니다.

"선생님은 왜 이름이 그린핑거예요?"

그린핑거는 식물을 잘 키우고 원예에 재능 있는 사람을 일컫는 영어 단어 'green fingers(혹은 green thumb)'에서 따온 이름입니다. 따라서 정확히 하자면 '그린핑거스'나 '그린섬'이어야겠지만, 발음이 편한 말을 찾다 보니 그린핑거가 되었습니다. 그렇다고 제가 식물을 잘 키우거나 원예에 재능이 있는 건 절대 아닙니다. 예전에 시골에서 농사짓는 어르신들처럼 손바닥이 논바닥처럼 갈라져 있고 매일 식물을 만져서 손가락에 초록색 물이 들 정도는 되어야 진정한 그린핑거라 할 수 있겠지요. 저는 다만 그렇게 되고 싶은 '희망 사항'을 이름에 담았습니다. 초록이 물든 손으로 아이들 손을 잡고 아이들 마음에도 초록 물을 들이고 싶었습니다.

그런 소망을 품고 그간 많은 아이들을 만났습니다. 어떤 아이와는 단 한 번 만나기도 했고, 어떤 아이와는 3년 내내 만나기도 했습니다. 유치원에서 만나고 몇 년이 지나 초등학교에서 다시 만난 아이도 있습니다. 과연 저는 그 아이들에게 어떤 물을 들였을까요? 새하얀 도화지에 초록색 물감 한 방울 떨어뜨린 거라면 그나마 다행일 텐데, 혹시 제 맘대로 칠하고 그림을 그리면서 뒤죽박죽 색깔로 물을 들인 건 아닌지 걱정스럽기도 합니다. 그렇게 저와 손을 잡았던 수많은 아이들을 다시 떠올리며 반성하는 마음으로 쓰기 시작한 것이 이 책입니다.

원예 수업을 하러 가면 선생님과 부모님을 비롯해 많은 어른을 만납니다. 그때마다 저는 여러 질문을 받았습니다. "선생님은 어떻게 원예 수업을 하게 되셨나요?", "식물과 그림책을 함께 묶어서 수업하는 건 어떻게 생각하셨어요?", "저도 아이들과 학교에서 원예 수업을 하고 싶은데 어떻게 시작하면 될까요?", "원예 프로그램을 배울 수 있는 곳이 있을까요?", "흙 만지기를 싫어하거나 식물을 좋아하지 않는 아이도 있는데 그럴 땐 어떻게 수업을 하시나요?" 저는 늘 무언가 대답을 해 드리기는 했지만 만족스러운 적은 한 번도 없었습니다. 짧은 시간에 간단히 답하기 어려운 질문도 있었고, 정해진 답이 없는 경우도 있었기 때문입니다. 저 또한 여전히 답을 찾고 있는 문제도 있었고요. 이 책은 그동안 해 주신 질문에 대한 저의 대답이기도 합니다. 명쾌하고 충분하진 못할지라도, 그간 식물과 그림책을 매개로 아이들과 소통해 온 경험을 충실히 담았기에 원예 수업을 이해하고 비슷한 프로그램을 하고자 계획하는 분들께 참고가 되리라 생각합니다.

　　　1장 '우리 안의 식물 친화 유전자'에서는 원예의 역사와 각 나라의 원예 문화, 애써 식물을 기르고 정원을 가꿨던 사람들의 이야기를 통해 원예의 의미를 생각해 봅니다.
　　　2장 '아이들 곁에 식물을'은 제가 처음 원예를 공부하고, 원예 수업을 하겠다고 마음먹은 뒤에 원예 프로그램의 방향과 내용을 정하고 진행하기까지의 이야기입니다. 원예 프로그램을 구성하는 데 도움을 받은 교육 철학과 다른 나라의 원예 프로그램도 소개합니다. 아이들에게 식물이 왜 필요한지, 교육에서 우리가 놓치고 있는 것은 무엇인지, 원예 수업은 어떠해야 하는지 생각하면서 자신만의 원예 수업을 계획해 보시면 좋을 것 같습니다.
　　　3장 '그린핑거와 아이들의 봄여름가을겨울'은 실제로 제가 아이들과 했던 수업 이야기입니다. 봄 여름 가을 겨울, 계절별로 함께 심으면 좋을 식물, 식물에 어울리는 활동, 함께 읽으면 좋을 그림책을 소개합니다. 무엇보다 함께 식물을 심고 그림책을 읽으며 아이들과 나눈 이야기, 아이들의 속마음 그리고 부끄럽지만 저의 속마음을 보여 드리고자 했습니다. 구체적으로 아이들과 어떤 이야기를 나누고 어떻게 활동을 진행하는지, 수업의 실제 모습과 수업을 하면서 느끼는 기쁨과 보람, 고충을 모두 담았습니다.

보이지 않는 바이러스의 공격으로 많은 사람들이 우울해하는 요즘, 아이들이 집에 있는 시간이 길어지면서 한집에 사는 어른과 아이 사이의 갈등과 마찰도 더욱 심해졌습니다. 저는 이런 시기에 식물과 그림책이야말로 각자 다른 세상에 살고 있는 어른과 아이를 하나로 이어 주는 마법의 도구라고 생각합니다. 한 손에는 식물을, 한 손에는 그림책을 들고 아이들에게 다가가면 어떨까요? 어른과 아이 사이에 그어진 선은 어느새 사라져 버리고, 그저 친구처럼 함께 하하호호 웃으며 이야기꽃을 피우게 될 겁니다. 아무쪼록 이 책이 아이들과 함께하는 시간을 보다 즐겁게 만들고, 아이들이 식물을 통해 자연 그리고 자연의 일부인 자신의 리듬과 생명력을 느끼게 하는 데 도움이 되면 좋겠습니다.

이태용

〈일러두기〉

1. 그림책의 제목과 출판사, 출간 연도는 개정판이 나온 경우 개정판을 기준으로 했습니다.
2. 식물의 학명은 '국가표준식물목록(www.nature.go.kr)'을 기준으로 하였고,
   '종소명'만 이탤릭체로 표기했습니다.
3. 외래어 표기는 한글의 외래어 표기법을 따르되, 관례로 굳어진 경우는 관례를 따랐습니다.
4. 본문에 등장하는 어린이들 이름은 모두 가명입니다.

차례

추천의 글 • 4
아이들에게 어떤 물을 들일까? • 6

1장
우리 안의 식물
친화 유전자

보이지 않는 끈 ········· 17
내 곁의 당산나무 ········· 24
삶과 죽음의 경계를 허무는 꽃 ········· 31
점토판 레시피에서 화장품까지 ········· 39
조선 선비의 원예 생활 ········· 45
영국의 원예 문화 ········· 53
너의 의미 _ 꽃말과 탄생화 ········· 61
난초 사냥꾼과 유리 온실 ········· 67
원예의 수고로움
_ 카렐 차페크와 데릭 저먼의 정원 ········· 75
아르장퇴유의 모네와 아빠의 꽃밭 ········· 83
플로라가 사랑한 꽃, 장미 ········· 90

11

2장
아이들 곁에 식물을

원예를 만나다 ········· 99
다른 나라의 원예 교육 ········· 106
자연 결핍의 아이들 ········· 115
유치원의 남자 어른 ········· 122
아이의 생장점 찾기 ········· 129
아이는 정말 부모를 닮을까? ········· 136
어른의 마음, 아이의 마음 ········· 142
교실의 식물을 살리려면 ········· 149
아이와 함께 자라는 수업 ········· 156

3장
그린핑거와 아이들의 봄여름가을겨울

봄
자라면서 변하는 그림 ········· 167
너희도 씨앗처럼 작았어 ········· 174
주고받는 마음 ········· 180
만 원으로 하는 꽃시장 나들이 ········· 188

여름
여름꽃 심는 맛 ········· 197
잎으로 하는 모양 상상 놀이 ········· 204
이야기 씨앗 ········· 211
나도 큐레이터 ········· 219

가을

최후의 봄에 ·········· 227

무당벌레가 있는 화분 ·········· 235

은행잎 가족 ·········· 242

'개예쁘고' 단단한 알뿌리식물 ·········· 248

겨울

겨울 느낌 ·········· 255

'강한 공룡'과 '약한 공룡'을 이어 주는 빨간 열매 ·········· 262

식물의 시간, 나의 시간 ·········· 271

나의 하루, 나만의 라이프 사이클 ·········· 278

보고 싶은 어른이고 싶습니다 • 286

부록

그린핑거의 원예 프로그램 ·········· 294

그린핑거의 원예 수업 일지 ·········· 296

식물을 이해하는 데 도움이 되는 그림책 50 ·········· 300

원예 수업에 많이 쓰는 식물 50 ·········· 303

1장

우리 안의
식물 친화 유전자

어쩌면 사람의 몸속에는 아주 먼 옛날부터 식물과

더불어 사는 '식물 친화 유전자'가 있지 않았을까 하는

생각이 듭니다. 다만 이런저런 이유로 그 사실을 잊고

살았던 것뿐이지요. '원예'란 무엇일까요? 혹시 내 몸

깊숙이 숨어 있는 식물 친화 유전자를 끄집어내는 과정은

아닐까요?

보이지 않는 끈

　　사방관을 쓴 60대 중반의 선비 하나가 툇마루에 앉아 있습니다(18쪽 그림1). 방 안 책장에는 책이 가득하니 책을 즐겨 읽는 사람인가 봅니다. 마당에는 화분이 두 개 있습니다. 작은 화분은 난초, 큰 화분은 모란입니다. 선비는 지긋이 모란을 바라보고 있습니다. 모란꽃이 활짝 피어 있는 걸 보면 햇볕이 쨍쨍 내리쬐는 한낮 같습니다. 그런데 더운 날씨 탓일까요? 선비의 자세가 눈에 들어옵니다. 선비라 하면 늘 꼿꼿하게 앉아 있어야 할 것 같은데, 이 선비는 축 처진 듯이 몸을 비스듬히 기울이고 오른손에 부채를 들고 있습니다. 그러고 보니 툇마루 아래 놓인 신발도 가지런하지 않습니다. 선비는 지금 무슨 생각을 하고 있을까요?

　　남자와 여자가 정원 의자에 앉아 있습니다(18쪽 그림2). 남자는 여자 쪽으로 몸을 틀고는 여자의 손을 꼭 잡은 채 얼굴을 뚫어져라 바라보고 있습니다. 딱히 그늘이 없어 햇살이 따가울 텐데도 남자가 모자를 벗고 있는 걸 보면 남자는 분명 여자에게 진심을 전해야 하는 상황 같습니다. 아마

1 정선, 〈독서여가〉, 18세기, 간송미술관 소장
2 오귀스트 르누아르, 〈정원에서〉(1885)

탁자 위에 있는 꽃도 여자를 위해 남자가 땄을 겁니다. 하지만 여자는 남자를 보고 있지 않습니다. 아예 몸도 남자와 다른 방향으로 틀었을 뿐만 아니라, 표정 또한 무심해 보입니다. 남자가 그동안 짝사랑해 오던 여자에게 구애를 하는 상황인지, 아니면 자신 때문에 화가 난 여자에게 변명을 하는 상황인지는 잘 모르겠지만, 둘 사이는 어떻게 될까요?

조선시대 화가 정선1676~1759이 그린 〈독서여가讀書餘暇〉와 프랑스 화가 오귀스트 르누아르Auguste Renoir, 1841~1919가 그린 〈정원에서Dans le Jardin〉는 백 년이 넘는 시대 차이뿐만 아니라, 우리나라와 프랑스라는 지리적 차이가 있습니다. 하지만 두 그림에는 공통점이 있습니다. 사람이 등장하고 식물이 등장합니다. 그리고 두 그림 모두 사람과 식물이 별개로 존재하는 게 아니라 무언가 보이지 않는 끈으로 이어져 있는 것 같습니다. 그 보이지 않는 끈은 무엇일까요? 저는 그 끈의 존재를 '원예'의 의미와 함께 찾아보고자 합니다.

여러분은 원예라는 말을 들으면 어떤 이미지가 떠오르나요? 과수원에서 사과 같은 과실수를 키우는 일이 떠오르는 분도 있을 테고, 텃밭에서 상추 같은 채소를 따는 모습이 떠오르는 분도 있을 겁니다. 저처럼 베란다에 나란히 줄지어 있는 화분에 물 주는 일이 떠오르는 분도 있겠지요. '원예'의 정확한 뜻은 무엇일까요? 국어사전에는 '채소, 과일, 화초 따위를 심어서 가꾸는 일이나 기술'로, 한국민족문화대백과사전에는 '담이나 울타리로 둘러싸인 내부의 토지에서 집약적으로 작물을 재배하는 농업'으로 설명하고 있습니다. '원예'의 어원도 알아볼까요? 우선 원예를 뜻하는 영어 'horticulture'는 '둘러싸임'을 뜻하는 라틴어 'hortus'와 '재배'를 뜻하는 라틴어 'cultura'가 합쳐져 만들어진 단어입니다. 한자 '園藝'도 마찬가지입니다. '사방으로 둘러싸인 공간'을 뜻하는 '園'과 '심다'를 뜻하는 '藝'가 합쳐져 만들어졌습니다. 따라서 원예의 다양한 정의를 한데 모아 보면 이렇게 정리할 수 있습니다. '정해진 공간에서 채소, 과일, 화초 따위를 심고 키우는 일.'

하지만 저는 이 시대의 '원예'를 이런 사전적 정의로만 설명하기엔 부족하다고 생각합니다. 그리고 그 부족한 부분을 채워 줄 낱말로 '반려식물'을 떠올립니다. 요즘에야 꽤나 친숙한 말이 되었지만, 개나 고양이를 반려동물이라고 불러 온 것에 비하면 반려식물이란 낱말의 역사는 매우 짧습니다. 예전에는 그저 '관상식물' 또는 '원예식물'이라고 불렀지요. 그렇다면 식물은 정말 개나 고양이처럼 사람의 반려 대상이 될 수 있을까요? 저 개인적으로는 충분히 될 수 있다고 생각하지만, 〈독서여가〉와 〈정원에서〉 두 그림 속 인물들은 어떻게 생각하는지 상상의 세계로 들어가 이야기를 나누어 보았습니다. 우선 〈독서여가〉 속 선비와 나눈 이야기를 들어 보시지요.

"선비님, 아주 편안한 자세로 모란꽃을 보고 계시던데, 보면서 무슨 생각을 하셨나요? 혹시 모란꽃을 친구라 생각하시는 건가요?"

"아, 모란꽃을 아시는군요. 아주 아름다운 꽃이지요. 그런데 혹시 모란꽃이 뭘 상징하는지 아세요? 모란꽃은 부귀영화를 상징합니다. 재산도 많고 지위도 높고 세상 영광 모두 다 누리는 거 말입니다. 하지만 저는 모란꽃을 보며 다른 생각을 합니다. 지금은 저렇게 활짝 피어 있어서 사람들의 눈길을 사로잡지만, 저런 순간도 한때거든요. 저 또한 그랬습니다. 젊었을 때는 벼슬도 어느 정도 했고 돈도 많이 모았고 기세등등했지요. 그러다가 어느 순간부터 기울기 시작했어요. 한번 그리되니 왠지 자신감도 예전 같지 않고 찾아오는 사람도 점점 줄어들더군요. 처음에는 그게 어찌나 서운하던지…. 하지만 지금은 그런 제 모습을 순순히 받아들이고 있습니다. 모란꽃에게도 종종 이야기를 해 줍니다. 뭐든지 피면 시들 때가 있으니 너무 서운해하지 말라고요. 그런데 신기한 게 뭔지 아세요? 모란은 진즉부터 그런 사실을 알고 있었다는 느낌이 드는 거예요. 오히려 그걸 이제 알았냐며 저를 위로해 주는 것 같기도 하고요. 그래서 언제부터인가 가장 친한 친구를 꼽으라면 저는 늘 제 곁에 있는 모란을 듭니다. 모란과 저는 동병상련同病相憐하며 지내고 있어요."

다음은 〈정원에서〉의 남자와 나눈 이야기입니다.

"어떤 상황인지는 잘 모르겠지만, 지금 여자 분이 그다지 기분이 안 좋아 보이십니다. 탁자 위의 꽃을 여자 분이 기분 좋게 받아 주시면 좋겠는데요."

"하하하, 쑥스럽습니다. 저와 아내 모습을 지켜보고 계셨군요. 사실 제가 어제 아내에게 좀 잘못을 했어요. 아내와 한 약속이 있었는데 제가 깜빡 잊어버리고 말았거든요. 모두 제 잘못입니다. 그래서 지금 사과하고 있는 중이에요. 이렇게 꽃을 선물하면서요. 아내는 꽃을 좋아해요. 어린 시절부터 꽃이 가득한 정원이 있는 집에서 살았거든요. 그래서 결혼하고 집을 구할 때도 정원 있는 집을 찾았고, 가장 먼저 한 일도 이 정원을 꾸미는 일이었어요. 나무도 심고 꽃도 심으면서 우리 부부는 많은 이야기를 나눴어요. 그러다 보니 나무 한 그루 꽃 한 포기마다 다 소중한 추억이 담겨 있지요. 지금은 아내가 아직 기분이 안 풀렸지만, 이 정원의 꽃향기가 저를 도와줄 거예요. 그거 아세요? 식물에게는 사람의 마음을 어루만져 주는 힘이 있어요. 사람이 해 줄 수 있는 것과는 또 다른 능력이지요. 지금까지 우리 부부가 여러 힘든 상황을 헤쳐 올 수 있었던 것도 다 이 정원의 식물들 덕분이랍니다. 그래서 저는 늘 이 정원의 식물들에게 고마운 마음을 갖고 있어요. 자, 그럼 이만 저는 다시 아내에게 사과를 해야겠습니다. 아내가 받아 줄 때까지요."

지구에 인류가 나타나기 전부터 식물은 살고 있었습니다. 처음에는 물속에서 살다가 땅 위로 올라왔고, 조그마한 몸집을 땅에 붙이고 햇볕을 쬐며 살다가 어느새 하늘을 찌를 듯 커다란 나무로 자라났습니다. 그리고 점점 진화하여 꽃을 피우고 씨앗을 만들어 내더니 곤충부터 공룡 그리고 사람을 비롯한 모든 동물을 먹여 살리면서 지금까지 왔습니다. 사람은 식물 없이는 살 수 없습니다. 그래서 어쩌면 사람의 몸속에는 아주 먼 옛날부터 식물과 더불어 사는 '식물 친화 유전자'가 있지 않았을까 하는 생각이 듭니다. 다만 이런저런 이유로 그 사실을 잊고 살았던 것뿐이지요.

원예란 무엇일까요? 혹시 내 몸 깊숙이 숨어 있는 식물 친화 유전자를 끄집어내는 과정은 아닐까요? 18세기의 선비와 19세기의 부부가 그랬듯이, 식물 친화 유전자는 지금 이 순간에도 이 글을 읽는 21세기의 여러분과 식물 사이를 보이지 않는 끈으로 이어 주고 있다고 저는 생각합니다.

내 곁의 당산나무

어른들과 원예 수업을 할 때 한 분이 이런 이야기를 하셨습니다.

"저희 집에는 고등학생 아이가 두 명 있어요. 요즘 한창 말을 안 듣는데, 그럴 때면 저는 베란다에 있는 고무나무 잎을 닦아요. 그러면서 고무나무에게 속상한 이야기를 다 털어놓지요. 그러고 나면 신기하게 기분이 좀 풀어지고 편안해지더라고요."

그 자리에 있던 분들이 모두 웃으면서 함께 비슷한 경험담을 나누었는데요, 아마 식물을 키우는 분이라면 대부분 공감하실 겁니다. 식물도 키우다 보면 동물처럼 정이 들고 가족 같은 느낌이 드는 게 사실이니까요. 그래서 사람들은 집에 하나씩 하나씩 식물을 들여놓고 식물에게 자신의 속상한 이야기를 털어놓기도 하고 위로를 받기도 합니다. 저 또한 마찬가지입니다.

그런데 지금처럼 집 안에서 식물을 키우지는 못했어도, 식물에게 속상한 사정을 털어놓고 위로받는 행위는 먼 옛날부터 우리 조상들도 해

마을의 정자나무,
충북 괴산군 청천면 신월리

왔던 것 같습니다. 그 사실을 증명하는 존재가 바로 '당산나무'입니다. 예로부터 마을마다 있던 당산나무는 어느 한 종류의 나무를 뜻하는 게 아닙니다. '당산堂山'은 한 마을의 지킴이 신을 모신 성역이고, 당산나무는 당산에 있으면서 마을을 지켜 주는 나무입니다. 그러니까 당산나무는 마을 지킴이 신이 깃들어 있는 나무, 즉 신격화된 나무라 할 수 있지요. 그래서 어느 마을에서나 사람들은 자신들의 길흉화복을 지켜보며 위로와 힘을 주는 당산나무를 귀히 여기고 잘 보살폈습니다.

하지만 당산나무가 오로지 고귀한 신의 자리에만 머물러 있었다면 많은 사람의 사랑을 받기는 힘들었을지도 모릅니다. 당산나무가 많은 사람의 사랑을 받을 수 있었던 가장 큰 이유는 바로 '정자나무'의 역할도 했기 때문입니다. 사전에서는 정자나무를 "집 근처나 길가에 있는 큰 나무. 가지가 많고 잎이 무성하여 그 그늘 밑에서 사람들이 모여 놀거나 쉬는 나무"라고 정의하고 있는데요, 임학자 임경빈 선생은 자신의 책 『이야기가 있는 나무 백과』 '느티나무' 편에서 정자나무의 생김새를 다음과 같이 정의하고 있습니다.

> 가지가 동서남북으로 고루 뻗고 잎이 깨끗하면서도 우거지고 수관나무의 가지와 잎이 달려 있는 부분이 빽빽하여야 한다. 그리고 나무줄기는 위엄과 품위를 지니고 있어야 하고 수형이 단정해서 원만한 기품을 보여야 한다.
>
> - 임경빈, 『이야기가 있는 나무 백과』(서울대학교출판문화원, 2019) 중에서

이렇게 멋진 정자나무 아래에는 분명 마을 사람 수십 명이 모였을 겁니다. 그리고 봄에는 꽃을 보며, 여름이면 매미 소리를 들으며, 가을이면 선선한 바람을 맞으며 누군가가 내놓은 화제로 이야기를 나눴겠지요. 농사나 나라 이야기를 비롯하여, 옆 마을 처녀 총각의 연애 이야기, 마음에 안 드는 이웃 이야기, 가족 간의 속상한 이야기 등이 쉴 새 없이 흘러나오지 않았을까요? 정자나무 아래에는 남녀노소 상관없이 모두 발을 들일 수 있었다고 하니, 지금 생각해 보면 정자나무야말로 모든 사람을 품어 주고 토닥여 주는 어머니 같은 존재가 아니었나 싶습니다.

이처럼 우리 조상들을 품어 주고 토닥여 주는 식물이 정자나무뿐이었을까요? 생계를 위해서가 아니라 취미로 식물을 키우는 건 예나 지금이나 어려운 일이지만, 분명 우리 조상들은 나름의 방식으로 식물을 키우며 교감해 왔습니다. 저는 어린 시절 방학 때만 되면 시골 할머니 집에 놀러 갔습니다. 그 당시 시골집은 대문을 열고 들어가면 마당 가운데에 꽃밭이 있었고, 부엌을 거쳐 뒤뜰로 가면 장독대 옆에 또 조그맣게 꽃밭이 있었습니다. 하도 오래전이라 그때 그 꽃밭에 무슨 꽃들이 있었는지 기억은 안 나지만, 꽃밭 앞에 쪼그려 앉아 꽃을 보던 때의 푸근하고 편안한 느낌은 지금도 잊히지 않습니다.

식물 키우는 법을 따로 배웠을 리 없건만 우리 할아버지 할머니 들은 그렇게 아름다운 꽃밭을 바로 곁에 만들어 두고 계절마다 변하는 모습을 지켜보며 교감을 했던 겁니다. 어느 가을날, 할머니는 시든 꽃밭에 물을 주며 지난여름 이 꽃들을 바라보던 손자를 떠올리고 건강히 잘 지내길

기원하셨을지도 모릅니다. 저는 이런 풍경이야말로 마음에서 마음으로 전해져 내려오는 우리만의 정서이자 원예 문화라고 생각합니다.

식물과 교감하는 우리네 모습은 책에서도 볼 수 있습니다. 1995년에 나온 그림책 『만희네 집』에는 제가 몇십 년 전 시골 할머니 집에서 보았던 그 꽃밭이 고스란히 옮겨져 있습니다. 물론 주인공 만희가 사는 할머니 집은 제 시골 할머니 집과는 꽤 다릅니다. 도시에 있는 데다가 이층집이고 마당도 제법 넓습니다. 그 당시 모든 집이 만희네 집처럼 넓고 넉넉했을 리는 없습니다. 하지만 집 안팎에 심어진 꽃과 나무, 마당 구석의 개집, 그리고 옥상의 채소밭과 빨랫줄에 걸린 이불들은 몇십 년 전에 아이였을 어른들의 고개를 절로 끄덕이게 만듭니다. 마당의 꽃밭부터 안방의 난 화분까지 만희네 집에 있는 식물들은 결코 주인공처럼 화려하게 드러나지 않지만, 이 식물들 덕분에 만희네 집은 훨씬 풍성하고 아름답고 따뜻한 공간으로 느껴집니다.

권윤덕, 『만희네 집』(길벗어린이, 1995)의 한 장면

『만희네 집』 주인공 만희는 그 당시 유치원생이었으니 지금은 서른이 넘은 어른일 겁니다. 만희는 지금 어떻게 살고 있을까요? 분명 어린 시절 살았던 할머니 집의 온갖 식물들이 그의 삶에 좋은 추억을 남겼을 뿐만 아니라 많은 영향을 끼쳤으리라 저는 믿습니다. 문득 '만희네 집-25년 후', 이런 제목의 그림책이 나온다면 어떤 내용일지 궁금해집니다.

이제 시대는 변했습니다. 마을 공동체는 진즉에 무너지기 시작했고 정자나무라는 개념도 희박해졌습니다. 그 자리에 그 나무가 그대로 서 있어도 나라에서 지정한 천연기념물 대접을 받을 뿐 다른 역할은 없습니다. 갈수록 시골에 사람이 줄고 마을이 텅 비어 가니 어쩌면 조만간 마을에 사람은 없고 이 나무들만 남을지도 모르겠습니다. 만희네 집에 있던 꽃밭도 마찬가지입니다. 마을은 점점 도시화되어 가고 오래된 도시는 재개발이 되면서, 낡은 단독주택들이 높다란 아파트로 바뀌어 가고 있습니다. 만희네 집이나 마당의 꽃밭 같은 공간에 '레트로retro'란 이름이 붙는 것도 시간문제입니다. 하지만 이렇게 우리의 생활 방식과 터전이 바뀐다고 해서 식물들까지 바뀌지는 않습니다. 이제는 누구 하나 찾아오는 사람이 없는 나무, 다시는 만희네 집 마당 같은 곳에서 자라기 힘든 꽃이지만 이 식물들은 여전히 우리의 이야기를 들어 줄 준비를 하고 있습니다.

혹시 지금 당장이라도 마음속에 꾹꾹 눌러 담아 둔 이야기를 맘껏 쏟아붓고 싶은 분은 안 계신가요? 그런 분들에게 조그만 식물 화분 하나를 추천합니다. 종류도 크기도 상관없습니다. 내 마음에 들고 우리 집에 어울릴 식물을 골라 집 안에 들여놓으면 그만입니다.

처음에는 언제 물을 주어야 할지 어떻게 돌봐 주어야 할지 모르는 게 당연합니다. 혹시 죽이면 어쩌나 두렵기도 하겠지요. 하지만 전혀 걱정할 필요가 없습니다. 우리에게는 할아버지 할머니에게 물려받은 식물 친화 유전자가 있으니까요. 시간이 조금 지나 식물에 익숙해지고 친해지다 보면 식물과 호흡을 맞출 수 있습니다. 자, 그럼 다음 단계는 물에 적신 키친타월로 잎을 닦아 줄 차례입니다. 그러면서 가슴 깊숙이 있던 말, 누구에게도 하지 못했던 말, 유치찬란하고 허무맹랑한 이야기까지 다 식물 앞에 꺼내 놓는 겁니다.

조그만 식물이 내 그늘이 되어 주고 시원한 바람을 만들어 주고, 심지어 내 속마음까지 들어 주는 놀라운 경험, 그것이 바로 원예의 매력이자 마력입니다.

삶과 죽음의 경계를 허무는 꽃

2014년 1월 1일은 저에게 잊을 수 없는 날입니다. 이 세상에서 오십 년 가까이 함께 지낸 어머니가 돌아가신 날이기 때문입니다. 돌아가시고 나서 처음 얼마간은 어머니와 헤어진 게 실감나지 않았습니다. 집으로 찾아가면 여느 때와 다름없이 반갑게 맞아 주실 것만 같았습니다. 하지만 시간이 지나면서 헤어짐은 현실로 와 닿았고 슬픔은 서서히 그리움으로 바뀌었습니다. 그리고 어느새 사진으로 만나는 어머니 모습에 익숙해져 버렸습니다. 어머니는 돌아가시며 몇 가지 물건을 남기셨습니다. 조그만 가구와 그릇 그리고 식물 화분이었는데요, 저와 동생은 각자 추억하고 싶은 것을 나눠 가졌습니다. 어머니가 키우시던 벤자민고무나무와 스킨답서스, 아글라오네마, 그리고 덴마크무궁화는 그때 저희 집으로 이사를 왔습니다.

　어머니의 식물들이 처음 저희 집에 왔을 때 저는 혹시나 잘못 키워서 죽일까 봐 엄청 걱정을 했습니다. 특히 그 가운데에서도 덴마크무궁화는 유난히 더 조심스러웠는데, 어머니의 사랑을 가장 많이 받은 식물이었기 때문입니다. 어머니는 덴마크무궁화의 잎이 시들면 금방 따 주시고, 잎들이 골고루 햇볕을 받을 수 있도록 틈날 때마다 화분을 돌려놓으셨습니다. 튼튼하게 자라라고 가끔은 액체 비료도 주셨으며, 꽃봉오리가 맺히면 보물이라도 발견한 듯이 기뻐하셨습니다. 이렇게 정성껏 키운 덴마크무궁화가 일 년에 서너 번 큼지막한 분홍 꽃들을 피우면 어머니는 손자 손녀를 만날 때처럼 환하게 웃으며 좋아하셨습니다. 저에게 사진을 찍어 달라고도 하셔서, 찍은 꽃 사진을 크게 확대해 액자에 넣어 드린 기억도 납니다.

이처럼 어머니의 사랑을 듬뿍 받고 자란 식물들은 여러 해가 지난 지금 저희 집에서 다행히 잘 자라고 있습니다. 덴마크무궁화도 해마다 꽃을 피우고 있습니다. 요즘 저는 덴마크무궁화의 꽃을 볼 때마다 이 꽃을 보며 환하게 웃으시던 어머니의 모습이 떠올라서 참 좋습니다. 이 꽃 한 송이가 저세상에 계신 어머니와 이 세상에 있는 저를 연결해 주는 것 같은 신기한 기분이 들기도 합니다. 어쩌면 덴마크무궁화의 꽃은 어머니가 저에게 남겨 주신 생명이자 인연의 끈일지도 모르겠습니다. '서천 꽃밭'의 꽃들처럼 말이지요.

서천 꽃밭은 우리의 신화 '바리데기'와 '한락궁이'에 나오는 꽃밭입니다. '서천西天'은 현실 속의 공간이 아닌 신들이 사는 상상의 공간이라 할 수 있는데요, 두 신화의 주인공 바리데기와 한락궁이는 각각 아버지와 어머니를 살리기 위해 서천 꽃밭에 갑니다. 그리고 거기에서 가져온 꽃으로 죽은 아버지와 어머니를 살립니다. 이야기의 판본이 여러 가지라서 꽃의 이름이 통일되어 있지는 않지만, 그림책 『버리데기』(시공주니어, 2006)의 내용을 참고하자면, '버리데기'는 아버지를 살릴 약수와 함께 죽은 사람의 숨을 살리는 하얀색 '숨살이꽃', 살을 살리는 노란색 '살살이꽃', 피를 살리는 빨간색 '피살이꽃'을 가져옵니다. 이 꽃들을 죽은 아버지 몸에 대는 순간 아버지는 숨을 다시 쉬고 피가 돌며 살이 다시 돋아나지요. 이렇게 죽은 사람을 되살리는 능력 때문에 오래전부터 무속의 세계에서는 바리데기를 삶과 죽음을 주관하는 신神으로, 그리고 서천 꽃밭의 꽃들은 주술 능력을 가진 존재로 받아들이고 있습니다. 꽃의 힘으로 삶과 죽음의 경계를 허물 수 있다고 믿는 것이지요.

그렇다면 서천 꽃밭에서 바리데기와 한락궁이가 가져온 꽃들은 과연 무슨 꽃들이었을까요? 국화? 모란? 아니면 서양에서 건너온 장미? 어느 문헌에도 꽃 이름은 나와 있지 않습니다. 다만 이 부분에 대해 『꽃으로 보는 한국문화』(넥서스, 2004)에서는 바리데기 이야기와 함께 "무속에 등장하는 꽃은 자연계에 실재하는 꽃뿐만 아니라 관념적인 상상의 꽃이 많으며, '상상화想像花'라는 표현을 쓴다"라고 적고 있습니다. 즉, 실제로 무슨 꽃인지가 중요한 게 아니라, 누구나 좋아하는 '꽃'이라는 대상 속에 인간의 지향점이나 이상향을 담아내어 애달픈 이 세상의 현실을 잊고자 했던 것이라 여겨집니다.

하지만 삶과 죽음의 경계를 허무는 역할을 하는 꽃 중에는 서천 꽃밭의 꽃들처럼 상상화가 아니라, 실체가 명확한 꽃도 있습니다. 바로 멕시코의 명절 '죽은 자들의 날Dia de los Muertos'에 등장하는 꽃 '마리골드'입니다. 유네스코 인류무형문화유산으로도 등재된 죽은 자들의 날은 세상을 떠난 가족이나 친지를 기리며 명복을 비는 행사로, 매년 10월 말에서 11월 초에 열립니다. 멕시코에서는 세상을 떠난 이들이 이날 가족과 친구들을 만나러 온다고 알려져 있지요. 몇 해 전 우리나라에서도 상영된 〈코코〉는 바로 이 죽은 자들의 날을 중심으로 삶과 죽음 그리고 추억과 그리움을 다룬 애니메이션 영화입니다. 줄곧 화면을 가득 채우는 강렬한 주황색의 마리골드 꽃은 영화에서 산 자와 죽은 자를 다시 만나게 해 주고, 상처를 낫게 해 주는 치유의 도구이지요.

국화과 한해살이풀인 마리골드(아프리칸마리골드, 천수국)는 멕시코가 원산지입니다. 당연히 멕시코 사람들에게 친숙한 꽃이겠지요. 그런데 단순히 그 이유만으로 마리골드가 그 나라 사람들에게 삶과 죽음의 경계를 허무는 꽃이 되었을까요? 그 해답은 바로 마리골드의 이름과 향기에 있습니다. 우선 'marigold'라는 이름은 'Marie'와 'gold'가 합쳐진 것으로 '성모 마리아의 황금색 꽃'이란 뜻입니다. 그러니 멕시코 사람 대부분이 믿는 가톨릭의 '마리아 축일 Festa Beatae Mariae Virginis'을 기념하는 꽃으로 쓰이는 건 너무나 자연스러운 일이겠지요. 게다가 마리골드는 일 년 내내 꽃을 피우므로 많게는 한 해에 스무 번 정도 있는 축일에 언제나 쓸 수 있는 꽃으로도 제격이었을 겁니다. 마리골드 꽃향기에 숨겨진 비밀은 직접 맡아 보면 금세 알 수 있습니다. 마리골드를 심는 수업을 할 때면 아이들에게 꽃향기를 맡아 보라고 하는데요, 아이들은 "우웩, 이상한 냄새가 나요", "앗, 똥 냄새!" 하고 말하며 대부분 얼굴을 찌푸립니다. 물론 제가 맡아도 결코 좋

멕시코의 '죽은 자들의 날' 축제를 위해
마리골드로 장식한 제단

은 향기는 아닙니다. 하지만 오래전부터 멕시코에서는 이 강하고 독특한 마리골드 꽃향기가 죽은 자의 영혼을 가족이나 친구에게로 안내하는 역할을 한다고 믿었습니다. 그래서 죽은 자들의 날뿐만 아니라 개인적으로 제사를 지낼 때도 많이 썼지요. 이렇게 이름과 향기에 숨은 비밀 때문에 마리골드는 멕시코 사람들에게 죽은 자들의 날을 기념하는 꽃으로 쓰이며, 영화 〈코코〉의 화면을 꽉 채웠던 겁니다.

　이처럼 신비롭고 매력적인 마리골드는 우리나라에서도 겨울만 빼고는 꽃시장에서 흔히 볼 수 있습니다. 키우기도 쉽고 한번 꽃이 피면 오래가기 때문에 거리를 꾸미는 꽃으로도 많이 쓰입니다. 마리골드는 크게 '아프리칸마리골드'와 '프렌치마리골드'로 나뉩니다.

　아프리칸마리골드*Tagetes erecta*는 옛날 아즈텍 사람들이 약으로도 쓰고 의례용, 장식용으로도 써서 '멕시칸마리골드', '아즈텍마리골드'라고 불렸습니다. 〈코코〉에 나오는 마리골드 또한 바로 이 꽃이지요. 아프리칸마리골드는 멕시코에서 인도를 거쳐 스페인으로 가면서 '인도의 장미'로 불리며 큰 인기를 얻었습니다. 실제로 인도에서는 지금도 아프리칸마리골드를 많이 키우고 있으며, 국빈이 인도를 방문했을 때 환영의 뜻으로 마리골드 꽃목걸이를 걸어 줍니다. 아프리카 북부에서 귀화식물로 자리를 잡으면서 아프리칸마리골드라는 이름이 붙여졌는데, 우리나라에서는 '천수국千壽菊'이라고 부르기도 합니다.

　한편 프렌치마리골드*Tagetes patula*는 프랑스를 중심으로 전 세계에 넓게 퍼지면서 지금과 같은 이름을 갖게 되었습니다. 우리나라에서는 '만

수국萬壽菊'이라고 부르지요. 아프리칸마리골드가 다 자라면 키가 70~100센티미터 정도 되는 데 반해, 프렌치마리골드는 훨씬 작아서 20~40센티미터 정도밖에 되지 않습니다. 두 종류 다 노란색과 주황색 꽃을 볼 수 있는데, 한 송이에 노란색과 주황색이 함께 들어 있는 종류도 있습니다. 참, 〈코코〉를 보면 자막에 꽃 이름을 '금잔화'로 적고 있는데요. 금잔화Calendula arvensis와 마리골드는 같은 국화과이지만 전혀 다른 꽃입니다. 꽃 색깔과 모양은 비슷하지만, 마리골드는 잎 모양이 쑥갓과 비슷한 반면 금잔화는 길쭉한 타원 모양이지요. 추측하건대 금잔화의 영어 이름이 'pot marigold'이기 때문에 생긴 일이 아닌가 싶습니다.

인간을 비롯해 살아 있는 모든 생물은 유한한 존재입니다. 인간이 아무리 이 세상의 주인처럼 행동을 해도, 긴 시간의 역사 속에서는 티끌만큼 작은 점 하나 찍고 가는 것뿐입니다. 그래서 인간은 유한함에서 오는 허무에 빠지지 않기 위해 종교를 믿기도 하고 후손을 남기기도 하며, 자신의 생명은 사라지더라도 잊히지 않고 보이지 않는 끈으로 계속 이어지기를 바랍니다. 결국 서천 꽃밭의 상상화나 멕시코 죽은 자들의 날의 마리골드도 모두 잊히기 싫은 사람들의 염원이 만들어 낸 꽃이라 할 수 있지요. 이원수 선생의 작품 『꼬마 옥이』에는 이런 글이 나옵니다.

여기 별이 된 사람 가운데는 아기들이 많지만 큰 사람도 있다오. 그리고 세상에 남아 있는 사람이 죽은 사람을 그리워하면 별들은 그 그리움을 받아 마시고 그것으로 살아가는 것인데, 세상에서 사랑하는 사람이 딴 생각을 하고 별이 된 사람을 잊어버리면 별은 기운을 잃고 빛이 줄어 나중에는 죽어 버리는 거라오.

- 이원수, 『꼬마 옥이』(창비, 2001) 중에서

    이제껏 꽃을 잘 피워 준 저희 집 덴마크무궁화가 저는 너무 고맙습니다. 이 꽃 덕분에 저는 어머니를 잊지 않을 수 있었으니까요. 앞으로도 덴마크무궁화가 계속 오랫동안 꽃을 피워서 제 마음속에 어머니가 하늘의 별처럼 영원히 남아 있으면 좋겠습니다. 그래서 저는 오늘도 열심히 식물을 키우며 정성껏 돌봅니다.

점토판 레시피에서 화장품까지

원예 학교를 다니던 시절, 처음으로 야외 실습을 나간 곳은 허브 농장이었습니다. 그 당시 저는 '허브'라는 이름은 들어 보았지만, 고백하건대 허브가 한 식물의 이름인 줄로만 알고 있었습니다. 그만큼 허브에 대해 아무것도 모르는 상태였지요. 그런 제가 그날 농장 밭에서 만난 것은 허브라는 이름의 식물 대신 캐모마일, 라벤더, 세이지, 민트를 비롯해 다양한 이름을 가진 향기 나는 식물들이었습니다. 농장에서는 허브에 대한 기본 정보와 종류, 쓰임새를 알려 주고는 마음에 드는 허브를 맘껏 따서 가져가도록 했습니다. 저는 밭 이곳저곳을 돌아다니며 정신없이 꽃도 따고 잎도 땄는데, 걸어 다니며 스칠 때마다 나는 식물들의 향기가 저를 매우 기분 좋게 했습니다. 그날 저는 캐모마일의 향기가 가장 마음에 들어서 꽤 여러 잔 차를 우려 마셨는데요, 그때 그 추억 때문인지 지금도 허브 가운데 캐모마일을 가장 좋아합니다.

제가 허브를 처음 만난 후로 꽤 시간이 흘렀습니다. 이제 허브는 우리나라에서도 친숙한 존재입니다. 음식부터 화장품까지 허브라는 이름이 안 들어가는 곳이 없고, 심지어 허브를 주제로 한 식물원도 있습니다. 옛날의 저처럼 허브를 식물 이름으로 아는 사람도 아마 거의 없을 겁니다. 그렇다면 허브란 정확히 어떤 식물을 뜻하는 걸까요? 그리고 사람들은 언제부터 허브를 이용했을까요?

먼 옛날부터 사람들은 식물로 의식주를 해결하며 살았습니다. 잎과 줄기, 열매, 뿌리 어느 하나 버릴 게 없었습니다. 시간이 지나며 사람들은 몇몇 식물의 특별한 기능에 눈을 떴습니다. 먹다 남은 고기나 생선을 근처에 있는 어느 풀로 쌌더니 오래 보존할 수 있고 냄새도 덜 나는 경험을 했다든가, 다쳤을 때 어느 풀잎을 붙였더니 빨리 낫는 경험을 한 거지요. 이런 우연한 발견이 반복되면서 식물들의 특별한 쓰임새는 널리 알려졌고, 긴 세월을 거치며 전해 내려왔습니다. 이 식물들이 바로 '풀'을 뜻하는 라틴어 'herba'가 어원인 '허브herb'입니다. 사전에서는 "잎과 줄기 등을 약이나 향료로 쓰는 식물"이라고 정의하고 있습니다.

사람들이 허브를 이용한 역사는 매우 깁니다. 2001년 프랑스의 역사학자 장 보테로Jean Bottéro는 고대 메소포타미아의 한 점토판에 적힌 설형문자를 해독해 냅니다. 그건 바로 인류 역사상 가장 오래된 레시피였는데요, 거기에 루콜라·딜·고수·마조람처럼 낯익은 허브 이름이 적혀 있었습니다. 이미 그때부터 허브가 요리 재료로 쓰였던 것이지요. 이뿐만이 아닙니다. 고대 이집트에서는 병의 증상별로 700종류의 식물, 동물, 광물을 약으로 구분해 놓았는데, 그 가운데에는 알로에·사프란·양귀비처럼 지금도 약으로 사용하는 허브가 이미 들어 있었습니다. 당시에 미라를 만들 때 방부 처리를 위해서 썼던 '몰약myrrh' 또한 몰약 나무의 진으로 만든 것입니다.

이렇게 고대부터 시작된 사람들과 허브의 인연은 중세에 이르러 더욱 깊어집니다. 이탈리아의 소설가 조반니 보카치오Giovanni Boccaccio, 1313~1375는 그의 작품 『데카메론』에서 향기 좋은 꽃과 식물이 어수선하게 집 안을 감싸고 있는 모습을 묘사하고 있는데요, 이때 실내를 감싸고 있는 식물이 바로 '뿌리는 허브strewing herb'라고 불리는 허브들입니다. 중세 초기의 사람들은 목욕을 거의 할 수 없었고 부엌이나 침실도 깨끗하지 않았습니다. 당연히 집 안에서 안 좋은 냄새가 났겠지요. 따라서 사람들은 집 안 여기저기에 허브를 뿌려 안 좋은 냄새를 없애고, 갈대나 짚과 함께 허브를 바닥에 깔아서 걸을 때 기분 좋은 향기가 나도록 했습니다. 허브가 중세 유럽 사람들의 삶의 질을 높여 준 겁니다. 이때 쓰인 뿌리는 허브들은 지금 우리에게도 익숙한 종류가 많은데, 캐모마일과 세이지는 방충제, 라벤더는 침대와 베개의 방향제 하는 식으로 허브마다 그 쓰임새도 정해져 있었습니다. 심지어 르네상스 시대까지는 궁전에서 허브 뿌리는 일을 직업으로 하는 사람(strewer)이 따로 있었다고도 합니다.

고대에서 중세를 거쳐 오늘날에 이르러서도 허브는 여전히 우리 삶에 중요한 자리를 차지하고 있습니다. 허브의 종류는 다양하고 쓰임새 또한 한 가지가 아니지요. 대표적인 몇 종류만 소개해 보자면 요리할 때 주로 쓰는 파슬리나 세이지, 로즈메리가 있고, 차로 많이 우려 마시는 민

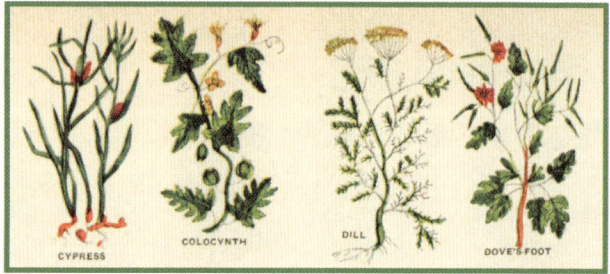

1 식물이 그려진 고대 이집트 벽화
2 고대 이집트에서 미라를 만들 때 방부 처리를 위해서 썼던 몰약 나무 그림
3 유럽에서 약용으로 쓰인 허브들, 19세기 초 그림

트나 캐모마일이 있으며, 약으로 주로 쓰는 사프란이나 타임, 회향 그리고 예쁜 꽃이나 잎 자체를 즐기는 베르가모트와 라벤더, 한련화와 램스이어 lamb's ear 등이 있습니다. 이 허브들은 대부분 구하기 어렵지 않으므로 마음에 드는 것으로 골라 집에서 키워 보면 금세 허브의 매력을 느낄 수 있습니다. 다만 모든 식물이 그렇듯 허브 또한 키우기 전에 특성과 주의할 점을 아는 게 중요합니다.

우선 허브는 햇볕이 잘 들고 바람이 잘 통하는 곳에서 잘 자랍니다. 따라서 실내보다는 바깥에서 키우는 게 좋습니다. 실내에서는 바깥만큼 잘 자라기 어렵고 향기도 훨씬 적게 납니다. 하지만 어쩔 수 없이 실내에서 키워야 한다면 최대한 창 가까운 곳에 놓아 햇볕을 쬐어 주고 종종 창문을 열어 바람을 쐬어 주면 됩니다. 바깥만큼은 아니더라도 충분히 잘 자랄 수 있습니다. 다음으로, 허브는 건조한 환경을 좋아합니다. 따라서 너무 자주 물을 주지 않도록 합니다. 물을 자주 주면 뿌리가 썩기 쉬우므로 겉흙이 말랐을 때 화분 바닥으로 물이 흘러나올 때까지 듬뿍 줍니다. 그리고 잎이나 꽃에 물이 닿으면 병에 걸리기 쉬우니 물은 줄기 아랫부분에 주어 뿌리만 물을 먹을 수 있도록 합니다.

허브는 이 두 가지만 잘 지키면 대개 큰 탈 없이 잘 자랍니다. 다른 식물들에 비해 성장 속도도 빠른 편이어서 키우는 즐거움도 느낄 수 있고요. 하지만 저는 주변에서 허브가 키우기 어렵다는 이야기를 꽤나 자주 듣습니다. 잎에 벌레가 너무 많이 꼬인다고도 하고, 잎이 금세 녹아 버렸다고도 합니다. 왜 그럴까요? 이유는 어느 하나 딱 꼬집어 말하기 힘듭니다.

햇볕과 바람, 물 이외에 흙이나 화분의 조건 때문일 수도 있고, 처음 허브를 사 왔을 때부터 약했을 수도 있습니다. 이럴 때 해결 방법은 많이 키워 보는 수밖에 없습니다. 허브에게는 미안한 말이지만, 죽이는 한이 있더라도 계속 새로운 허브를 장만해서 키워 보는 겁니다. 그렇게 계속 키우다 보면 어느 순간 스스로 터득하게 됩니다. '아, 나는 물을 너무 자주 주고 있었구나', '이 아이는 햇볕이 부족한 것 같아'처럼 말이지요. 저 또한 허브를 비롯해 식물을 키우며 시행착오를 거듭합니다. 그러면서 하나씩 하나씩 식물들을 알아 가고 식물들과 친해지는 것 같습니다.

    이 세상에 있는 식물 가운데 사람을 위해서 태어난 것은 하나도 없습니다. 우리가 '허브'라고 부르는 식물들 또한 마찬가지입니다. 먼 옛날부터 어쩌다 보니 사람에게 필요하게 되었지, 결코 처음부터 사람에게 쓰이기 위해 태어나지는 않았습니다. 어쩌면 '허브'라는 이름이 붙여진 것도 싫어할지 모릅니다. 하지만 허브가 사람에게 매력적인 식물인 것만큼은 틀림없는 사실입니다. 저마다의 독특한 향기를 갖고 있고, 그 향기로 여러 가지 도움을 주니까요. 문득 제가 죽어서 허브로 다시 태어난다면 어떤 향기를 내는 식물로 태어날 수 있을지 궁금해집니다. 달콤한 향기를 낼까요, 쌉쌀한 향기를 낼까요, 아니면 매콤한 향기를 낼까요? 다른 사람과는 다른 나만의 향기를 내면 가장 좋겠지만, 한편으로는 사람들이 코를 잡을 만큼 악취만 풍기지 않아도 다행이겠다는 생각이 들기도 합니다.

조선 선비의 원예 생활

봄이면 하얗게 혹은 노랗게 꽃을 피우는 수선화. 저는 수선화를 볼 때마다 그리스 신화 '나르키소스Narcissus' 이야기가 떠오릅니다. 미소년 나르키소스가 연못에 비친 자신의 모습에 빠져 몇 날 며칠 식음을 전폐하고 바라만 보다가 죽자, 그 자리에서 수선화가 피었다는 유명한 이야기이지요. 이 이야기로 인해 수선화의 꽃말은 '자기 사랑'이 되었고, 영어 단어 '나르시시즘narcissism'도 '자기 자신에게 애착하는 일'을 뜻하게 되었습니다. 수선화의 속명屬名 또한 'Narcissus'입니다. 그런데 이처럼 서양 느낌이 물씬 나는 수선화가 오래전부터 우리나라에서도 자생했다는 사실을 알고 계시나요?

문인이자 서화가였던 추사 김정희1786~1856는 1840년 55세의 나이로 제주에 귀양을 가서 지천에 널린 수선화를 봅니다. 그 당시 제주에는 빈 땅 어디서나 수선화가 자라고 있었는데, 너무 흔하다 보니 사람들은 소나 말의 먹이로 주었고 아무리 베어 내도 보리밭 같은 데서 자꾸 돋아나니 싫어했다고 합니다. 추사는 이런 수선화의 모습에서 자신의 모습을 보았습니다. 아무렇게나 베어지는 수선화가 버림받은 자신과 같은 처지로 여겨졌던 거지요. 그래서인지 추사는 평생 수선화를 매우 좋아했고, 수선화의 모습을 그림으로 남기기도 했습니다.

그런데 추사가 수선화를 만난 것은 이때가 처음이 아니었습니다. 실학자 서유구1764~1845는 자신의 책 『금화경독기金華耕讀記』에서 예로부터 우리나라에는 수선화가 없었으며, 중국에서 구입해 온 것을 호사가들이 뿌리를 나누어 화분에 얹어 감상한다고 했습니다. 이 또한 값이 너무 비싸서 경제적 여유가 없으면 구할 수 없다고도 했고요. 이 글에 따르면 18세기 후반 우리나라에 이미 수선화를 키우는 일이 돈은 들지만 취미 생활로 자리를 잡았다는 이야기인데요, 추사는 23세이던 1808년에 아버지를 따라 중국에 갔다가 수선화를 처음 보았고, 43세이던 1828년에는 평안 감사인 아버지가 중국에서 선물 받은 수선화를 분재로 만들어 정약용에게 선물했습니다. 그 귀한 수선화를 받았으니 정약용이 좋아한 건 너무나 당연한 일이었겠지요. 이렇듯 육지에서 귀한 대접을 받던 수선화가 제주도에서 홀대받는 모습을 보면서, 김정희가 자신의 처지를 수선화에 대입시킨 건 어쩌면 너무나 자연스러운 일일지도 모르겠습니다.

추사 김정희의 예를 보더라도 조선시대에 취미로 원예 생활을 한다는 건 분명 어려운 일이었습니다. 지위가 있어 외국을 오갈 수 있거나 경제적으로 여유가 있는 사람만 가능했을 겁니다. 게다가 양반이 취미로 식물을 키우는 행위 자체가 조선 중기까지만 해도 환영받는 일이 아니었

김정희, 〈수선화부(水仙花賦)〉, 19세기,
충남 예산군 추사고택 소장

습니다. '완물상지玩物喪志'(물건을 갖고 놀면 뜻을 잃는다)라는 말이 있듯이 식물을 비롯해 한 대상에 정신을 쏟는 것 자체가 부정적으로 받아들여졌으니까요. 하지만 어느 시대에나 주변의 눈치를 보지 않고 자신만의 세계를 가꾸는 사람들은 있기 마련입니다. 조선시대에도 식물을 통해 '격물치지格物致知', 즉 사물을 깊이 연구하여 지식을 넓히고자 한 사람이 있었으니, 바로 강희안과 유박이 그 주인공입니다.

강희안1417~1464은 어머니가 영의정의 딸이고 동생은 좌찬성이며 이모부는 무려 세종 임금인, 엄청 좋은 가문의 사람이었습니다. 서예書와 글짓기詩, 그림畵 솜씨가 뛰어나 '삼절三絶'이라고도 불리었지요. 하지만 그는 벼슬을 얻거나 자신의 재능을 내보이는 걸 좋아하지 않았습니다. 그보다는 식물 키우는 일에 열정을 쏟으며 살았습니다. 그는 평생 풀과 나무를 키우며 그 경험을 글로 기록해 놓았는데요, 그게 바로 우리나라 최초의 원예서 「양화소록養花小錄」입니다. 「양화소록」은 '소록'이라는 이름에서 알 수 있듯이 한 권의 독립된 책이 아니라 동생 강희맹이 엮은 책 『진산세고晉山世稿』에 실린 글 모음입니다. 강희안이 죽고 9년 후인 1473년, 가꾸지 않아 잡초가 우거지고 꽃과 나무가 망가진 그의 정원을 거닐던 동생 강희맹이 그의 유고를 발견해 『진산세고』

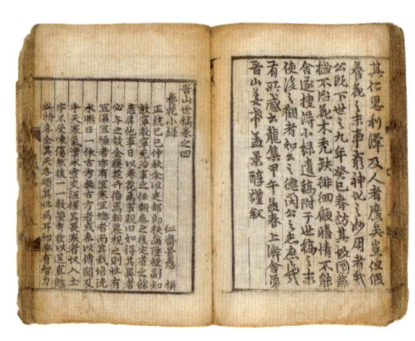

『진산세고』의 「양화소록」 부분,
국립중앙박물관 소장

뒷부분에 덧붙인 것입니다. 따라서 동생 강희맹이 없었다면 강희안의 「양화소록」은 영원히 빛을 못 보았을 수도 있었습니다.

「양화소록」에는 강희안이 키웠던 식물 18종류의 특징과 식물 키우는 방법 여덟 가지가 실려 있습니다. 지금 보아도 재미있고 흥미로운 내용이 많은데, 국화 편에는 이런 글이 있습니다.

> 국화 뿌리는 물을 매우 싫어하므로 물을 직접 주어서는 안 된다. 뿌리 곁에 물 한 잔을 두고 종이 한 장을 잘라 적신 다음 한 쪽은 뿌리와 줄기를 감고 다른 한 쪽은 물동이 속에 놓아두면 자연스레 물을 빨아올린다. - 강희안, 이경록·서윤희 옮김, 『양화소록』(눌와, 1999) 중에서

지금도 많이 하는 '저면관수底面灌水', 즉 화분 받치는 그릇에 물을 담고 식물이 아래에서 물을 빨아들이도록 하는 것과 비슷한 방법인데요, 그대로 따라 해 보고 싶어질 뿐만 아니라 국화를 사랑하는 강희안의 마음이 절로 느껴집니다. 이처럼 「양화소록」에서 강희안이 각 식물마다 잘 키우는 법을 자세히 소개하며 그 근간으로 가장 강조하는 것은 바로 '양화養花', 즉 '양생법養生法'입니다. 미물처럼 여겨지는 식물이지만, 그 본성을 잘 살피고 본성에 알맞은 방법대로 키운다면 자연스레 꽃이 피어난다는 내용이지요. 강희안은 바로 이 원리를 알았기에 식물을 잘 키울 수 있었고 식물로부터 즐거움을 얻을 수 있었습니다.

강희안의 「양화소록」이 나오고 300년가량이 지나 또 한 권의 원예

서가 나옵니다. 책의 제목은 『화암수록花庵隨錄』, 지은이는 유박1730~1787입니다. 유박의 조상들은 서울과 경기 지역에 살며 벼슬을 하였으나 역모 사건에 휘말려 몰락하였고, 유박의 할아버지 때부터는 황해도 배천군 금곡면에 자리를 잡았다고 합니다. 유박 또한 평생 벼슬길에 오르지 않은 채 금곡 근처 바닷가에 백화암百花庵이라는 거처를 마련하고 살았습니다. 유박은 자신이 어떤 사람인지, 백화암은 어떤 곳인지를 『화암수록』의 '화암기'에 적어 놓았습니다.

> 나는 타고난 성품이 졸렬하여 내가 봐도 쓸모가 없다. (중략) 근래 사계절의 화훼로 수백 그루를 구하여 큰 것은 땅에 심어 기르고 작은 것은 화분에 담아, 화단을 쌓고 백화암 가운데 보관하였다. 몸이 그 사이에 있으면서 소일하며 세상과 더불어 서로를 잊고 기뻐하며 자득하였다. - 유박, 정민 외 옮김. 『화암수록』(휴머니스트, 2019) '화암기' 중에서

유박과 백화암의 모습이 대략 그려지시나요? 그 당시 백화암은 약 오백 평의 땅 위에 거적문을 단 집 한 채가 있을 뿐이었고 나머지 빈 공간은 모두 꽃과 나무로 채워져 있었는데, 만년에는 그나마 있던 살림살이도 식물을 사느라 다 탕진했다고 합니다. 그런데 재미있는 사실은 이렇게 식물에 미친 유박을 대하는 이웃 사람들의 태도입니다. 이상한 사람 취급을 할 만도 한데, 의외로 그를 응원하고 멋있다고 생각하는 사람도 많았습니다. 그래서 유박이 먼 곳에 갈 일이 생겨 식물을 돌보지 못하면 동네의 이

웃들이 알아서 유박의 식물들을 돌봐 주었다고도 합니다. 분명 식물을 사랑하는 유박의 마음이 이웃에게까지 전해졌기 때문일 겁니다.

유박은 『화암수록』에 자신이 생각하는 꽃의 모든 것을 담았습니다. '화목구등품제' 편에서는 1등부터 9등까지 식물의 등급을 매겼고, '화개월령' 편에서는 월별로 피는 꽃을 정리했으며, '화품평론' 편에서는 21종류의 꽃을 각각 평하기도 했습니다. 저 개인적으로 가장 좋았던 부분은 '오언절구' 편인데요, 여기에 유박은 자신이 가장 좋아한 매화를 비롯해 여러 꽃에 대한 느낌을 다음과 같이 시로 표현해 놓았습니다.

> 병 앓으며 열흘간 누워 지냈더니
> 누굴 위해 너는 꽃을 저리 피웠나?
> 무심히 간밤에 눈이 내리니
> 섣달 소식 그대 집에 전해 주려고.
> - 유박, 정민 외 옮김, 『화암수록』(휴머니스트, 2019) '매화와 나눈 문답'

저는 이 시를 읽을 때마다 어느 눈 내린 겨울날 몸이 아파 열흘간 누워 있던 유박이 부스스 자리에서 일어나 매화를 바라보는 모습이 그려집니다. 유박에게 매화는 단순히 꽃이 아니라 친구였고 어쩌면 유박 자신이었을지도 모르겠다는 생각이 듭니다.

김정희와 강희안 그리고 유박의 삶에서 꽃과 식물은 어떤 의미였을까요? 그들이 출세하거나 재물을 모으는 데 도움을 주지 못한 건 물론,

정상적인 사회생활을 하는 데 방해가 되었을지도 모릅니다. 하지만 세 사람 모두 꽃과 식물 덕분에 세상을 잘 살아갈 수 있었다는 걸, 이렇게 미래에서 그들의 인생 전체를 바라보면 알 수 있습니다. 여러분은 어떤 힘으로 세상을 살아가시나요? 세상을 견뎌 낼 힘을 어디에서 얻으시나요? 먼 옛날 조선시대를 산 세 명의 조상에게 그리했듯이 꽃과 식물은 우리에게도 공평하게 그 힘을 나눠 줄 준비가 되어 있습니다. 여러분 모두 그 힘을 받는 행운이 있기를 빕니다.

영국의 원예 문화

'사이먼과 가펑클Simon and Garfunkel'은 어린 시절부터 친구인 1941년생 동갑내기 폴 사이먼Paul Simon과 아트 가펑클Art Garfunkel이 1964년에 결성한 포크 듀오입니다. 이들의 노래는 미국에서 큰 인기를 누렸고, 우리나라에서도 〈사운드 오브 사일런스The Sounds of Silence〉, 〈복서The Boxer〉, 〈험한 세상 다리가 되어Bridge over Troubled Water〉를 비롯해 많은 노래가 사랑을 받았습니다. 그런데 이들의 작품 가운데에는 몇백 년 전 영국의 음유시인들이 여러 마을을 돌아다니며 부르던 노래를 편곡해서 부른 곡이 있으니, 바로 〈스카버러 페어Scarborough Fair〉입니다.

〈스카버러 페어〉는 16세기 후반 영국 요크셔 지방, 현 노스요크셔주 바닷가에 있는 마을 스카버러에서 실제로 열렸던 시장입니다. 그 당시 이 시장은 상인들에게 중요한 교역장이었는데, 규모가 커서 시장이 열리는 8월 15일부터 45일간은 유럽 대륙에서도 장사를 하러 왔다고 합니다. 노래 〈스카버러 페어〉는 여자에게 차인 남자가 스카버러 시장에 가는 사

1
2

1 〈스카버러 페어〉 노래가 담긴 사이먼과 가펑클의 음반 재킷
2 〈스카버러 페어〉 노래에 등장하는 허브 식물들

람에게 신세 한탄하는 내용을 담고 있습니다. 스카버러 시장에서 자기를 찬 여자를 만나거든 이야기를 전해 달라는 거지요. 요즘 표현으로 하자면 지질한 남자의 뒤끝 작렬 노래라고나 할까요? 그런데 재미있게도 노래의 가사 중간에 뜬금없이 식물 이름이 계속해서 나옵니다. '파슬리, 세이지, 로즈메리 그리고 타임parsley, sage, rosemary and thyme', 바로 이 네 가지 허브 식물인데요, 도대체 몇백 년 전 남녀의 사랑 노래에 영국 사람들은 왜 이 식물들을 등장시켰을까요? 이유는 바로 이 식물들이 갖는 상징성 때문입니다. 파슬리, 세이지, 로즈메리, 타임은 각각 '승리', '가정적', '추억', '행동력'을 뜻하는 식물입니다. 따라서 남자는 이 식물들의 이름을 거듭 말하면서 자신을 차 버린 여자에게 다시 또 만나고 싶은 자신의 진심을 전하고 싶었던 겁니다. 가사에 담긴 이런 뜻을 이해하고 노래 〈스카버러 페어〉를 다시 듣다 보면 남자의 심정에 공감이 가기도 하고, 한편으로는 이제 그만 포기하라고 충고를 해 주고 싶어지기도 합니다.

오래된 민요에 허브 식물의 이름이 등장하고, 일반 사람들이 그 상징성을 떠올리며 노래를 불렀던 걸 보면, 영국에서는 꽤 오래전부터 원예 문화가 발달했음을 어렵지 않게 추측할 수 있습니다. 일본의 원예 학교에서 공부할 때 영국의 원예 문화에 대해 배운 적이 있는데요, 영국에서는 자신의 정원에서 원예 활동이 가능한지, 그 여부를 장애 판정의 기준으로도 삼는다는 이야기를 들었습니다. 스스로 원예 활동을 할 수 없을 정도라면 신체적 장애로 본다는 거지요. 이렇게 원예를 생활의 중심에 놓는 영국 문화는 지금도 여전합니다. 세계 최대의 정원 및 원예 박람회인 '첼시 플라워 쇼Chelsea Flower Show'는 1827년에 처음 시작한 이래 지금도 국영방송 BBC에서 생방송할 정도로 인기가 많고, 여왕 또한 늘 방문하는 걸로 유명합니다. 이 행사의 주관 단체인 '영국왕립원예협회RHS, Royal Horticultural Society' 또한 이 분야 최고의 권위와 명성을 갖고 있고요.

그렇다면 영국을 비롯한 서양의 원예 문화는 언제 어디에서 어떻게 시작되었을까요? 우리가 흔히 '가드닝gardening'이라고 부르는 '정원을 가꾸고 돌보는 일'은 중세 유럽의 수도원에서 시작되었습니다. 그 당시 수도원에서는 꽃과 약초(허브) 그리고 채소를 심어 키웠는데, 꽃은 예배를 드리는 제단에 올리기 위해, 약초는 약으로 쓰기 위해, 채소는 먹기 위해 반드시 필요했습니다. 정원은 수도원에서 매우 중요한 공간이었던 셈입니다. 이렇게 시작한 수도원의 가드닝은 날로 발전해서, 수도원 중에서 규모가 큰 곳은 여러 채의 건물을 담으로 둘러싸고, 건물과 건물 사이에 약초 허브밭, 꽃밭, 채소밭, 과수원, 묘지처럼 각각 다른 공간으로 꾸몄습니다. 지금으로 치자면 농업 테마파크나 대형 농장 같은 분위기였을 텐데요, 이곳에서 열심히 재배 기술을 익힌 수도사들은 여러 지역으로 파견을 나가 농작물이나 원예식물의 새로운 씨앗이나 정보를 퍼뜨렸습니다.

그 후 가드닝은 서서히 일반 사람들에게로 퍼져 나갔습니다. 물론 그렇다고 해서 그 시대의 모든 사람이 자신의 정원에서 꽃과 약초를 키울 수 있었던 건 아닙니다. 현대 사회에서도 그렇듯 그 시대에도 먹고살기 힘든 대부분의 사람들에게 정원과 가드닝은 그림의 떡이었을 확률이 높습니다.

'첼시 플라워 쇼'를 방문한
영국 여왕(2012)

이렇게 싹을 틔우기 시작한 서양의 원예 문화는 영국에서 새로운 전기를 마련합니다. 스코틀랜드의 원예가 존 라우든John Claudius Loudon, 1783~1843에 따르면, 원래 영국에서 자생하는 식물은 약 200종류밖에 없었다고 합니다. 그마저도 반 정도는 장미와 버드나무 종류였다니 실제로는 약 100종밖에 없었던 거지요. 그래서 16세기 이후 영국이 해외로 진출했을 때 그들의 눈에 가장 먼저 들어온 것이 아열대·열대·지중해 기후의 다양한 식물들이었습니다. 이 식물들은 관상용뿐만 아니라 식량이나 여러 가공품을 만드는 데 매우 중요한 재료였으므로, 영국은 모두 본국으로 가져갈 생각을 합니다. 하지만 탐이 난다고 무조건 식물을 가져올 수 있는 건 아니었습니다. '공간'과 '시간' 그리고 '사람' 같은 기본 환경이 갖춰져야 지속적으로 키우고 공급하는 게 가능하니까요. 이 사실을 깨달은 영국은 자연스레 식민지를 활용하기 시작합니다.

18세기 들어 식민지가 계속 늘면서 영국은 식민지마다 식물원을 만듭니다. 식물원의 역할은 식물을 수집하고 재배한 다음 영국으로 보내는 것이었습니다. 이렇게 영국에 온 식물들은 처음에는 왕립 식물원에서 왕실 식물학 교수들의 연구 대상이 되었고, 곧 여러 식물학자와 원예가의 손에 흘러들어 가, 영국 각지에 사립 식물원이 생겨나는 계기를 만듭니다. 결국 영국의 원예 문화는 '식민지의 산업으로서 식물 재배'와 '빈약한 영국의 풍경을 꾸며 줄 감상용 식물 재배'라는 두 축을 중심으로 발전한 것입니다. 그 결정체라 할 수 있는 식물원이, 1759년에 만들어져 지금도 유명한 '큐 왕립 식물원Royal Botanic Gardens, Kew'입니다.

큐 왕립 식물원이 생기고, 맨 처음 이곳의 운영을 맡은 사람은 제임스 쿡 선장(영국의 탐험가이자 지도 제작자)과 세계 일주를 함께 한 식물학자 조지프 뱅크스Joseph Banks, 1743~1820였습니다. 그는 큐 왕립 식물원을 세계 최고의 식물원으로 만들 것을 왕실로부터 명 받고 전 세계의 식물들을 수집하여, 1813년에는 무려 1만 1000종류의 식물을 갖추었습니다. 원래 영국에 자생하는 식물이 200종류였으니, 무려 그 55배에 달하는 종류의 식물을 모은 셈이지요. 큐 왕립 식물원은 애초에 왕실만을 위한 시설이었지만, 1841년에 국립으로 바뀌 귀족들에게도 공개했습니다. 원래 공개 목적은 외국의 진귀한 씨앗이나 모종을 귀족들에게 판매하여 수익을 얻으려는 것이었는데, 이는 스스로 식물을 키우며 즐기고 싶어 하는 '원예 애호가'들을 만들어 내는 바탕이 되었습니다.

마침 이 무렵 영국은 산업혁명에 의한 공업화가 빠르게 진행되면서 시골에 살던 사람들이 도시에 터전을 잡던 시기였습니다. 좁은 집에 보잘것없는 식사, 더러운 공기와 탁한 물. 도시의 생활환경은 시골에 비해 말할 수 없이 나빴습니다. 당연히 사람들은 예전에 살던 시골을 그리워했겠지요. 그래서 경쟁이라도 하듯이 꽃을 키우기 시작했고, 경제적으로 여유가 있는 사람들은 정원뿐만 아니라 집 안에도 식물을 들였습니다. 그 당시 의사이자 아마추어 식물학자 워드N. B. Ward가 만든 '워디안 케이스wardian case'는 특

워디안 케이스

히 집 안에서 식물을 키우는 데 큰 도움을 준 발명품이었는데요, 온통 유리로 만든 상자 속에 식물을 넣고 물을 주면 오랫동안 물을 안 주어도 식물이 잘 자라서 큰 인기를 얻었다고 합니다. 워디안 케이스는 현대 '테라리엄terrarium'의 초기 형태라 할 수 있습니다.

　　스카버러 장터의 사람들이 파슬리, 세이지, 로즈메리, 타임 같은 허브 식물을 가사에 넣어 노래를 불렀던 때로부터 몇백 년이 지난 지금까지 영국은 여전히 원예 선진국으로 굳건히 자리를 지키고 있습니다. 산업혁명 이후 도시에 살게 된 사람들이 식물을 자신의 마당이나 집 안에서 키우며 떠나온 고향 시골 마을을 떠올리고 마음의 평안을 얻었다는 걸 생각하면 자연과 함께하고자 하는 사람의 마음은 동서양이 다르지 않구나 싶습니다. 사람을 사람답게 살도록 도와주는 게 원예라는 사실을 영국의 원예 문화 속에서 다시 한번 깨닫습니다.

너의 의미
꽃말과 탄생화

그림책이 단순히 아이들에게 읽어 주는 책으로서만이 아니라 하나의 예술 분야로 인정받고 대중적으로 널리 알려지는 데 가장 큰 역할을 한 나라는 어디일까요? 유럽 대륙의 여러 나라와 미국 그리고 러시아를 들 수도 있겠지만, 저는 영국이 가장 으뜸이 아닐까 생각합니다. 19세기 후반 영국에서는 근대 그림책 역사에 큰 획을 긋는 세 명의 그림책 작가가 나타나 활동합니다. 랜돌프 칼데콧Randolph Caldecott, 1846~1886, 월터 크레인Walter Crane, 1845~1915 그리고 케이트 그린어웨이Kate Greenaway, 1846~1901가 바로 그 주인공들입니다. 이 가운데 케이트 그린어웨이는 특히 꽃과 나무 같은 자연 풍경을 섬세하고 부드럽게 잘 묘사하기로 유명했는데, 1884년에 나온 『꽃말Language of Flowers』은 그런 그녀의 장점이 잘 드러난 책입니다. 이 책에는 아카시아Acacia부터 백일홍Zinnia까지 알파벳 순서대로 꽃과 꽃말이 정리되어 있고, 워즈워스William Wordsworth, 1770~1850, 셸리Percy Bysshe Shelley, 1792~1822, 번스Robert Burns, 1759~1796 같은 시인들이 꽃을 찬양한 시도 함께 실려 있는데요, 19세기 유럽에 꽃말이 널리 퍼지는 데에는 이 책이 큰 영향을 끼쳤다고 합니다.

그렇다면 꽃말은 누가 언제 처음 만들었을까요? 그 시작은 한때 유럽, 아시아, 아프리카에 걸쳐 넓은 땅을 지배하던 오스만 제국 시절로 거슬러 올라갑니다. 지금도 이슬람교를 믿는 지역이 그렇듯, 이슬람교가 국교였던 오스만 제국은 남녀의 공간이 명확히 구분되어 있었습니다. 궁전도 예외가 아니어서, 외부 사람은 절대 들어갈 수 없는 여자들만의 방이 있었으니. 바로 '하렘harem'입니다. 그런 하렘에서 꽃말의 기원이라고 할 수 있는 '셀람selam'이란 풍습이 탄생했습니다. 셀람은 영어 '헬로hello'와 같은 뜻으로, 바깥에 있는 연인을 마음대로 만날 수 없는 하렘의 여인들이 꽃이나 과일, 명주실 따위의 작은 물건에 자신만의 의미를 담아 선물하는 풍습이었습니다. 연인 사이만 알 수 있는 비밀 암호 같은 것이었지요.

이후 셀람은 콘스탄티노플 주재 영국 대사의 부인이던 메리 워틀리 몬터규Mary Wortley Montagu, 1689~1762에 의해 영국에 소개되었습니다. 그리고 당시 과도한 규칙과 관습으로 자신의 감정을 자유롭게 표현하지 못하던 영국 상류층 사람들에게 엄청난 인기를 끕니다. 꽃에 상징을 부여하는 행위는 이미 신화나 전설에도 등장하니 새롭지 않았지만, 꽃에 암호 같은 의미를 담아 비밀 대화를 나누는 일은 억눌렸던 사람들을 매료시켰지요. 셀람 풍습은 유럽으로 들어오면서 선물의 범위가 여러 가지 물건에서 꽃으로 변화되긴 했지만 유럽에서 완전히 자리를 잡았습니다.

유럽에서 폭발적인 인기를 끈 꽃말은 자연스레 책으로도 만들어졌습니다. 공식적으로 맨 처음 꽃말을 소개한 책은 1819년 프랑스의 루이즈 코탕베르Louise Cortambert가 '마담 샬롯 드 라투르Madame Charlotte de Latour'라는 필명으로 쓴 『꽃말Le Langage des Fleurs』입니다. 라투르는 혼자 꽃을 보며 연구해서 270개가 넘는 꽃말을 정리했는데, 꽃의 생김새나 향기, 색깔 따위를 보고 만들기도 하고, 그 꽃에 대해 사람들이 예전부터 갖고 있던 생각을 정리해서 만들기도 했습니다. 라투르는 꽃말을 만들 때 장미에 가장 신경을 많이 썼는데요, 이는 서양에서 장미가 '꽃 중의 꽃'으로 여겨졌기 때문입니다. 장미의 대표적인 꽃말 몇 개만 소개합니다.

    빨간 장미 - 희생, 불멸의 사랑, 건강, 추모, 열정
    분홍 장미 - 첫사랑, 결백, 치유
    노란 장미 - 기쁨, 보호, 성숙한 사랑
    하얀 장미 - 순수함, 성스러움, 신비로움

그런데 장미에서도 알 수 있듯이 꽃에는 꽃말이 하나만 있는 게 아니었습니다. 같은 꽃이어도 색깔마다 다르고, 같은 색깔이어도 여러 개의 꽃말이 있었습니다. 이는 상황이나 필요에 따라 사람들이 꽃의 의미를 각각 다르게 적용했기 때문인데요, 그러다 보니 비밀 대화를 위해 꽃을 주고받는 사람 사이에 분명 오해가 생길 여지도 있었을 겁니다. '터지 머지tussie-mussie' 또는 '노즈게이nosegay'는 바로 그때 정확한 의사 전달을 위해 생겨난 또 다른 꽃의 전령이었습니다. 터지 머지는 원래 실내 배관도 제대로 갖춰지지 않아 목욕을 자주 하기 힘들던 18세기에 여성들이 자기 몸에

1 케이트 그린어웨이, 『꽃말Language of Flowers』(1884) 표지와 본문 일부
2 포드 매덕스 브라운, 〈노즈게이를 든 여인〉, 19세기

서 나는 냄새를 가리기 위해 들던 꽃다발이었습니다. 그래서 장미처럼 인기 있는 꽃과 함께 세이지, 민트, 타임, 쑥, 로즈메리와 같은 향기 좋은 허브를 섞어서 만들었지요. 한편 터지 머지는 남성 구혼자가 숙녀에게 전하는 '청혼의 메신저' 역할도 했는데요, 터지 머지를 받은 숙녀는 자신의 의사를 어떻게 표시했을까요? 숙녀가 터지 머지를 심장 근처에 대고 꽃이 위를 향하도록 똑바로 들면 승낙, 아래쪽을 향하도록 거꾸로 들면 거절이었습니다. 숙녀가 터지 머지를 손에 잡는 순간 구혼자는 분명 천국과 지옥의 갈림길에 선 듯한 느낌이 들었을 겁니다.

한편 케이트 그린어웨이가 꽃말을 유행시키던 19세기 유럽, 특히 영국에서는 '탄생화'도 사람들의 관심을 많이 끌었습니다. 탄생화는 일 년 365일 가운데 어느 하루, 그날 지구에서 가장 빛나게 피어 있는 꽃을 뜻합니다. 당연히 사람들은 자신이 태어난 날의 탄생화를 궁금해했고, 탄생화의 꽃말로부터 지혜를 얻기 바랐겠지요.

탄생화를 어떻게 적용하는지 저와 큰아이를 예로 들어 보겠습니다. 우선 제 생일은 10월 4일, 이날의 탄생화는 '홉commom hop'입니다. 홉의 꽃말은 '순수'. 이제껏 순수하게 살지 못했으니 앞으로는 순수하게 살라는 주문 같습니다. 큰아이의 생일은 6월 30일, 이날의 탄생화는 '인동honey suckle'입니다. 인동의 꽃말은 '사랑의 인연'. 여기에서는 어떤 지혜를 얻을 수 있을까요? 아빠의 입장에서는, 아이가 앞으로 사회생활을 하며 만나는 사람들과의 인연을 소중히 하고, 특히 사랑하는 사람을 만나면 끈을 놓치지 않도록 꽉 붙잡으라고 말해 주고 싶습니다. 이렇듯 꿈보다 해몽 같은 탄생화 이야기를 언제인가 한 모임에서 했더니, 너도나도 자신의 탄생화를 알려 달라고 했습니다. 요즘은 인터넷에서 검색하면 탄생화를 쉽게 찾을 수 있으니 한번 찾아보세요. 소중한 사람의 탄생화를 찾아 생일 카드에 꽃 그림과 함께 꽃말 이야기를 적어 준다면 분명 기억에 남는 최고의 선물이 되리라 생각합니다.

꽃말과 탄생화는 몇백 년의 역사를 자랑하며 지금까지 전해지고 있습니다. 그리고 앞으로도 시대와 지역에 따라 끊임없이 그 의미를 바꾸어 가며 살아남을 겁니다. 그림책 『쑥갓 꽃을 그렸어』(낮은산, 2016)에는 아흔 살 할아버지가 등장합니다. 할아버지는 딸의 권유로 그림을 그리기 시작하는데, 그림을 그리면서 신기한 경험을 합니다. 익숙하게 늘 보던 것이 새롭게 보이고, 그림 속에서 자신의 지난 시절을 떠올리게 된 겁니다. 책에는 할아버지가 쑥갓 꽃을 그리며 마음 뿌듯해하는 장면이 나오는데요, 저는 이 모습을 보면서 할아버지의 탄생화는 '쑥갓 꽃'으로, 쑥갓 꽃의 꽃말은 꽃말 사전에 나와 있는 '상큼한 사랑'이 아니라 '뿌듯함'으로 하면 좋겠다고 생각했습니다. 쑥갓 꽃이야말로 할아버지에게 새로운 삶을 안겨 준 놀라운 존재이니까요.

우리는 살면서 수많은 꽃을 만납니다. 하지만 곁에 있는 걸 눈치채지 못하기도 하고, 할아버지처럼 세월이 흐른 다음 깨닫기도 합니다. 우리가 곁에 있는 꽃에 눈길을 주고 귀를 기울인다면 꽃들이 들려주는 아름다운 이야기로 훨씬 행복해지지 않을까요? 꼭 정해진 탄생화가 아니더라도 모두가 자신만의 인생 꽃을 발견하고 꽃말을 만들어 보면 좋겠습니다.

난초 사냥꾼과 유리 온실

2015년 '김영란법(부정청탁 및 금품 등 수수의 금지에 관한 법률)'이 제정되었습니다. 김영란법은 사회에서 당연히 지켜야 할 것을 안 지켜서 생긴 법입니다. 김영란법이 제정되기 전에 사람들이 하던 비싼 선물에는 소고기나 양주, 명품 가방을 비롯해 여러 가지가 있었습니다. 난초 화분도 그 가운데 하나였지요. '난초'는 식물 분류로 보면, 난초목 난초과에 속하는 식물의 총칭입니다. 여러해살이식물로 전 세계에 약 700속 2만 5000종이 있고, 한국 자생종도 39속 84종이나 됩니다. 극지방을 제외하고는 어디서나 잘 자라며 특히 고온 다습한 열대 지방에서 많이 자랍니다. 우리가 흔히 동양란, 서양란(혹은 양란)이라고 부르는 건 각 원산지에 따른 원예식물로서의 분류인데요, 동양란과 서양란은 태어난 곳이 다른 만큼 생김새도 매우 달라서, 서양란은 꽃이 크고 화려한 반면 동양란은 꽃이 작고 얌전한 느낌이 듭니다.

우리나라에서 난초는 예로부터 매화, 국화, 대나무와 함께 '사군자

四君子'로 불렸습니다. 깊은 산속에서 풍기는 은은한 향기가 고결한 선비를 상징한다고 여겼던 거지요. 그래서 선비들은 난초를 많이 그렸는데, 그 가운데에서도 조선시대 후기 인물인 흥선 대원군 이하응1820~1898과 민영익1860~1914의 난초 그림은 매우 유명합니다. 특히 민영익이 그린 〈노근묵란도露根墨蘭圖〉는 '뿌리가 드러난露根, 묵으로 그린 난 그림墨蘭圖'이란 뜻으로, 그 당시 나라를 잃은 우리 민족의 심정을 잘 표현한 작품으로 알려져 있습니다. 그렇다면 이처럼 전 세계 어디에서나 다 볼 수 있고, 우리에게도 친숙한 식물 난초는 도대체 언제부터 비싼 선물의 대명사가 된 것일까요? 그 실마리를 우선 19세기 영국에서 찾아보고자 합니다.

빌헬름 미홀리츠Wilhelm Micholitz라는 사람이 있었습니다. 1854년에 독일에서 태어난 그는 건강하고 체격이 좋았는데, 난초를 찾아서 30년 넘게 아시아 이곳저곳을 뒤지고 다녔습니다. 그의 직업은 바로 '식물 사냥꾼', 그 가운데에서도 '난초 사냥꾼orchid hunter'이었습니다. 그가 언제부터 진귀한 난초를 찾아다녔는지 정확히는 알 수 없습니다. 다만 그의 이름이 알려진 건 28세 때 같은 독일인 정원사 프레더릭 샌더를 만나고부터입니다. 그 당시, 그러니까 19세기 영국에서는 귀족들 사이에 난초 열풍이 불었습니다. 프레더릭은 이 열풍이 금세 사그라들지 않을 거라 판단하고 난초 사업을 시작합니다. 본인은 한 번도 유럽을 떠나 본 적 없고 난초의 주요 원산지인 아시아를 전혀 몰랐지만 걱정할 필요는 없었습니다. 난초 사냥꾼을 쓰면 됐으니까요. 이렇게 시작된 난초 사냥꾼 미홀리츠와 난초 사

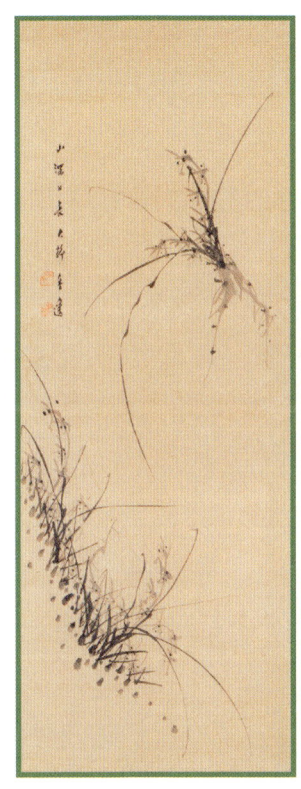 

1 이하응, 〈묵란도〉, 19세기,
  국립중앙박물관 소장
2 민영익, 〈노근묵란도〉, 19세기,
  간송미술관 소장

업가 프레더릭의 인연은 그 후로 오랫동안 이어졌습니다. 미홀리츠는 뛰어난 감각으로 사람들이 좋아할 만한 난초를 잘 골랐기 때문에 그가 프레더릭에게 보낸 난초는 영국 런던에서 아주 비싸게 팔렸습니다.

19세기 영국의 난초 열풍은 난초 사업가들이 경쟁적으로 난초 사냥꾼을 고용할 만큼 뜨거웠습니다. 그 당시 난초는 도대체 어떤 매력이 있기에 그렇게 귀족들을 열광시킨 걸까요?

첫 번째 이유는 희소성이었습니다. 귀족들에게 필요한 건 누구나 가질 수 있는 평범한 난초가 아니라 자신만의 새로운 난초였습니다. 그래서 아시아 각지에 퍼져 있는 난초 사냥꾼들은 위험을 무릅쓰고, 때로는 경쟁자끼리 서로를 위협하기도 하면서 돈이 될 만한 희귀한 난초를 수집해 영국으로 보냈습니다. 지금은 아주 흔한 '카틀레야'나 '온시듐' 같은 난초들도 그때 처음 영국에 소개되었는데요, 돈 많은 귀족들은 취미로 이 난초들을 키우며 대화 소재로 삼았고, 심지어 자신의 온실에 여왕을 초대하기도 했습니다.

두 번째 이유는 약효였습니다. 난초 뿌리에 관절염과 종양을 낮게 하고 피를 멈추게 하는 성분이 있다는 사실은 16세기 약초 서적에 이미 나와 있었습니다. 하지만 19세기 사람들이 관심을 가진 것은 그보다 최음 효과였습니다. 그 당시 사람들은 그리스 신화에서 주색酒色을 좋아하는 신 '사티로스'도 같은 이유로 난초 뿌리를 좋아했다고 믿었고, 그래서 실제로 난초 뿌리를 가루로 빻아 뜨거운 우유에 넣어 먹었습니다. 〈어댑테이션 Adaptation〉(2002)은 난초 뿌리의 이런 약효를 소재로 다루고 있는 영화인데요, 영화에서 난초 사냥꾼은 원주민들이 난초 뿌리를 빻아 마약으로 쓰는 모습을 우연히 발견하고 그 효과를 알게 됩니다. 영화 속 원주민들 스스로 이 일을 오래전부터 해 왔다고 말하는 걸 보면, 아마 영국 사람들이 난초의 약효를 알게 된 것 또한 그 당시 난초 사냥꾼을 통해 전해진 게 아니었을까 하는 생각이 듭니다.

미홀리츠가 위험을 무릅쓰고 아시아 이곳저곳을 돌아다니며 평생 사냥했던 난초, 즉 '서양란'은 원래 전 세계의 아열대와 열대 지방에서 자라는 식물입니다. 따라서 영국같이 변덕스러운 해양성 기후에서 잘 키우기란 매우 어려운 일이었습니다. 하지만 이 장벽을 뛰어넘게 해 준 발명품이 있었으니, 바로 '유리 온실'입니다. 이는 19세기 빅토리아 시대에 유리창이 대중화된 덕분이라고도 할 수 있는데요, 이 유리 온실 덕분에 서양란은 영국에서 재배가 가능해졌고 끊임없이 품종 개발이 이루어져 대중화되었습니다. 21세기에 우리가 다양한 서양란을 편히 감상할 수 있는 것도 바로 이 시기의 이런 도전 덕분이라고 할 수 있습니다.

지금 우리가 키울 수 있는 서양란은 크게 몇 종류로 나눌 수 있습니다. 서양란의 여왕이라 불리는 '카틀레야속Cattleya', 품종이 가장 많은 '덴드로븀속Dendrobium', 늦겨울에서 이른 봄까지 꽃을 피우는 '심비듐속Cymbidium', 꽃 생김새가 나비와 비슷한 '호접란'이 포함된 '팔레놉시스속Phalaenopsis', 작은 노란색 꽃이 예쁜 '온시듐속Oncidium' 등입니다. 어느 하나 빠짐없이 오랫동안 꽃을 볼 수 있는 종류들이지요. 서양란을 키우는 법은 그리 까다롭지 않습니다. 원산지에서는 바위나 다른 나무에 붙어사는 착생著生 종류가 많으므로 뿌리를 너무 습하게 하는 대신 공기 중의 습도를 높여서 고온 다습한 원산지 환경과 비슷하게 해 주면 오랫동안 꽃을 즐길 수 있습니다.

 17세기 네덜란드의 튤립 열풍이 그랬듯 19세기 영국의 난초 열풍도 20세기에 들어서면서 서서히 시들어 갔습니다. 난초 사업가 프레더릭은 끝내 난초를 놓지 못하고 있다가 결국 파산했고, 난초 사냥꾼 미홀리츠도 지독한 가난 속에서 죽었습니다. 하지만 세상 모든 일은 돌고 도나 봅니다. 100년 전 영국에서 허망하게 사그라진 난초 열풍이 한 세기를 지나 지금 우리나라에서 아주 뜨겁습니다. 몇 해 전 뉴스에서는 요즘 한창 인기라면서 '난테크' 이야기가 나왔습니다. 좋고 희귀한 난초를 잘 골라서 키워 팔면 고수익을 창출할 수 있다는 내용이었는데요, 현대판 '난초 사냥꾼', '난초 사업가' 이야기와 다름없었습니다. 그뿐만이 아닙니다. 동양란의 한 종류인 '춘란' 한 촉이 무려 1억 2000만 원에 팔렸다는 내용도 소개되었는데, 그렇게 큰돈을 들여 난초를 산 이유를 기자가 묻자 구매자는 얼굴에 미소를 짓고 자신 있게 말했습니다. "희소성이 있으니까요."

 난초로 재테크를 하고, 난초 한 촉에 1억 2000만 원 한다는 뉴스를 접하고 보니 몇십만 원짜리 난초 화분 하나 선물하는 일은 오히려 소박하게 느껴지기도 합니다. 딴것도 아니고 식물 하나 선물하는 데 법으로 제재해야 하나 싶기도 하고요. 하지만 가격의 높고 낮음과 관계없이 1억 원, 1000만 원, 100만 원, 10만 원처럼 가격에 따라 식물의 가치가 달라지는 느낌이 저는 왠지 불편합니다. 가격에 따라 나란히 늘어서 있는 인터넷 쇼

1 카틀레야속 난초, 19세기 그림
2 덴드로븀속 난초, 19세기 그림
3 팔레놉시스속 난초, 19세기 그림

핑몰의 난초들을 볼 때도 어색하기 그지없고요.

    생각해 보면 난초를 비롯해 식물을 선물하는 건 정말 좋은 문화입니다. 국가 정상들끼리 서로 난초를 선물하며 이름을 지어 주는 경우도 많지요. 그래서 저는 제안을 하나 해 봅니다. 겉치레나 청탁 같은 다른 목적이 아니라 정말로 받는 사람을 위한 선물이라면 적당한 가격의 난초와 화분을 직접 골라 심어서 선물하면 어떨까요? 심는 방법이 어렵지는 않지만 도저히 자신이 없으면 난초 가게에 물어보면 됩니다. 아주 친절하게 가르쳐 주실 테니까요. 그렇게 정성껏 심은 난초 화분에 작은 손 글씨 카드를 하나 곁들여 보낸다면, 그거야말로 세상에 단 하나뿐인 희소성 최고의 난초가 아닐까요?

원예의 수고로움
카렐 차페크와 데릭 저먼의 정원

세계적인 체코의 극작가이자 소설가인 카렐 차페크^{Karel Čapek, 1890~1938}는 1890년 오스트리아-헝가리 제국의 보헤미아에서 태어났습니다. 그는 프라하와 파리, 베를린을 오가며 철학을 공부하고 1915년 고국으로 돌아와 가정교사와 번역 일을 했습니다. 한때 생활이 빠듯하여 집으로부터 재정적인 도움을 받기도 했지만, 1920년 프라하의 비노흐라데흐 극장에서 연극 일을 하며 발표한 작품이 성공을 거듭합니다. 바로 '로봇^{robot}'이란 단어를 이 세상에 처음 등장시킨 희곡 『R.U.R.: 로숨의 유니버설 로봇^{R.U.R.: Rossum's Universal Robots}』입니다.

로봇은 원래 체코어 '로보타^{robota}'에서 왔으며, '노동, 부역'이란 뜻입니다. 이 단어는 극작가이자 화가로, 카렐과는 평생 사이가 좋았던 형 요세프 차페크^{Josep Čapek}의 아이디어였습니다. 카렐은 이 작품에서 로봇, 즉 인조인간이 인간의 노동을 대신하게 되면서 기술의 발달이 인간을 멸망시킬지도 모른다는 메시지를 전하고자 하였습니다. 연극 〈R.U.R.〉은

1921년 프라하에서 초연된 이래 전 세계 주요 도시에서 공연되어 호평을 받았습니다.

카렐은 『R.U.R.』의 성공으로 자신감을 얻은 이후 많은 작품을 발표하고 노벨문학상 후보에 오를 만큼 작가로서 인정을 받습니다. 그런데 그의 작품 목록을 보다 보면 조금은 결이 다른 제목 하나가 눈에 들어옵니다. 바로 『정원가의 열두 달The Gardener's Year』이란 작품입니다. 기존 작품에서 현대 사회의 병폐를 끄집어내는 예리한 작가의 이미지를 풍겼던 카렐은 이 작품에서 1월부터 12월까지 정원 가꾸기가 얼마나 힘든지 투덜대는 평범한 정원 생활자로 변신합니다. 2월은 생각지 못한 추위 때문에 힘들고, 6월은 풀 깎는 것 때문에 힘들고, 9월에는 정원을 찾는 손님들의 수다 때문에 힘들고, 12월에는 여전히 바빠서 힘들다고 투덜댑니다.

그의 투덜댐 가운데에서 압권은 인간의 신체 구조를 탓하는 대목입니다. 우선 그는 온종일 몸을 구부리고 무릎을 꿇는 게 너무 힘들어서 지렁이를 부러워합니다. 심지어 정원가가 자연선택에 의해 진화해 왔다면 분명 무척추동물이 되었을 거라고 장담하지요. 그뿐만이 아닙니다. 식물이 빼곡하게 들어선 정원에서 디디고 설 자리가 마땅치 않자, 그는 다리의 불필요함을 역설합니다. 다리 대신 네 개의 손과 모자를 쓴 머리만 있거나 팔다리를 접을 수 있으면 참 좋겠다고 합니다. 카렐 차페크의 이 투덜거리는 글들을 읽다 보면 재미난 상상력에 피식 웃음이 나오면서도, 한편 자연스레 의문이 듭니다. '아니, 정원 일이 그렇게 힘들면 안 하면 그만이지 왜 그리 투덜대면서 계속하고 책으로까지 낸담. 누가 억지로 시키는 것도 아

1 카렐 차페크와 그의 형 요세프 차페크
2 카렐 차페크가 찍은 요세프 차페크 그리고 강아지와 원예 도구

닐 텐데.'

　카렐 차페크가 정원에서 키운 식물들은 과일이나 채소, 혹은 약초를 얻기 위한 것들이 아니었습니다. 돈벌이와는 상관없이 그저 보고 즐기기 위한 제철 식물들이었습니다. 그렇다면 그는 왜 그리 힘들게 일을 하고 투덜대면서까지 정원을 가꾸고 식물을 키웠을까요? 단지 식물을 보고 즐기는 것이 이렇게 고생할 만한 가치가 있는 일이었을까요? 작가가 아닌 정원가로서 카렐 차페크의 속마음을 이해하기 위해 저는 한 인물을 더 알아보려고 합니다.

　데릭 저먼Derek Jarman, 1942~1994, 그는 영국의 영화감독입니다. 8mm 비디오카메라로 찍은 데뷔작 〈세바스찬Sebastiane〉(1976)을 비롯하여 이탈리아 화가 카라바조의 일생을 다룬 〈카라바조Caravaggio〉(1986), 처음부터 끝까지 푸른 화면만 계속 나오는 〈블루Blue〉(1993) 등 그가 만든 작품은 형식의 파격과 더불어 내용에 스며 있는 퀴어 감성 때문에 매번 이슈가 되었습니다. 특히 가장 대중적인 인기를 얻은 영화 〈카라바조〉에서 데릭 저먼은 카라바조를 게이로 설정하여 신앙과 동성애 사이에서 갈등을 겪는 예술가로 표현했습니다. 물론 이는 데릭 저먼 자신의 모습이기도 했는데요, 동성애자였던 데릭 저먼은 45세이던 1986년에 후천성 면역 결핍증AIDS 진단을 받고, 53세에 세상을 떠났습니다.

　그런데 누구나 인생을 살다 보면 잃는 게 있는 만큼 얻는 것도 있기 마련입니다. 데릭 저먼 또한 그랬습니다. 1986년 시한부 판정을 받은 다음 그는 자신의 열정을 미친 듯이 영화 작업에 쏟아붓습니다. 그러던 어느 날, 영화 촬영 장소를 찾아 여기저기를 돌아다니던 그는 영국 켄트주의 '던지니스Dungeness'라는 작은 어촌 마을에서 한 낡은 어부의 집을 발견합니다. 그 근처는 원자력발전소가 있는 허허벌판의 척박한 땅이었지만, 그는 이상하게 그 집이 너무 마음에 들었습니다. 그래서 3만 2000파운드에 그 집을 사서 영화 〈더 가든The Garden〉(1990)의 배경으로 쓴 다음, 집 주변에 식물을 심고 키우며 자신만의 정원을 만들기 시작합니다. 영화감독과 더불어 정원가로서의 삶이 시작되는 순간이었습니다.

사실 데릭 저먼이 식물과 정원에 관심을 갖게 된 게 이때가 처음은 아니었습니다. 어린 시절 꽃에 빠졌던 그는 마법의 장미 정원을 꿈꾸었습니다. 그의 부모도 아들의 관심사를 알았는지 그가 네 살 때 아름다운 꽃 그림과 키우는 법이 실린 책을 선물하기도 했지요. 덕분에 데릭 저먼은 어린 나이에 작은 공간이지만 자신만의 정원을 꾸밀 수 있었고, 다니던 기숙학교에서는 정원 설계로 상을 받기도 했습니다. 하지만 이렇게 어린 시절부터 꿈꾸던 자신만의 온전한 정원을 그가 갖게 된 건 아이러니하게도 많은 시간이 흘러 병으로 시한부 판정을 받은 1986년 이때가 처음이었습니다. 그는 '프로스펙트 코티지Prospect Cottage'라 부른 자신의 집 주변에 장미 서른 그루를 맨 처음 심었는데, 이는 당연히 어린 시절 꿈꾸던 마법의 장미 정원을 완성한 것이었습니다. 이렇게 자신의 새로운 집과 정원을 마련한 데릭 저먼은 그 후 이곳에서 삶을 마무리합니다.

그렇다면 그는 삶의 마지막을 보낼 장소로 왜 이곳을 택했으며, 이곳에서 정원을 꾸미며 무슨 생각을 했을까요? "내 정원의 경계는 지평선입니다My garden's boundaries are the horizon" 이는 데릭 저먼이 자신만의 정원을 계획하며 했던 말인데요. 평생 영화와 함께 살았던 그가 왜 삶의 후반부에 정원을 선택했는지 짐작하게 합니다. 보이기는 하지만 결코 도달할 수 없는 지평선. 생명의 시한이 얼마 남지 않은 걸 안 그는 자신의 정원을 지평선처럼 끝없이 확장시키면서 그 안에서 가능한 한 많은 생명력을 얻고자 했던 겁니다. 실제로도 데릭 저먼은 그런 자신의 꿈이 정원을 통해 이루어졌다고 생각했는지, 그가 죽은 다음 해인 1995년 출간된 책 『데릭 저먼의 정원Derek Jarman's Garden』에서 이렇게 말하고 있습니다.

나는 한 시간 동안 한 식물만을 바라볼 수 있습니다. 이건 나에게 크나큰 평화를 가져다줍니다.

아마 데릭 저먼이 병을 얻은 다음 그를 아끼는 사람들은 그가 무리하지 말고 휴식을 갖기 원했을지 모릅니다. 허허벌판 땡볕 아래에서 식물을 심고 물을 주는 모습이 안타까워서 조언을 하거나 몸에 좋다는 약을 갖다준 사람도 있었겠지요. 하지만 주변 사람들의 눈에 힘들어 보인 정원 가꾸기가 실제로 그에게는 가장 좋은 처방이었을 겁니다. 평생 찾아 헤매었을지 모를 마음의 평화를 그는 자신이 심은 한 식물을 한 시간 동안 바라보며 찾았으니까요.

다시 카렐 차페크의 이야기로 돌아가 봅니다. 유력한 노벨문학상 후보였던 카렐 차페크가 상을 받지 못한 건 그의 작품 『도롱뇽과의 전쟁

'프로스펙트 코티지'와
『데릭 저먼의 정원』에 실린 데릭 저먼

Válka s Mloky』(1936)에 파시즘을 비난하는 모티프가 있었기 때문입니다. 나치의 압력을 받은 한림원에서는 정치적으로 중립적인 작품을 쓰면 다시 상을 고려해 보겠다 했지만, 카렐은 단호히 거절했습니다. 이는 그의 작품 세계를 관통하는 주제가 '인간 본성의 발견과 회복'임을 알려 주는 중요하고도 상징적인 사건입니다.

　　카렐 차페크와 데릭 저먼, 이 두 사람이 각자 자신만의 정원을 만든 이유 또한 이 주제를 실현시키기 위해서가 아니었을까요? 두 사람은 육체적으로는 힘들지언정 정원을 가꾸고 식물을 키우면서 자신 내면에 숨어 있는 본성을 발견하고 회복하는 희열을 느꼈으리라고 저는 생각합니다. 육체적인 고통을 능가하는 정신적인 기쁨을 가져다주어서 도저히 멈출 수 없는 '원예의 수고로움'. 이것이야말로 원예가 우리 인간에게 거는 너무나 놀랍고도 아름다운 마법입니다.

아르장퇴유의 모네와
아빠의 꽃밭

　　우리나라에서 가장 많이 사랑받는 서양화가는 누구일까요? 빈센트 반 고흐를 비롯해 파블로 피카소, 오귀스트 르누아르, 마르크 샤갈, 앙리 마티스, 폴 고갱, 앙리 루소 등 셀 수 없이 많을 겁니다. 저 또한 이 화가들의 작품을 좋아해서 화집을 사기도 사고 전시회가 있으면 가서 보기도 합니다. 하지만 수많은 서양화가 가운데 제가 제일 좋아하는 화가는 '연못'과 '수련' 하면 자연스레 떠오르는 화가, 바로 클로드 모네Claude Monet, 1840~1926입니다. 식물을 좋아하는 그가 좋고, 그가 그린 식물 그림이 좋기 때문이지요. 그의 그림 속에 있는 꽃이며 나무를 보고 있노라면 그것들이 단순히 정물이 아니라 모네의 삶을 그대로 보여 주는, 살아 움직이는 생명체로 느껴져 저도 모르게 정이 가고 친근합니다.

　　파리에서 태어난 모네는 젊은 시절 경제적으로 여유롭지 못했기 때문에 한곳에 정착하지 못했습니다. 집 문제는 월세가 싼 시골로 가면 쉽게 해결할 수 있었겠지만, 그러면 파리에서 너무 멀어져 문화적 교류가 끊길 것 같아 어쩔 수 없이 파리 주변을 맴돌았습니다. 그러던 모네가 가족과 함께 아르장퇴유Argenteuil로 이사한 것은 1871년, 32세 때입니다. 아르장퇴유는 파리 교외에 있는 곳으로, 파리지앵들이 휴가를 즐기는 곳이기도 했습니다. 모네는 이곳에서 조용히 그림을 그리며 가족과 행복한 하루하루를 보냈고, 비로소 처음으로 자기 정원을 가꾸기 시작했습니다.

모네의 그림 가운데에는 아르장퇴유의 정원과 집을 배경으로 한 작품들이 제법 있는데요, 특히 〈아르장퇴유에 있는 화가의 집〉이란 그림에는 식물로 우거진 모네의 집과 정원뿐만 아니라, 마당에서 놀고 있는 아들 장과 이를 흐뭇하게 지켜보는 부인 카미유의 모습까지 들어 있습니다. 저는 이 그림을 볼 때마다 이 장면을 지켜보며 미소 지었을 모네의 얼굴이 떠오릅니다. '우리 집 정원은 정말 멋져. 마당 있는 집을 얻길 잘했어. 돈이 좀 없어서 그렇지 우리 집은 행복한 가정이야.' 모네는 이런 혼잣말도 했을 것 같습니다.

아르장퇴유 모네의 집 정원같이 크지는 않았어도, 저 또한 마당이 있는 집에서 어린 시절을 보냈습니다. 마당에는 맨드라미, 샐비어 같은 꽃이 피어 있었고, 대추나무, 포도나무, 모과나무 같은 나무도 있었습니다. 어른이 된 후 어린 시절 마당에서 찍은 사진을 보고는 기억 속 모습보다 집에 식물이 훨씬 많아 깜짝 놀란 적이 있는데요, 1970년대 후반 마흔 살쯤이었을 사진 속 아버지는 어쩌면 아르장퇴유 정원에서 아내와 아들을 바라보던 모네와 비슷한 기분이었을지도 모르겠습니다.

모네 가족이 아르장퇴유에서 계속 행복한 생활을 했으면 좋았으련

1 모네, 〈아르장퇴유에 있는 화가의 집〉 (1873)
2 저자(사진에서 가장 왼쪽)의 어린 시절 집, 1970년대 후반

만, 후원자들이 몰락하면서 모네는 또다시 경제적으로 어려워졌습니다. 설상가상으로 둘째 아들 미셸을 낳고 아내 카미유의 건강도 매우 나빠졌지요. 월세를 낼 수 없어 어쩔 수 없이 아르장퇴유를 떠난 모네는 이곳저곳을 전전하다가, 1883년 드디어 지베르니Giverny에 자리를 잡습니다. 모네에게 지베르니는 매우 이상적인 동네였는데요, 파리에서 그리 멀지 않으면서 고요한 전원 마을의 모습을 하고 있었기 때문입니다. 주민도 300명밖에 안 되는 작은 마을이었고 집세도 저렴했습니다. 모네는 이곳에서 새로운 생활을 시작합니다. 지금도 해마다 수많은 관광객이 방문하는 '지베르니 정원'도 이때 만들어지기 시작했습니다.

미국의 정원 디자이너 프랜 소린Fran Sorin은 자신의 책 『정원 통신 Digging Deep』(뜨인돌, 2006)에서 매일 하루를 접으며 자연과 인생을 다시 한 번 생각할 수 있어서 원예 생활을 한다고 말합니다. 저는 모네 또한 그랬으리라 생각합니다. 모네가 처음 지베르니에 자리 잡았을 때 지금 우리가 아는 그 멋진 지베르니 정원은 없었습니다. 집에 딸린 정원이 있기는 했지만 조금도 모네의 마음에 들지 않았습니다. 경제 사정이 나아질지도 전혀 알 수 없는 데다, 4년 전 1879년에 사랑하는 아내 카미유도 죽었으니 모네의 마음은 퍽 무거웠을 겁니다. 하지만 모네는 열심히 정원을 만들기 시작했습니다. 그런 하루하루를 보내며 모네는 무슨 생각을 했을까요? 매일 자신에게 주어진 자연과 인생에 대해 수많은 생각을 했을 것만 같습니다.

모네가 지베르니에 자리 잡고 수련을 심기 위해 연못을 만들려고 했을 때 이웃에서 민원이 많이 들어왔다는 건 유명한 이야기입니다. 강의 물길을 바꿔 강물이 모네의 연못으로 들어왔다가 빠져나가게 하려는 계획을 관청에 제출하자 이웃들은 강력하게 반대하지요. 강의 수위에 문제가 생길지도 모르고, 모네가 연못에 심으려는 이국적인 원예식물들이 강으로 퍼져 나가 물의 흐름을 막거나 수질을 오염시킬까 봐 걱정했기 때문입니다. 아마 제가 이웃이래도 당연히 그런 걱정을 했을 겁니다. 결국 허가 신청은 거부되었고 모네는 분통을 터뜨리며 이렇게 말했답니다.

"식물들이 강에서 자라게 내던져 버려요. 더 이상 왈가왈부하는 소리를 듣고 싶지 않소. 난 단지 그림을 그리고 싶을 뿐이오. 망할 주민들, 망할 기술자들 같으니라고!"

하지만 다행히도 모네는 이렇게 화를 내면서도 연못 만들기를 포기 못 했고, "단순히 보고 즐기기 위해서"일 뿐이며, "작품의 소재로만 삼을 것"이라는 단서를 달고, 새로운 청원서를 제출해 연못을 만들 수 있었습니다. 만약 이때 모네의 연못이 허가 나지 않았더라면 지금 우리가 보는 수련 그림들도 탄생 못 했겠지요. 이렇게 어렵게 자신의 정원을 만든 모네는 정말 열심히 정원의 식물들을 모델로 그림을 그렸습니다. 재미있는 사실은 모네의 관심 대상은 야생 식물이 아니라 오로지 자신이 심은 원예식물이었다는 겁니다. 요즘 말로 하자면 모네는 원예식물 덕후였던 셈이지요. 우리는 모네 하면 '수련'만을 떠올리지만, 모네가 수련만큼이나 사랑했던 식물에는 '아이리스'도 있었습니다.

젊은 시절 모네의 삶은 평탄하지 않았습니다. 하지만 중년부터는 유명해져서 그림도 잘 팔리고 따르는 사람도 많았습니다. 그리고 무엇보

1 지베르니 모네의 집
2 지베르니의 모네
3 모네, 〈화가의 지베르니 정원〉(1900), 오르세 미술관 소장

다 화목한 가정을 이룬, 복이 넘치는 사람이었습니다. 1911년에 두 번째 부인인 알리스가 죽고 본인도 녹내장에 걸리는 바람에 우울함과 슬픔 속에서 지내기도 했지만, 사랑하는 수련 덕분에 삶의 마지막 순간까지 생명을 활짝 꽃피울 수 있었습니다. 여러 차례의 눈 수술로 정확하게 사물의 형태와 색깔을 볼 수 없게 된 상황에서도 "차라리 눈이 멀어 예전에 항상 보던 아름다움을 기억하는 게 낫다"는 편지를 친구에게 보내며 열심히 그림을 그렸습니다.

한 화가의 삶을 작품과 함께 따라가 보는 일은 매우 즐겁습니다. 그 화가의 그림을 좋아하는 경우라면 더욱 그렇습니다. 글을 쓰기 위해 모네 관련 서적들을 찾아보고 그림을 하나하나 다시 보다 보니, 저는 자연스레 그림 속에서 그 당시 모네의 기분이 느껴지는 듯했습니다. 식물을 심고 키운다는 건 즐거움이기도 하지만 그만큼 노력이 들어가는 일이기도 합니다. 따라서 모네는 식물을 그리면서 어느 식물 하나 빠짐없이 애정 어린 눈으로 바라봤을 게 틀림없습니다. 이런 이유로 모네라는 이름 앞에 제 마음대로 직함을 붙인다면 '화가'보다는 '원예 애호가'를 넣고 싶습니다. 왠지 모네도 그걸 더 좋아할 것 같고요. 모네는 말했습니다.

"나는 우주가 내 앞에 펼쳐 보이는 광경을 보고 붓이 그것을 증언하도록 했을 뿐이다."

참 멋진 말이지요? 언제일지 모르지만, 지베르니에 직접 가서 그 정원을 한번 보고 싶습니다.

플로라가 사랑한 꽃, 장미

먼 옛날 꽃과 풍요의 여신 플로라에게는 사랑하는 요정이 있었습니다. 그런데 어느 날 그 요정이 죽자 플로라는 너무 슬퍼서, 올림포스산의 일곱 신에게 죽은 요정의 몸을 누구라도 사랑할 만큼 아름다운 꽃으로 바꿔 달라고 부탁했습니다. 플로라의 간곡한 부탁을 차마 거절하지 못한 신들은 죽은 요정의 몸을 꽃으로 바꾸어 주면서, 자신들의 마음을 담은 선물까지 꽃에게 주었습니다. 첫 번째 신은 '어느 꽃에도 지지 않는 아름다움'을, 두 번째 신은 '찬란한 광채'를, 그리고 세 번째 신은 '달콤한 향기'를 주었습니다. 네 번째 신은 '조화로움'을, 다섯 번째 신은 '기품'을, 여섯 번째 신은 '사랑스러움'을 주었지요. 그리고 마지막 일곱 번째 신은 고심 끝에 '풍부한 색깔'을 선물로 주었는데, 다만 플로라가 꽃을 보고 괴로워하지 않도록 죽은 요정이 좋아했던 파랑만큼은 이 꽃의 색깔로 허락하지 않았습니다.

죽은 요정이 변한 꽃은 일곱 신의 선물 덕분에 지금도 변함없이 아름답고 기품 있는 생김새에 좋은 향기를 풍기고 광채를 내며 많은 사람의 사랑을 받고 있습니다. 바로 장미의 이야기입니다. 그런데 일곱 번째 신은 정말 장미에게 파란 색깔을 주지 않았던 걸까요? 아이들과 장미꽃으로 수업을 하며 물어보면, 많은 아이가 꽃집에서 파란 장미를 봤다고 합니다. 물론 저도 본 적이 있고요. 하지만 저와 아이들이 본 것은 진짜 파란 장미가 아닐 수도 있습니다. 하얀 장미에 물을 들인 가짜 파란 장미였을 수도 있습니다. 일곱 번째 신은 플로라가 정말 안쓰러웠는지 꽤 오랫동안 사람들에게 파란 장미를 허락하지 않았거든요. 그래도 사람들은 끊임없이 신의 영역에 도전했지요.

이론상으로 파란 장미는 파란색을 띠는 '델피니딘'이라는 성분을 다른 파란 꽃에서 가져와 장미꽃에 넣으면 가능합니다. 그렇지만 델피니딘을 합성하는 데 필요한 유전자 분리가 쉽지 않았고, 그 유전자를 장미 세포에 넣는 것 또한 매우 어려웠습니다. 그러던 중 1995년에 파란 카네이션이 만들어졌고, 이에 용기를 얻어 계속 연구한 결과 드디어 2004년에 파란 장미가 세상에 처음 모습을 드러냈습니다. 품종명은 'Applause(박수갈채, 칭찬)'. 신의 영역을 뛰어넘어 사람들이 만들어 낸 파란 장미를 올림포스 신들과 플로라는 어떻게 생각했을까요? 화를 내거나 슬퍼하지는 않았을까요? 'Applause'라는 이름에는 왠지 그들에게 박수와 칭찬을 받고 싶은 사람들의 마음이 담겨 있는 것 같습니다.

장미꽃으로 하는 꽃꽂이 수업은 대개 초등학교 고학년 이상 아이들과 합니다. 줄기의 가시가 억세고 뾰족해서 어린아이들에게는 위험하기 때문입니다. 준비해 온 장미 꽃다발의 포장지를 하나하나 벗길 때마다 십 대 아이들은 탄성을 지릅니다.

"와! 노란 장미다."

"저는 빨간 장미 가질 거예요!"

"저는 핑크 장미가 제일 좋아요!"

너무 즐거워합니다. 여러 다발의 장미를 책상 위에 쫙 깔아 놓으면 교실은 금세 장미 꽃밭이 되고, 온통 장미 향기로 가득 찹니다. 가끔 수업 참관을 온 선생님도 교실에 들어서는 순간 얼굴이 환해집니다. 아이들이나 선생님이나 저나 장미 앞에서는 모두 같은 표정, 같은 마음이 되는 걸 보면 장미는 분명 신들의 선물을 듬뿍 받은 꽃이 확실합니다. '꽃의 여왕'이라는 호칭이 전혀 어색하지 않습니다.

이렇게 어른 아이 할 것 없이 모두 좋아하는 장미가 언제 사람과 처음 만났는지는 정확히 알지 못합니다. 다만 세계 7대 불가사의의 하나인 바빌론의 공중정원(기원전 6000년 무렵)에 장미를 심은 흔적이 있고, 크레타섬의 크노소스 궁전(기원전 2000년 무렵) 벽화에도 장미가 그려져 있으며, 세계 최초의 서사시인 길가메시 서사시(기원전 2000년 무렵)에도 장미 가시 이야기가 나오는 걸 보면 사람들이 오래전부터 장미를 키워 온 건 틀림없는 사실입니다. 또한 고대 그리스 로마 시대에 이미 연회를 열 때 마루에 장미 꽃잎을 깔아서 향기를 즐겼고, 페르시아의 장미 재배 농장에서 장미수 rose water, 장미 기름 rose oil을 가져왔으며, 굳힌 장미 기름은 실크로드를 통해 중국의 실크와 교환했다고 하니 사람들이 장미를 즐긴 역사 또한 짧지 않아 보입니다.

사람들은 장미를 즐기는 한편 장미 이름을 걸고 싸우기도 했습니다. 15세기 영국에서 벌어진 '장미 전쟁Wars of the Roses'이 바로 그 사건인데요, 흰 장미가 상징인 요크 가문과 빨간 장미가 상징인 랭커스터 가문이 1455년부터 1485년까지 무려 30년 동안 왕위 계승권을 두고 벌인 전쟁입니다. 다행히 두 가문은 나중에 함께 결혼을 하며 화해했는데, 그러면서 흰 장미와 빨간 장미를 조합해 만든 '튜더 로즈Tudor Rose'라는 새로운 문양을 만들었습니다. 튜더 로즈는 지금 영국 왕실의 상징으로 쓰이고 있습니다.

튜더 로즈 문양

사람과 긴 역사를 함께해 온 장미는 19세기 초반 큰 변화를 맞이합니다. 우선 새로운 분류 기준이 생겼습니다. 19세기 초반까지 유럽에는 사철 꽃이 피는 장미가 없었습니다. 그러다가 중국에서 사철 꽃이 피는 새로운 품종들이 들어오면서 다양한 교배가 이루어집니다. 그래서 이 시기를 기준으로, 이제껏 유럽에서 친숙하던 장미를 '올드 로즈old rose', 이후에 인공 교배로 만들어진 장미를 '모던 로즈modern rose'라고 부르게 되었습니다. 올드 로즈는 향기가 매우 좋은 대신 병충해에 약하고 꽃도 한 철밖에 못 피우지만, 모던 로즈는 향기가 거의 없는 대신 병충해에 강하고 꽃도 사철 핍니다. 각각 장단점이 있는 셈이지요. 이 시기를 기점으로 장미의 품종이 급격히 다양해졌고, 유럽에서는 장미 키우기가 크게 유행했습니다.

특히 나폴레옹의 부인 조제핀Marie Josèphe Rose Tascher de la Pagerie은 장

피에르-조제프 르두테가 그린 말메종의 장미들,
19세기 초

미를 매우 사랑해서, 자기 이름 중간에 'Rose'를 넣을 정도였습니다. 조제핀은 파리 교외 말메종Malmaison에 막대한 돈을 들여 무려 10년에 걸쳐 세계 최초의 장미 정원을 만들고, 세계 각지에서 다양한 장미를 들여왔습니다. 지금 '말메종 장미 공원La roseraie de la Malmaison'에는 조제핀이 있을 때처럼 많은 장미는 없지만, 그 당시 그곳에서 열심히 장미를 그린 화가 피에르-조제프 르두테Pierre-Joseph Redouté, 1759~1840 덕분에 그림으로나마 그때의 장미들을 볼 수 있습니다.

  장미는 먼 옛날부터 사람들의 사랑을 받으면서 변신을 거듭해 왔습니다. 그리고 제 손을 거쳐 아이들에게까지 전해졌습니다. 아이들이 만드는 장미 꽃다발은 같은 게 하나도 없습니다. 어떤 아이는 한 색깔만 모으고, 어떤 아이는 여러 색깔을 섞어 모읍니다. 어떤 아이는 스무 송이도 넘게 모아 큰 다발을 만들고, 어떤 아이는 두세 송이씩 모아 여러 다발을 만듭니다. 하지만 같은 것도 있습니다. "엄마한테 드릴 거예요", "저는 담임 선생님이요", "이 친구랑 서로 선물하기로 했어요"처럼 꽃을 받을 사람을 떠올리며 짓는 미소만큼은 모두 똑같습니다. 몇천 년 전 메소포타미아 티그리스 강가에서 사람들을 활짝 웃게 만들고, 19세기 유럽 사람들을 한없이 빠져들게 했던 장미가 지금은 대한민국 한 초등학교에서 아이들을 즐겁게 해 주고 있습니다. 아이들이 만들어 간 장미 꽃다발은 누군가에게 전해져 그 사람을 분명 행복하게 해 주었겠지요?

2장

아이들 곁에 식물을

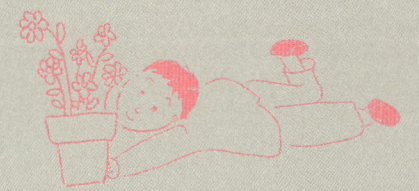

식물과 가까이 있으면서 아이는 식물로부터 자연의

아름다움과 그 속에 숨어 있는 사랑이라는 선물을 받습니다.

이 선물은 아이의 올바른 성장을 도와주고 언제인가

아이 스스로 자신 안에 있는 가능성을 개화시킬 수 있는

힘을 줍니다.

원예를 만나다

저는 사람들에게 그림책을 읽어 주고 함께 식물 심는 일을 하고 있습니다. 굳이 이름을 붙인다면 원예 강사라고 할 수 있겠습니다. 주 수업 대상은 유치원과 초등학교 아이들이고, 선생님이나 학부모 같은 어른들을 만날 때도 있습니다. 수업은 어른 아이 상관없이 늘 그림책으로 시작합니다. 함께 그림책을 본 다음, 각자 자신의 화분에 식물을 심으며 이런저런 이야기를 나눕니다. 대상에 따라 수업 분위기는 조금씩 다른데, 아이들 수업은 자유롭고 활기찰 때가, 어른들 수업은 조용하고 진지할 때가 많습니다. 수업이 끝나면 시끌시끌하던 아이들은 자기 화분을 들고 교실을 나가기 바쁘지만, 조용하던 어른들은 오히려 수업 후 저에게 다양한 질문을 합니다.

"아이들 수업도 어른 수업과 똑같나요? 이렇게 그림책도 읽어 주고 식물도 심으세요?"

"그림책은 식물이 나오는 그림책을 읽어 주시나요?"

"그림책이랑 식물을 함께 수업하는 건 어떻게 생각하셨어요?"

2002년, 저는 다니던 출판사를 그만두고 일본에 갔습니다. 목적은 어린이책 공부였습니다. 당시만 해도 일본이 우리나라보다 출판 선진국이고, 어린이책 분야에서도 다양한 창작·번역물 및 관련 도서들이 많이 출간되어 있었기 때문에 보는 것만으로도 큰 공부가 되리라 생각했습니다. 가자마자 몇 군데 출판 관련 전문학교에 입학 상담을 했습니다. 하지만 전문학교가 실습 중심으로 기능을 익히는 곳이다 보니 커리큘럼은 대부분 출판 편집에 관련된 기술들이었고, 제가 배우고 싶었던 일본 어린이책의 역사와 문화를 비롯해 출판 전반에 관한 내용을 다루는 곳은 없었습니다. 그렇다고 큰맘 먹고 가족까지 함께 왔는데 그냥 돌아갈 수는 없고, 어린이책이 아니면 무슨 공부를 해야 하나 고민하던 그때 저에게 다가온 것이 바로 원예였습니다.

그 당시 저는 식물을 싫어하지는 않았지만 큰 관심도 없었습니다. 우리나라에 있을 때는 집 안의 화분에 물을 줘 본 적이 거의 없을 정도였습니다. 그런 제가 일본에 와서 동네 이 골목 저 골목, 때로는 시내의 큰길가를 산책하며 식물들과 눈이 마주친 겁니다. 볼품없이 낡은 것부터 세련되고 멋있는 것까지 화분은 모두 제각각이었지만, 그 안에서 자라는 식물들은 하나같이 예뻤습니다. 그렇게 한 번, 두 번, 세 번 자꾸 마주치다가 정신을 차려 보니, 어느새 저는 고서점 거리로 유명한 도쿄 진보초神保町 근처 한 원예전문학교의 학생이 되어 있었습니다. 그리고 한 학기가 지났을 무

|1|2|
|3|4|

1 3 일본 골목골목에서 만난 식물들
2 저자가 다닌 원예전문학교 입구
4 원예전문학교에서 저자가 실습 작품으로 만든 화단

2장. 아이들 곁에 식물을

렵, 저는 입학할 때에 비해 천 배 만 배쯤 식물을 좋아하는 사람으로 변해 있었습니다. 저 스스로 깜짝 놀랄 만한 변화였습니다.

그 당시 저의 일과는 매우 단순했습니다. 아침에 아내가 싸 준 도시락을 들고 학교에 가서 공부를 하고, 3~4시쯤 학교가 끝나면 진보초 고서점 거리에 가서 한참 책 구경을 했습니다. 집에 돌아오면 매일은 아니지만 동네 도서관에 가서 그림책을 빌려 와 아이와 함께 보고, 인상에 남는 그림책은 공책에 기록을 남겼습니다. 주말에는 시간 나는 대로 가족과 함께 공원이나 식물원을 부지런히 돌아다녔습니다.

이렇게 제 나름으로 열심히 살던 삼 년가량의 일본 생활을 마치고, 드디어 우리나라로 돌아올 때가 다가왔습니다. 당연히 저는 앞날이 고민되었고, 제가 일본에서 무엇을 할 때 가장 좋았는지 떠올려 보았습니다. 그건 그림책을 읽고 식물을 만지는 시간이었습니다. 저는 이 두 가지 덕분에 일본에서의 시간이 행복했고, 앞으로 제 인생도 행복해질 수 있을 것 같았습니다. 그렇다면 무슨 일을 해야 할까요? 저는 그 당시 여섯 살과 두 살이던 제 아이들이 어른이 되었을 때의 세상을 상상해 보았습니다. 분명 세상은 더 발전하고 풍요로워질 테고 상상도 못 할 물건도 발명되겠지만, 왠지 삶의 질이 높아질 것 같지는 않았습니다. 오히려 더 바쁘고 정신없어질 뿐만 아니라 소외감과 스트레스가 더 커질 것 같았습니다. 그래서 저는 어른이 되어 비로소 느낀 이 행복을 아이들도 느끼게 해 주고 싶었습니다. 그림책과 식물의 즐거움을 아이들에게 알려 주어서 아이들이 힘든 상황에 놓였을 때 헤쳐 나갈 힘으로 삼게 해 주고 싶었습니다.

하지만 그림책과 식물로 아이들과 수업을 하겠다는 마음만 앞설 뿐 실제로 프로그램을 짜는 일은 쉽지 않았습니다. 왜 한 수업에서 그림책도 읽어 주고 식물도 심어야 하는지, 어떻게 그림책과 식물을 한 흐름으로 이어 갈지, 그림책과 식물은 어떤 기준으로 골라야 할지, 어느 것 하나 명확히 정리하지 못했습니다. 이는 당연히 프로그램에 대한 철학이 없었기 때문인데요, 그때 루돌프 슈타이너Rudolf Steiner, 1861~1925의 글을 읽지 못했다면 제 고민은 더욱 깊어졌을 겁니다.

루돌프 슈타이너는 독일의 사상가로, 우리나라에도 많이 알려진 발도르프Waldorf 교육의 창시자입니다. 그가 1919년 독일 슈투트가르트에 있는 발도르프 아스트리아 공장 사장의 초대로 강연을 하러 갔다가, 그 공장의 노동자 자녀들을 위해 세운 교육 기관이 지금은 80여 나라에 1000곳 이상 있는 '발도르프 학교'입니다. 제가 그때 읽은 『루돌프 슈타이너의 교육론Rudolf Steiner: An Introduction to His Spiritual Word View』(내일을 여는 책, 1997)은 루돌프 슈타이너의 강연을 모아 놓은 책이었는데, 그 가운데 가장 와 닿았던 내용은 다음과 같습니다.

- 아이들에게 식물 세계는 과학적으로 연구하는 대상이 아닌 예술적으로 이해하는 대상이다.
- 식물을 보며 원래부터 그 속에서 살아 움직이는 조화와 리듬을 불러일으켜야 한다.
- 땅을 비롯해 주변 환경과 식물의 관계를 주시하고, 성장 과정을 잘 관찰하는 게 중요하다.

책 한 권을 읽고 루돌프 슈타이너의 심오한 사상을 이해하는 건 불가능한 일입니다. 하지만 식물이 품고 있는 '생명'과 식물이 보여 주는 '아름다움', 그리고 식물이 여러 생명과 맺는 '관계'를 아이들이 자연스럽게 받아들이고 다양한 방식으로 표현해 내도록 그림책을 활용해 도와주는 것, 그게 바로 제가 할 일이라는 건 깨달을 수 있었습니다.

생각이 정리되자 그림책과 식물의 연결 고리가 명확해짐과 동시에 그림책과 식물의 선정 기준도 세워졌습니다. 그림책은 식물이 나오지 않더라도 각 주제를 잘 전달할 수 있는 책이면 충분했고, 식물은 오랫동안 곁에서 성장을 지켜볼 수 있는 튼튼한 종류라면 무엇이든 괜찮았습니다. 그 후 프로그램의 세부 내용을 채우는 일은 그다지 어렵지 않았습니다. 아이들에게 전해 주고 싶은 가치(대목표)를 뽑고, 그 하위 개념으로 알려 주고 싶은 내용(소목표)을 정리했습니다. 그리고 거기에 맞는 그림책과 식물을 골랐습니다. 이렇게 만든 프로그램은 오랜 기간 수업을 해 오면서 상황에 맞춰 세부 내용을 수정하고 보완했지만, 그때 정리한 방향성만큼은 지금도 그대로 유지하고 있습니다.

요즘도 어른, 특히 선생님들과 수업을 하다 보면 여전히 다양한 질문을 받습니다. 가끔 제 수업을 따로 배울 수 있는지 자격증은 발행하는지 같은 질문을 받기도 하는데, 당연히 제 수업은 배우는 학원도 없고 자격증도 없습니다. 오히려 아이들과 늘 함께 생활하는 선생님들이라면 누구나 저보다 잘할 수 있다고 알려 드립니다. 다만 내가 왜 이 수업을 아이들과 하고 싶은지, 이 수업을 하면서 아이들에게 무엇을 전해 주고 싶은지, 그

부분만큼은 시간이 걸리더라도 스스로 생각을 정리하는 게 좋다고 말씀드립니다. 그것만 정리되면 세부적인 내용은 그리 어려운 문제가 아니니까요. 하지만 제 대답을 듣고 나서도 계속 떨떠름한 표정을 짓는 선생님들을 위해 다음과 같이 간단한 수업의 예를 소개하기도 합니다.

1. 사이좋은 친구 이야기가 나오는 그림책을 아이들과 함께 보기
2. 아이들이 각자 자기 화분에 식물 심기
3. 아이들이 직접 식물의 이름을 짓고 이름표에 적어서 꽂아 주기
4. 식물 친구의 이름을 불러 주고 오랫동안 함께 잘 지낼 수 있는 방법 알아보기

모든 질문에 시원하게 대답을 못 해 드리는 게 아쉽지만, 저는 어른들의 다양한 질문이 너무 소중합니다. 질문을 한다는 자체가 수업 내용에 관심이 있다는 뜻이고, 그렇게 어른이 그림책과 식물에 한 걸음씩 다가가다 보면 함께 생활하는 아이들도 어른을 닮아 갈 확률이 높아지기 때문입니다. 그래서 저는 앞으로도 이런 질문을 더 많이 받고 싶습니다.

다른 나라의 원예 교육

아이들과 원예 수업을 하기로 마음먹고 맨 처음 생각한 것은 대상 연령이었습니다. 물론 원예 수업은 모든 연령에게 다 가능하지만, 그래도 주 대상 연령을 잡는 게 프로그램을 짤 때 필요했습니다. 그래서 아이를 키우는 주변 사람들에게 물어본 결과, 유치원생 그러니까 우리 나이로 5~7세인 아이들을 대상으로 하는 게 제일 좋겠다는 결론이 나왔습니다. 일단 초등학교에 들어가면 학교 공부도 해야 하고 영어와 운동, 미술, 음악 등 다니는 학원이 많아져서 원예까지 신경 쓸 겨를이 없지만, 유치원 때까지는 부모가 마음의 여유를 갖고 원예를 시켜 볼 수 있다는 게 지배적인 의견이었습니다. 아이들에게 식물 심기와 함께 그림책도 읽어 줄 계획이었기에 저 또한 5~7세 아이들이 가장 적당하겠다고 생각했습니다.

대상 연령을 정하고 거기에 맞춰 프로그램을 짜려니 외국 자료가 보고 싶어졌습니다. 우리보다 원예 문화가 발달한 나라에서는 아이들에게 도대체 어떤 내용으로 원예 수업을 하는지 궁금했습니다. 현재 전 세계에서 원예 문화의 흐름을 이끌어 가는 큰 시장은 유럽과 미국 그리고 일본, 이렇게 세 지역으로 나눌 수 있습니다. 이 모든 곳의 자료를 다 찾아보면 좋겠지만 불가능한 일이었고, 저는 서양의 원예 문화를 알기 위해 미국 자료를, 동양의 원예 문화를 알기 위해 일본 자료를 찾아보았습니다. 두 나라의 원예 문화를 비교해 살펴보면서 흥미로웠던 부분은 많이 팔리는 식물의 종류였습니다.

나라 순위	미국(미국농무부)	일본(일본농림수산성)
1	화단용 풀꽃	꽃꽂이용 꽃
2	꽃 화분	식물 화분
3	관엽식물 화분	꽃모종
4	여러해살이풀 화분	알뿌리
5	꽃꽂이용 꽃	

나라별 많이 팔리는 식물(자료 출처: otakaki.co.jp)

표를 보면 두 나라의 원예 문화가 어떻게 다른지 금세 알 수 있습니다. 미국은 '화단용 풀꽃'이 가장 많이 팔립니다. 이는 집마다 마당이 있고 마당에 풀꽃을 심는 게 원예 생활의 중심이란 걸 말해 줍니다. 2위인 '꽃 화분'과 4위인 '여러해살이풀 화분'도 마찬가지입니다. 둘 다 실내보다는 바깥에서 키우기 적당합니다. 직사광선도 쬐고 바람도 맞아야 꽃이 잘 필 뿐 아니라 오랫동안 피어 있습니다. 3위 '관엽식물 화분'과 5위 '꽃꽂이용 꽃'만이 실내에 두는 식물입니다. 따라서 이 통계를 보면 미국의 원예 활동은 바깥 공간을 중심으로 이루어진다는 것을 확실히 알 수 있습니다. 마당이 있는 집이 많으니 굳이 실내에 식물을 둘 필요를 못 느끼는 거지요.

이에 반해 일본은 미국에서 가장 적게 팔리는 '꽃꽂이용 꽃'이 가장 인기입니다. 2위도 '꽃 화분'이 아닌 '식물 화분'이지요. 이는 바깥이 아닌 실내 공간이 원예 활동의 중심이란 걸 의미합니다. 3위 '꽃모종'은 대부분 한해살이풀이므로 바깥에 심더라도 봄여름 한때를 즐기고 끝나 버리고, 4위 '알뿌리' 또한 화분에 심어 안팎으로 이동이 가능하니 둘 다 100퍼센트 바깥 활동이라 하기는 어렵습니다. 결국 이 통계는 일본의 원예 활동이 실내 공간을 중심으로 이루어진다는 것을 말해 줍니다. 일본은 미국처럼 집마다 마당을 갖기 힘들고, 마당이 있더라도 넓은 공간을 차지하기 어려운 데서 온 당연한 결과입니다.

이렇게 미국과 일본의 다른 원예 환경은 자연스레 아이 대상의 프로그램에도 영향을 끼쳤습니다.

우선 미국의 원예 프로그램을 살펴보겠습니다. 이 프로그램은 한 기관의 것이 아니라, 여러 곳의 자료를 조사해 공통적인 내용만 모아 놓은 것입니다. 미국의 원예 프로그램은 기본적으로 '정원' 혹은 '텃밭'이라는 공간을 중심으로 이루어집니다. 그러다 보니 어느 프로그램이나 '퇴비 compost'를 만드는 게 기본 작업입니다. 흙과 친해지는 과정이라고도 할 수 있는데요, 아이들은 이 과정을 거치며 오감으로 흙을 느끼고 흙에 사는 곤충과도 만납니다. 흙에 대한 거부감이 자연스레 사라지지요. 이렇게 흙과 친밀감을 가진 다음 비로소 채소라든가 꽃이라든가 다양한 식물을 심으면서 식물과의 연결 고리를 다각도로 만들어 갑니다. 이는 아이 자신과 식

회차	커리큘럼	교육 항목
1	도구 만들기	재활용품을 이용해 흙삽과 이름표 만들기
2	퇴비 만들기	다양한 재료를 이용해 퇴비 만들어 보기
3	패스트푸드 샐러드 만들기	샐러드에 들어갈 채소를 심고, 자란 채소로 샐러드 만들기
4	구멍을 파고 씨앗 심기	바깥, 실내의 여러 곳에 씨앗을 심고 자라는 모습 관찰하기
5	아름다운 부케 만들기	부케에 들어갈 꽃을 정해서 심는 '부케 정원' 만들기
6	알뿌리 심기	다양한 알뿌리를 알아보고 직접 심어 보기
7	다양한 정원 만들기	접시 정원, 보틀 정원, 선인장 정원 만들어 보기
8	나비 정원 만들기	다양한 나비가 찾아올 수 있는 꽃 정원 만들기
9	정원 일기 쓰기	식물이 자라는 모습을 그림이나 사진과 함께 정리하기
10	곤충 키우기	병 속에 흙과 채소를 넣고 지렁이와 달팽이 키우기

미국 원예 프로그램의 예

퇴비 만들기는 서양에서
원예 활동의 기초이자 시작입니다

물의 관계뿐만 아니라, 자연 속에서 사람의 위치나 역할을 확인하는 작업이기도 합니다. 또한 커리큘럼의 내용을 보면 한 번으로 끝나는 활동은 별로 없습니다. 씨앗을 심든 정원을 만들든 곤충을 키우든 꾸준히 그 변화 과정을 지켜보아야 합니다. 따라서 9회차의 '정원 일기 쓰기'처럼 지속적으로 관찰하는 자세가 중요하다고 할 수 있습니다.

일본 원예 프로그램의 예는 도쿄의 한 원예점에서 〈두근두근 어린이교실〉이란 제목으로 진행한 것입니다. 한 달에 한 번씩 일 년간 진행했으며, 5세 이상 참여 가능했습니다. 참고로 '원예점'은 우리나라에서는 생소한 단어인데요, 대개 화분이나 화단에 심는 식물을 중심으로 꽃꽂이용 꽃까지 많은 종류를 다루고 있으며, 원예 관련 자재도 다양하게 갖추고 있

일정	커리큘럼	교육 항목
10월	입학식 / 상자 정원 만들기	상자 정원을 만들고 식물과 친해지자
11월	가을 소풍(자연을 만나자)	낙엽이나 나무 열매를 줍자(스케치)
12월	미니 크리스마스트리 만들기	크리스마스트리를 즐기자
1월	자연 소재로 염색하기	자연 염료를 추출하여 염색을 공부하자
2월	드라이플라워로 동물 만들기	드라이플라워로 공작의 세계를 넓히자
3월	토분 만들기	흙을 반죽하여 토분을 만들자
4월	자신이 만든 토분에 식물 심기	식물의 이름, 심는 법, 키우는 법을 알자
5월	가을과는 다른 자연 만나기	계절 꽃을 느끼자(압화)
6월	풀꽃 그리기	자연을 관찰하는 눈을 키우자
7월	동물 토피어리 만들기	이끼로 작품을 만들자
8월	채소로 판화 만들기	판화와 친해지자
9월	졸업 작품 만들기	지난 일 년을 돌아보자

일본 원예 프로그램의 예

일본 도쿄에 있는 원예점과 그곳에서
진행하는 '야생화 그림엽서 교실' 안내문

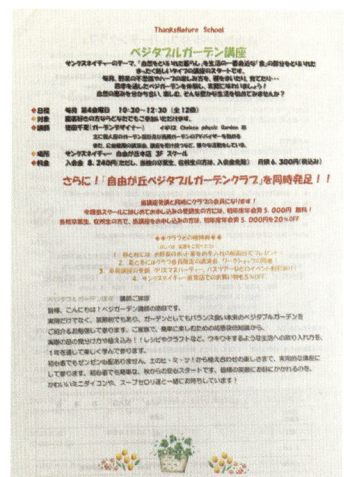

어린이 대상 월 1회 1년 과정의 채소 정원
만들기

어린이 대상 1회 체험 과정으로 컨테이너
정원, 허브 정원 등 다양한 정원 꾸미기

2장. 아이들 곁에 식물을

는 대규모 매장입니다. 흔히 '가든 센터garden center'라고도 부르지요. 시내에도 많이 있지만, 도심 외곽으로 나가면 매우 큰 규모의 원예점들을 만날 수 있습니다.

확실히 미국의 프로그램과는 다르지요? 일본도 우리나라와 마찬가지로 집마다 정원을 갖기 어렵기 때문에 정원에서 심고 키우는 활동보다는 식물을 소재로 다양한 활동을 하는 데 초점을 맞추고 있습니다. 특히 이 프로그램은 일 년 동안 아이들이 계절 감각을 느끼고 식물로 다양한 예술적 감성을 발산할 수 있도록 도와주고 있는데요, 염색, 토분 만들기, 판화 작업은 원예와 미술이 결합된 활동이라서 아이들이 매우 재미있어 할 것 같습니다.

지금 소개한 두 프로그램은 제가 프로그램을 짤 때 많은 참고가 되었습니다. 무엇보다 우리의 원예 환경에 맞는 프로그램은 무엇일까 고민하게 해 주었지요. 우리나라는 아직 미국이나 유럽, 일본만큼 원예가 사람들의 생활 깊숙이 자리 잡고 있지는 못합니다. 따라서 특별한 경우가 아니고서는 아이들이 가정에서 원예 활동을 하는 일은 거의 없습니다. 그렇다면 아이들이 지속적인 원예 활동을 할 수 있는 공간으로 어디가 가장 적당할까요? 저는 아이들이 하루의 대부분을 보내는 유치원과 학교라고 생각합니다. 실제로 꽤 여러 해 전부터 우리나라 초등학교에서는 자기 텃밭 가꾸기를 활발히 하고 있습니다. 전교생이 모두 참여할 만한 규모의 텃밭이 있으면 좋겠지만, 그럴 만한 환경이 못 돼도 아이 한 명당 화분을 하나씩 줘서 거기에 꽃이나 곡식, 채소를 심게 하는 것을 저는 여러 학교에서 보았습니다. 따라서 지금이라도 하고자 하는 의지만 있다면 학교 나름의 환경과 여건에 맞추어서 다양한 원예 활동을 할 수 있다고 생각합니다.

사실 물리적 환경보다 더 큰 어려움은 할 일이 너무 많아 눈코 뜰 새 없이 바쁜 아이들이 왜 굳이 원예 활동을 해야 하는지, 그 당위성에 대한 공감과 합의일 것입니다. 1900년에 출간된 스웨덴의 사상가 엘렌 케이Ellen Key의 책 『어린이의 세기Das Jahrhundert des Kindes』는 내용이 너무 급진적이라는 주장도 있었지만, 그 당시 유럽에서 선풍적인 화제를 불러일으켰습니다. 20세기 초 유럽 사회가 놓치고 있는 교육의 본질을 잘 짚어 낸 덕분인데요, 이 책에서 엘렌 케이는 "미래에는 학교가 커다란 정원으로 둘러싸여 있기를 꿈꾼다"고 말합니다. "아이들이 학교에서 키운 꽃을 집에 가져가 창, 베란다, 정원을 꾸며야 한다"고도 하고요. 그녀는 왜 그런 말을 했을까요? 엘렌 케이는 그렇게 하는 것이 "아이들의 미적 감각을 키우는 가장 좋은 방법이고, 아름다움에 대한 보편적인 욕구를 자각하고 충족하는 가장 단순하고 자연스러운 방식"이라고 믿었기 때문입니다.

원예 교육의 성과는 금세 표면으로 드러나지 않습니다. 하지만 식물과 가까이 있으면서 아이는 식물로부터 자연의 아름다움과 그 속에 숨어 있는 사랑이라는 선물을 받습니다. 이 선물은 아이의 올바른 성장을 도와주고 언제인가 아이 스스로 자신 안에 있는 가능성을 개화시킬 수 있는 힘을 줍니다. 어른들 모두가 엘렌 케이와 같은 생각을 해서 학교를 바꾸긴 어렵겠지요. 하지만 아이들이 식물과 함께 지낼 시간을 선물하는 건 충분히 가능하지 않을까요? 아이들 곁에 있는 식물 하나하나가 아이들에게 감동을 주고, 그 감동이 그 시간을 선물한 어른들에게까지 전해지리라는 것은 너무나 당연한 사실입니다. 제한된 환경이지만 아이들에게 흙을 만지고 식물을 심고 가꾸는 시간이 좀 더 많이 생기면 좋겠습니다. 그렇게 만들기 위해 어른들이 지금보다 더 많은 고민을 하면 좋겠습니다.

자연 결핍의 아이들

　　어느 날 유치원 수업 중 한 아이가 "선생님은 땅이 얼마나 있어요?" 하고 저에게 물었습니다. 갑자기 왜 이런 질문을 하나 싶어 앞뒤 사정을 들어 보니 한 아이가 자기 집은 땅이 몇 평이나 있고 그게 돈으로 얼마나 되는지 말한 것이었습니다. 아이들은 안 듣는 척하면서 어른들이 하는 이야기를 다 들으니, 그 아이도 분명 엄마 아빠가 나눈 대화를 듣고 친구들에게 말한 걸 겁니다. 아이들이 한집에 사는 어른들의 영향을 받는 건 너무나 당연합니다. 그래서 엄마 아빠가 매일 다투면 아이의 생각은 다툼으로 꽉 차고, 매일 돈 얘기만 하면 아이의 생각 또한 돈으로 꽉 찰 수밖에 없습니다.

　　땅에 대한 생각도 마찬가지입니다. 나라는 좁은데 사람은 점점 많아지고, 게다가 도시 집중화가 이루어지면서 땅은 생명의 근원보다 부의 근원이 되어 버렸습니다. 땅에 무언가 심고 가꾸기보다 짓고 부수는 게 더 익숙한 세상이 되었습니다. 19세기 중반 시애틀 추장은 땅을 팔라는 백인들에게 땅은 그 누구의 소유도 아니고 어머니처럼 거룩한 존재라고 말했다고 합니다. 톨스토이는 단편 소설 「사람에게는 얼마만큼의 땅이 필요한가?」에서 땅에 욕심을 부린 사람의 불행한 최후를 보여 주었습니다. 하지만 그 이야기들로부터 꽤 세월이 흐른 지금도 우리는 시애틀 추장 앞에 선 백인들이나 넓은 땅을 가지려던 톨스토이 소설의 주인공보다 더 하면 더 했지 결코 나아지지 않았습니다. 그런 어른들과 한집에 사는 아이들이 땅에 대해 어떤 생각을 가질지는 불 보듯 뻔한 일입니다.

1980년대 중반 서울의 모습을 담고 있는 유은실의 소설 『변두리』(문학동네, 2014)에는 서울 변두리에 살면서 동네 야산에서 아까시나무 꽃을 따 먹는 아이들 모습이 잘 묘사되어 있습니다. 저 또한 서울에서 태어나 줄곧 서울에서 자랐지만, 어린 시절 자치기나 구슬치기를 하던 흙땅의 기억이 선명하게 남아 있습니다. 하지만 요즘 도시 아이들은 '땅'이란 단어를 듣고 예전처럼 흙이나 나무 같은 자연을 떠올리기 어렵습니다. 그보다는 보도블록이나 아스팔트로 덮여 있는 길과 도로를 떠올리겠지요. 게다가 미세먼지 같은 공해 문제와 바빠진 일과 탓에 실내에서 보내는 시간이 길어지면서 자연과 만나는 일은 더욱 줄어들었습니다.

오늘날 도시 아이들이 처한 이런 상황을 리처드 루브Richard Louv(미국의 저널리스트이자 아동 교육 전문가)는 『자연에서 멀어진 아이들』(즐거운상상, 2007)에서 '자연 결핍 장애'라고 표현합니다. 자연 결핍 장애는 인간이 자연에서 멀어지면서 생기는 여러 문제점을 뜻하는데요, 감각의 둔화, 주의 집중력 결핍, 육체적·정신적 질병의 발병률 증가 등을 불러일으킨다고 합니다. 그러고 보면 언제부터인가 주변에서 '주의력결핍과잉행동장애 ADHD'를 비롯해 여러 병명을 진단받는 아이들이 늘고 있는데, 이 또한 자연 결핍 장애의 영향은 아닌지 의심이 듭니다. 어쩌면 아이들뿐만 아니라 우리나라 전체 인구의 91.8퍼센트(2018년 기준)나 차지하는 도시 사람 모두가 이미 같은 장애를 앓고 있는지도 모를 일입니다.

물론 이렇게 사람들이 자연으로부터 점점 멀어지고 아이들이 자연 결핍 장애까지 앓는 상황을 모두 그냥 지켜보기만 한 건 아닙니다. 미국의 화가 리즈 크리스티Liz Christy는 1973년 미국 뉴욕에서 처음 '게릴라 가드닝Guerrilla Gardening'을 시작했습니다. 게릴라 가드닝은 도시의 방치된 공간에 게릴라처럼 몰래 꽃과 나무를 심고 가꾸는 운동입니다. 리즈 크리스티는 동료들과 '그린 게릴라The Green Guerrillas'라는 단체를 만들고 쓰레기로 넘쳐 나던 한 사유지를 땅 주인의 허락 없이 정원으로 만들었습니다. 당연히 동네 주민들은 좋아했지만 땅 주인은 불법 침입이라며 이들을 고소했지요. 하지만 리즈 크리스티는 땅 주인이 땅을 방치해서 이웃에게 불편을 끼쳤다는 취지로 맞고소를 했고, 이 소송은 7년간 이어지다가 결국 뉴욕시가 이 땅을 사서 공원으로 만들며 마무리되었습니다. 단지 엉뚱하고 불법적인 행동으로 치부될 수 있었던 행동이 도시 속에 좀 더 자연이 가까이 들어오는 계기가 된 겁니다.

이렇게 시작된 게릴라 가드닝은 2004년 영국 런던에서 리처드 레이놀즈Richard Reynolds라는 청년이 게릴라 가드닝 사이트(Guerrillagardening.org)를 만들고, 도시의 공유지 이곳저곳에 꽃을 심는 활동을 하면서 전 세

1 리즈 크리스티와 정원
2 저자와 아이들이 함께한 게릴라 가드닝

계에 폭발적으로 퍼져 나갔습니다. 지금은 우리나라에서도 게릴라 가드닝이란 이름으로 도시의 빈 공간에 꽃과 나무를 심고 가꾸는 활동이 진행되고 있습니다. 저도 5년 전쯤 아이들과 함께 아이들 집 근처 빈터에 식물을 심은 적이 있는데, 그때는 몰랐지만 돌이켜 보면 그 또한 게릴라 가드닝이었습니다.

수업을 하다 보면 가끔 집에 식물을 가져가기 싫어하는 아이가 있습니다. 아이에게 왜 그런지 물어보면 답은 거의 비슷합니다. 아이는 가져가고 싶지만 엄마나 아빠가 싫어한다는 겁니다. 엄마 아빠가 싫어하는 이유도 비슷비슷합니다. 화분을 놓을 공간이 마땅치 않다거나, 흙에서 벌레가 생길지 몰라 걱정된다거나, 식물을 죽일까 봐 부담스럽다는 거지요. 하지만 그런 이유로 식물을 곁에 두지 못한다면, 아이를 '자연 결핍'으로부터 구할 가장 손쉬운 방법을 놓치는 거라고 저는 생각합니다. 비록 작은 식물이라도 그 속에는 물, 햇볕, 공기 같은 자연의 에너지가 모두 들어 있습니다. 식물을 곁에 두면 아이는 자연에 한 걸음 더 가까이 다가갈 수 있습니다. 손바닥만큼 좁은 공간만 있어도 됩니다. 흙에서 벌레가 나올 일은 거의 없고, 열심히 키우다 죽이면 어쩔 수 없습니다. 엄마 아빠에게 도전할 기회를 드립니다.

우선 식물을 사야 합니다. 엄마나 아빠가 집 근처 꽃집에서 사 와도 좋지만, 아이와 함께 꽃시장에 가서 사 오면 더 좋습니다. 종류는 실내에서 키울 수 있는 것들을 가게에서 추천받아 그 가운데 마음에 드는 것으로 고르면 됩니다. 놓을 공간을 미리 정하고 가면 훨씬 고르기가 쉽습니다. 식물을 사면 그다음은 간단합니다. 아이와 함께 질문거리를 만들고 인터넷에서 찾아봅니다. 이 식물은 풀일까, 나무일까? 풀이라면 한해살이일까, 여러해살이일까? 원산지는 어디일까? 햇볕을 얼마나 좋아할까? 물을 얼마나 자주 줘야 할까? 찾다 보면 궁금한 점은 이어서 생겨나고 나눌 수 있는 이야깃거리도 넘쳐 납니다. 집 안에서 식물을 키우는 건 참으로 멋진 일입니다. 집 안에 또 다른 생명이 살기 시작하는 거니까요.

물론 식물은 개나 고양이처럼 움직이지 않습니다. 사람에게 다가와 귀염을 떨지도 않고 배고프다고 울지도 않습니다. 그저 자기 자리를 지킬 뿐입니다. 그래서 식물과 함께 사는 게 익숙하지 않은 아이들은 식물이 집에 있다는 것 자체를 잊어버리기 쉽습니다. 하지만 엄마 아빠가 물도 주고 이름도 지어 주고 시든 잎도 따 주면서 식물에게 '잘 자라라', '사랑해'처럼 좋은 말을 해 주면 자연스레 아이도 관심을 갖고 따라 합니다. 그리고 사랑을 받는 만큼 식물이 잘 자라고 잎도 반짝이는 걸 보면서 자연스레 '생명의 교감'을 느낍니다. 아이가 이제까지 경험하지 못한 새로운 세상이 시작되는 것이지요. 이렇게 생명의 교감을 경험한 아이들 눈에 세상은 달리 보일 수밖에 없습니다. 사람뿐만 아니라 주변에 살아 숨 쉬는 모든 생명이 눈에 들어오고, 자기보다 약하고 힘없는 존재에게서도 동등한 생명의 힘을 느낍니다. 그리고 그것들을 받아들이고 사랑할 수 있는 마음의 여유까지 생깁니다.

집 안에서 식물을 키우는 일은 도시 아이들이 자연 결핍 장애를 겪지 않도록 도와주는 최소한의 장치입니다. 하지만 아이들은 지식이나 경험이 부족하므로 스스로 주체가 되어 식물을 만나기는 쉽지 않습니다. 한 집에 사는 어른들이 다투는 모습을 보여 주거나 돈과 땅 이야기를 하기보다 식물에 물 주는 모습을 보여 주고 식물 잘 키우는 방법을 이야기한다면 아이들은 그 모습을 그대로 배울 겁니다. 어른들이 식물을 키우며 느끼는 감동보다 아이들은 몇백 배, 몇천 배의 감동을 느낍니다. 조그맣지만 커다란 자연을 아이들에게 선물해 보세요.

유치원의 남자 어른

예전에는 아이들이 학교에 제출하는 가정환경조사서에 부모 직업을 적는 난이 있었습니다. 저는 원예 수업을 하는 게 일이니 '사업'이라고 적을지, 글을 써서 종종 책을 내고 있으니 '작가'라고 적을지 늘 고민이었습니다. 그래서 어느 해는 '사업'으로, 어느 해는 '작가'로 바꿔 가며 적어 냈습니다. 그런데 큰아이가 중학생 때, '사업'이라 적힌 아빠 직업란을 본 담임 선생님이 무슨 사업인지 궁금해서 큰아이에게 물어보셨나 봅니다. 큰아이는 아빠가 하는 일을 잘 알고 있기에 '아이들에게 그림책도 읽어 주고 식물도 심고, 어쩌고저쩌고' 열심히 설명했지만, 선생님 표정이 잘 이해를 못 한 것처럼 보였답니다. 그날 밤 큰아이에게 그 이야기를 전해 들은 저는 마침 며칠 후 잡혀 있던 부모 면담에 아내 대신 갔습니다. 그리고 큰아이와 똑같이 선생님에게 설명해 드렸지요. '아이들에게 그림책도 읽어 주고 식물도 심고, 어쩌고저쩌고.' 선생님은 제 '사업'을 잘 이해하셨을까요?

제가 원예 수업을 하러 가는 곳은 유치원부터 초등학교, 중학교 그리고 복지관과 지역 아동 센터, 도서관, 가정 등 매우 다양합니다. 그런데 어느 해인가 한 중학교에서 직업교육 수업을 의뢰받은 적이 있습니다. 학교에서는 원예와 관련된 다양한 직업을 소개해 주면 좋겠다고 했지만, 아무리 생각해도 꽃집이나 정원사 말고는 별다른 게 떠오르지 않아 아이들에게 이런 이야기를 들려주었습니다.

"선생님은 너희 같은 아이들과 원예 수업 하는 게 일이야. 이 일로 돈을 버니까 이게 선생님의 직업이지. 그런데 이 일을 십 년 넘게 했어도 아직 정확히 직업 이름을 못 정했어. 처음에는 명함에 근사한 직업 이름을 적고 싶어서 궁리를 많이 했는데 안 떠오르더라고. 그래서 직업 이름 없이 살기로 했어. 세상 모든 일에 다 직업 이름이 있어야 하는 건 아니니까. 너희가 어른이 될 때는 지금 있는 직업 가운데 사라지는 것도 많을 테고, 지금은 없는 직업도 많이 생길 거야. 그러니까 너희도 지금 있는 직업 중에서 너희 할 일을 찾지 말고, 너희가 하고 싶은 일을 맘껏 하면서 그 일에 새로운 직업 이름을 붙여 봐."

그날 저는 스무 명 남짓 되는 중학생 아이들과 식물도 심고 이야기도 나누며 즐겁게 수업을 마쳤습니다. 정리할 때는 짐이 많아서 남자아이 두 명이 도와줬는데, 한 아이가 주차장까지 짐을 들고 따라와서는 저에게 말했습니다.

"선생님, 제가 수업하면서 선생님 직업 이름을 생각해 봤는데요, '원예 활동가' 어떠세요? 식물을 심으면서 다양한 활동을 하시는 거잖아요. 저는 이게 좋은 거 같아요."

뜻밖의 마음 씀씀이가 너무나 고마워서 저는 웃으면서 아이의 어깨를 툭툭 두드려 주었습니다. 아이들이 저를 원예 활동가라고 생각한다면 제 직업 이름은 원예 활동가가 맞겠지요. 운전하며 집으로 돌아오는 내내 원예 활동가라는 단어를 되뇌어 보았습니다.

중학생 아이가 지어 준 이름대로 제가 원예 활동가를 한 지도 16년째입니다. 처음에는 이 일을 계속할 수 있을까 걱정도 많이 했는데, 그럭저럭 지금까지 이끌어 온 제가 때로는 대견스럽기도 합니다. 그런데 돌이켜보면, 오랫동안 이 일을 해 오면서 유치원과 초등학교에서 운동 과목 말고는 남자 선생님을 거의 못 본 것 같습니다. 이런 현상은 외부 강사뿐만이 아닙니다. 이제껏 수많은 유치원을 다녔어도 유치원에 근무하는 남자 선생님은 한 번도 만난 적이 없습니다. 초등학교에도 갈수록 손에 꼽을 만큼 줄어드는 것 같고요. 이유는 무엇일까요?

여러 이유가 있겠지만, 특히 유치원의 경우, 어린아이들과 수업하는 건 남자 일이 아니라고 여기는 인식 탓도 있다고 생각합니다. 저 또한 맨 처음에는 이 일이 저와 어울리는지 고민이 많았습니다. 다행히 해마다 끊이지 않고 수업을 의뢰해 주시는 학교와 기관이 있었고, 아이들과 만나면 만날수록 저 스스로 너무 즐겁고 행복했기에 지금까지 계속해 올 수 있었습니다. 하지만 이 일을 시작하던 초기에는 당황스러운 일도 있었습니다. 메일이나 문자만으로 이야기를 주고받다가 첫 수업에 가니 "어, 남자 선생님이셨어요?"라고 유치원에서 깜짝 놀랄 때도 있었고, 대여섯 살 아

1 남자 어른의 그림책 읽어 주기
2 3 남자 어른의 원예 수업

이들 몇 명은 커다랗고 수염 난 남자가 무서웠는지 울기도 했습니다. 그래도 한 번 두 번 만나는 횟수가 늘면서 친해지고 나니 어느새 아이들은 저를 기다리고 반갑게 맞이해 주게 됐습니다. 참 감사한 일이지요.

　　남자이기에 있었던 일화는 제법 많지만, 2013년 9월 한 유치원의 일은 지금도 기억이 생생합니다. 모두 20회 수업 가운데 1학기에 열 번 수업을 마치고 2학기에 처음 아이들과 만나는 날이었습니다. 교실에서 아이들을 기다리고 있는데, 긴 복도 끝에서 아이들이 쿵쿵거리며 뛰어오는 소리가 들렸습니다. 제가 복도로 나가 양팔을 벌리니 아이들 대여섯 명이 저를 부르며 뛰어왔습니다. "아빠! 아빠!" 아이들은 분명 저를 아빠라고 불렀습니다. 저는 잠깐 당황했지만 아무렇지 않은 듯이 아이들을 안아 주었습니다. 그러자 어떤 아이는 제 머리를 만지고, 어떤 아이는 제 무릎 위에 앉으려고 하고, 심지어 어떤 아이는 제 귀에 대고 '아빠, 아빠'를 반복해서 말했습니다. 그날 수업이 끝나고 담당 선생님에게 이 일을 전했더니 선생님은 이렇게 말씀하셨습니다.

　　"아이들이 보통 때 남자 어른을 만날 일이 별로 없잖아요. 아빠는 대개 밤늦게나 보고, 그 밖에 만나는 남자는 태권도나 체육 선생님인데 그분들은 좀 엄격하고 때로는 무섭기도 하니까, 아마 선생님이 아빠랑 비슷하다는 느낌이 들었나 봐요. 참, 요즘은 엄마하고만 사는 아이들도 많다 보니 저는 선생님 같은 분의 역할이 중요하다고 봐요."

　　이야기를 듣고 나서 저는 한참 동안 제 역할을 고민해 보았습니다. 그리고 이제부터는 단지 원예 수업을 위해서 아이들을 만나는 게 아니라,

남자 어른만이 줄 수 있는 그 무엇을 아이들에게 주고 싶다는 생각이 들었습니다. 그런데 참 신기하지요? 그 무렵부터 저는 여러 유치원에서 아이들에게 '아빠' 소리를 참 많이 들었습니다. 어느 정도 시간이 흘러서는 저도 익숙해져서 "그래, 우리 소연이 잘 있었니?"라며 아빠 흉내를 내기도 했지요.

언제부턴가 아이들의 일상에서 남자 어른이 사라졌습니다. 아이들은 유치원과 초등학교, 학원뿐만 아니라 가정에서도 대부분 여자 어른과 함께 지냅니다. 그나마 요즘은 육아의 남녀 역할에 대한 인식이 전보다 유연해지고 적극적으로 아이와 시간을 보내는 아빠도 늘어났지만, 그래도 가정 내에서 아빠의 입지는 여전히 좁습니다. 경제활동으로 바쁘고 피곤하다 보니 아이와 보내는 시간이 부담스럽기도 하고, 똑같이 바깥일을 해도 아직까지 육아는 엄마 일이라 단정 짓는 경우가 많기 때문입니다.

아이들에게 읽어 주는 그림책에서도 아빠의 존재감은 미미합니다. 엄마가 주인공인 그림책은 많아도, 아빠가 주인공인 그림책은 별로 없습니다. 제가 자주 읽어 주는 옛이야기 그림책 『해와 달이 된 오누이』에서도 아빠의 존재는 아예 없습니다. 이야기를 듣다가 가끔 아빠는 어디 있는지 묻는 아이도 있는데, 아마 이야기 속에 아빠의 역할이 없다 보니 구전되어 오는 과정에서 자연스레 빠졌거나 아예 처음부터 없었을지도 모르겠습니다. 그래도 저 또한 아빠인지라 최대한 아빠의 입장에서 말해 줍니다.

"옛날에는 산에 호랑이가 많아서 사람들을 잡아먹었대. 아빠는 가족들 먹을 걸 구하려고 산에 올라갔다가 호랑이에게 잡아먹혔을지도 몰라. 아니면 병에 걸려서 아주 많이 아팠는데, 옛날이라 병원이 없어서 치료를 못 받고 돌아가셨을지도 모르고."

사실 '해와 달이 된 오누이'에 대해서는 여러 해석이 있습니다. 『옛이야기와 어린이책』(창비, 2009)에서는 오누이가 빛을 발하는 해와 달로 탄생한 건 어머니가 자신의 목숨을 어둠의 제물로 바친 덕분이고, 믿을 게 자신밖에 없던 민중의 생존 법칙을 보여 주는 것이라고 합니다. 하지만 저는 만약 이 집에 아빠가 있었다면 어떻게 되었을까 생각해 봅니다. 팍팍한 살림살이에 도움이라고는 전혀 안 되는 무능한 아빠였을 수도 있지만, 그래도 아빠가 있었다면 오누이는 그렇게 빨리 하늘로 올라가진 않았을 것 같습니다. 엄마 혼자서는 맥없이 잡아먹혔지만, 만약 아빠가 있어서 엄마와 함께 힘을 합해 호랑이와 싸웠다면 결과가 달라지지 않았을까요?

지금 이 시대에 그런 아빠, 그런 남자 어른이 아이들 앞에 많이 나타나면 좋겠습니다. 저 같은 남자 어른은 원예 활동가로 유치원과 초등학교에 찾아가 가짜 아빠 노릇을 하며 신나게 놀고, 진짜 아빠들은 모두 자기 집에 '짜~안' 하고 나타나서 호랑이도 물리치고 아이들과 신나게 놀면 좋겠습니다.

아이의 생장점 찾기

아이들은 일정한 나이가 되면 자신의 의지와 관계없이 단체 생활을 시작합니다. 하지만 집에서 엄마 아빠의 보호 아래 자기 마음대로 지내던 아이가 갑자기 또래들 그리고 처음 보는 선생님들과 함께 생활하는 건 만만치 않습니다. 정해진 규칙을 지켜야 하고 적당한 친화력도 필요합니다. 유치원이나 어린이집의 관문을 넘고 초등학교에 들어가도 마찬가지입니다. 학년이 바뀔 때마다 새 선생님과 새 친구들, 게다가 새 규칙에 적응해야 하니 스트레스가 이만저만이 아닙니다. 학년 초에 유난히 복통을 호소하는 아이들이 많은 것도 바로 이 탓입니다. 이렇게 새로운 집단에 적응해야 하는 상황은 중학교, 고등학교 그리고 어른이 되어서까지도 이어집니다.

그런데 이런 적응의 상황을 헤쳐 나가는 아이들의 역량이 모두 같지 않습니다. 금세 잘 적응하는 아이도 있지만, 아무리 노력해도 적응 못 하는 아이도 있습니다. 뭘 적응해야 하는지 모르는 아이도 있고, 심지어 적응해야 한다는 사실조차 모르는 아이도 있습니다. 하지만 이런 역량 차이와 상관없이 어느 순간 아이들은 일방적으로 평가를 받습니다. 겨우 적응을 하면 다행이지만, 그나마도 못 한 아이들에게는 '주의 산만'이라든가 '사회성 부족', '분노 조절 장애' 같은 여러 종류의 부정적인 딱지가 붙습니다. 초등학교에 입학도 하기 전인 유아들에게 이런 상황은 더욱 큰 문제입니다. 아직 자아가 확립되지 않은 상태인 이 아이들은 자신의 생각을 잘 정리하기는커녕 자신의 입장을 논리정연하게 설명할 수 없기 때문에 영문도 모른 채 딱지가 붙고, 억울해도 어쩔 수 없이 단체 생활을 하며 그 안에서 커 나갑니다. 갈수록 자존감이 떨어지는 건 너무 당연한 일입니다.

저 또한 원예 수업을 시작한 이후 이런 상황에 놓인 아이들을 제법 많이 만나 왔습니다. 그래서 지금도 여전히 유치원이나 초등학교에서 수업 의뢰가 오면 반가움과 걱정이 뒤섞입니다. 그림책과 식물로 아이들과 신나게 놀 생각을 하면 반가움이 앞서지만, 아이들과 눈높이를 맞추고 잘 보듬어 줄 수 있을지 걱정이 되기 때문입니다. 그러다 보니 한 명 한 명과 이야기를 나누고 교감을 갖기 위해 최대한 적은 인원과 수업을 하려 합니다. 제 기준에 최대 인원은 다섯 명입니다. 대개 수업은 매주 한 번씩 짧게는 8회, 길게는 20회를 진행합니다. 이렇게 인원과 횟수가 정해지면 드디어 수업 시작입니다.

수업 첫날 저는 나름대로 오리엔테이션을 합니다. 함께 그림책도 보고 화분에 식물을 심어 집에 가져갈 거라고 수업 내용을 소개한 다음 간단한 규칙을 알려 줍니다. 수업 시간에 친구들을 방해하지 말 것, 식물도 살아 있는 생명이므로 소중히 다룰 것, 흙을 여기저기 흘려서 교실을 너무 지저분하게 하지 말 것 정도입니다. 그러나 막상 수업이 시작되면 규칙은 아무 소용 없습니다. 그림책을 읽어 주면 집중하며 보는 아이도 있지만 제멋대로 교실을 뛰어다니는 아이도 있고, 식물을 심기 전에 교실을 더럽히지 않으려고 시트를 깔아 놓으면 조심스레 흙을 다루는 아이도 있지만 일부러 시트 바깥으로 흙을 뿌리는 아이도 있습니다.

물론 아이들은 자신의 행동을 명확히 인지하고 있습니다. 그래서 규칙에 어긋한 행동을 하고는 "선생님, 왜 지금 저 안 혼내요?" 하고 묻기도 합니다. 저도 감정이 있는지라 당연히 혼내고 싶습니다. 때로는 인내심의 한계도 느끼고요. 하지만 학급에서도 틈만 나면 혼날 것 같은 아이를 굳이 저까지 혼낼 필요는 없을 것 같아 참기로 합니다. 그리고 애써 미소를 지은 채 머리나 등을 쓰다듬어 줍니다. 이렇게 한 번 두 번 수업을 해 나가며 아이들과 친해지지요. 그러다 가을 무렵 헤어질 때가 되면 여러 감정이 저를 감쌉니다.

'왜 그때 좀 더 참지 못했을까?'

'왜 그때 좀 더 이야기를 들어 주지 않았을까?'

'왜 그때 좀 더 칭찬을 안 해 줬을까?'

아쉬움과 후회가 밀려오고, 내년에는 이 아이들이 좀 더 학급 생활을 잘해 내고 선생님에게 칭찬 한마디라도 더 듣기를 바라게 됩니다. 물론 수업을 별 탈 없이 잘 마쳤다는 안도감이 드는 것도 사실입니다.

두 남자아이를 한 유치원에서 3년 내내 만난 적이 있습니다. 대개 유치원이나 초등학교에서는 최대한 많은 아이에게 수업 기회를 주기 위해 한 해 수업을 받은 아이는 이듬해에 제외하는 게 일반적입니다. 하지만 어찌 된 일인지 진구와 영민이는 다섯 살 때부터 일곱 살 때까지 3년을 이어서 계속 저와 만났습니다. 아마 선생님들이 보기에 두 아이가 원예 수업을 유난히 좋아하고, 이 수업으로 인해 무언가 변화가 있었다고 판단했기 때문일 텐데요, 다섯 살 때와 여섯 살 때는 다른 친구들과 함께 하다가 일곱 살 때는 자기 둘만 하니 두 아이도 의아했나 봅니다.

"선생님, 여섯 살 때는 민수랑 유리도 같이 했는데, 왜 지금은 저랑 영민이만 해요?"

"글쎄, 왜 그럴까?"

"제가 선생님 말을 잘 들어서요?"

"아니, 다른 친구들도 다 예쁘지만 진구가 더 많이 예뻐서. 다른 친구들한테는 비밀이야."

조금 있으니 영민이도 물었습니다.

"선생님, 여섯 살 때는 승기도 했어요. 그런데 왜 지금은 저랑 진구랑 둘만 해요?"

"글쎄, 왜 그럴까?"

"제가 조용해서요?"

"아니, 다른 친구들도 다 예쁘지만 영민이가 더 많이 예뻐서. 다른 친구들한테는 비밀."

대개 유치원에서 원예 수업을 받는 아이들은 다른 아이들에게 부러움의 대상입니다. 재미있는 그림책도 보고 흙놀이도 하는 데다가 예쁜 식물도 집에 가져가니까요. 그래서 진구와 영민이는 의아했던 겁니다. 원예 수업이 착한 아이에게 주는 상이라면, 자기들은 선생님 말도 잘 안 듣고 조용하지도 않은데 어떻게 이 상을 받을 수 있는지 궁금했던 거지요. 짧은 대화였지만 그 순간 저는 두 아이의 마음속 상처를 알 수 있었습니다.

그렇게 시작한 일곱 살 진구와 영민이와의 수업은 프로그램에 맞춰서 하기보다는 최대한 두 아이의 의견을 반영하여 진행했습니다. 그림책을 더 많이 보고 싶다고 하면 그림책을 여러 권 보았고, 흙놀이가 재미있다고 하면 흙놀이를 오래 했으며, 저와 씨름을 하고 싶다고 하면 씨름을 하며 놀다가 식물 심기는 간단히 마쳤습니다. 그때 매주 했던 수업들이 어쩌면 저에게 실험일 수도 있었지만, 수업을 끝내고 유치원을 나올 때마다 느낀 뿌듯함은 아직까지도 잊히지 않습니다. 지금은 초등학교에 다니고 있을 진구와 영민이. 선생님 말 잘 듣고 조용한 아이로 바뀌었을까요? 갑자기 바뀔 리는 없겠지만, 그래도 씩씩하고 즐겁게 학교생활을 잘해 나가길 응원합니다. 진구와 영민이에게는 둘만이 갖고 있는 에너지와 반짝거림이 있으니까요.

알로에나 십이지권, 우주목 같은 다육식물은 이름이나 생김새가 특이해서인지 아이들에게 인기가 많습니다. 그런데 다육식물 가운데에는 일반 식물들처럼 위로 자라지 않고 옆으로 퍼지듯이 자라면서 하나인 듯 하나가 아닌 듯 커다란 덩어리를 이루는 것들이 있습니다. 이는 생장점이

1 철화가 일어난 다육식물
2 식물은 자라고 싶은 곳으로 자란다

위가 아닌 옆에 생겼기 때문인데요, 이것을 '꿰맨 듯이 생김새가 변했다'는 뜻의 '철화綴化'라는 단어를 써서 '철화가 일어난 다육식물'이라고 부릅니다. 그렇다면 위로 뻗으며 자란 일반적인 다육식물과 철화가 일어나 특이하게 자란 다육식물 가운데 어느 쪽이 사람들에게 더 인기가 많을까요? 특이하게 생긴 철화 다육식물이 인기가 많습니다. 당연히 값도 훨씬 비싸고요.

저는 어릴 때부터 단체 생활에 잘 적응하여 반듯하게 자라는 아이들도 보기 좋지만, 적응을 못 하고 제멋대로 자라는 아이들도 보기 좋습니다. 위로 자라는 다육식물도 보기 좋지만, 철화가 일어난 다육식물도 보기 좋은 것과 같습니다. 옆에 생긴 생장점이 보는 사람 마음에 안 든다고 억지로 위로 옮길 수 없듯이, 남들과는 조금 다른 자신만의 생장점을 가진 아이들에게 그만의 매력을 찾아 주는 게 저 같은 사람이 할 일이라고 생각합니다. 앞으로도 줄곧 아이 곁에 있으면서 위로 자라면 위로 자라는 대로 옆으로 자라면 옆으로 자라는 대로 멋있다고 칭찬해 주고 쓰다듬어 주고 응원해 주고 싶습니다.

아이는 정말 부모를 닮을까?

저는 중학교 1학년 겨울방학 때 처음으로 친구를 따라 라디오에서 팝송을 듣기 시작했습니다. 열심히 가수 이름과 노래 제목을 받아 적고 카세트테이프에 녹음도 했습니다. 가끔은 《월간 팝송》이라는 잡지를 사서 읽기도 했습니다. 덕분에 한두 해가 지나자 라디오에서 나오는 팝송의 앞부분만 듣고도 대부분 제목을 알아맞힐 수 있게 되었고, 그런 제 모습이 너무 뿌듯했습니다. 제 음악 감상 생활은 대학을 졸업하고 사회생활을 할 때까지도 이어졌습니다.

하지만 결혼을 하고 아이가 태어나자 제대로 음악 듣기가 어려워졌습니다. CD가 꽉 차 있는 진열장은 거실 구석으로 밀려나고 집 안은 온통 장난감으로 꽉 찼습니다. 그런데 큰아이가 기어 다니기 시작하자 CD에 관심을 보이기 시작했습니다. 진열장에서 CD를 꺼내어 나란히 한 줄로 늘어놓기도 하고 던지기도 했습니다. 가끔은 바닥에 놓인 CD 위로 기어 다니는 바람에 케이스가 깨지기도 했고요. 그래도 그때는 아이의 행동 하나

하나가 너무나 귀여워서 CD가 눈에 들어오지 않았습니다. 세월이 흘러 어느 날, 성인이 된 큰아이가 물었습니다.

"내가 옛날에 아빠 CD를 막 밟아서 깨뜨리고 그랬는데 왜 가만히 있었어요? 지금도 그때 일이 다 기억나요."

"용케 기억하네. 그때는 네가 너무 귀여워서 CD가 깨져도 아무렇지도 않았어."

"그래요? 나는 나중에 내 아이가 내 CD를 밟으면 화내고 못 하게 할 것 같은데."

자식이 부모를 닮는 건 참 신기하지요? 예전의 저처럼 CD를 모으고 애지중지하는 큰아이는 이제야 그때 아빠 마음이 궁금했나 봅니다. 아마 본인도 나중에 아빠가 되어 보면 자연스레 알게 되겠지요.

예전에 원예치료 공부를 하면서 정신과 의사 선생님의 수업을 한 학기 들은 적이 있습니다. 그 수업에서 들은 얘기 중에 지금까지도 기억에 남는 것은 '기질temperament'과 '성격character'에 관한 내용입니다. 사람은 모두 자신만의 기질을 타고나지만, 기질을 바탕으로 사회생활을 하면서 경험과 환경의 영향으로 자신만의 성격을 만들어 간다는 이야기였습니다. 즉 기질은 선천적인 부분이라 바뀌지 않지만, 성격은 후천적으로 바뀔 수 있다는 것이었지요. 저는 아이들이 부모를 닮는 것도 이와 같다고 생각합니다. 아이가 태어나면서부터 부모의 기질을 닮는 건 어쩔 수 없는 일입니다. 부모의 의지로 바꿀 수 없는 생물학적인 부분입니다. 하지만 성격은 한집에 살면서 비슷해졌을 확률이 큽니다. 만약 아이가 부모와 다른 환경

거리낌 없이 흙을 만지는 아이가
있는가 하면 조금씩 흙에 다가가는
아이도 있습니다

속에서 다른 경험을 하며 산다면 부모와 다른 성격이 될 수도 있다는 뜻이지요. 아마 제 큰아이 그리고 지금은 작은아이까지도 저를 따라 CD를 모으고 음악 듣기를 좋아하며 비슷한 성격을 갖게 된 건 분명 같은 환경과 경험을 공유했기 때문일 겁니다.

"선생님! 여기 뭐가 움직여요."

아이들과 새 화분에 식물을 옮겨 심다 보면 흥분한 듯한 목소리를 들을 때가 있습니다. 아이가 새로운 생명을 발견한 겁니다. 흔한 일은 아니지만 가끔 화분의 흙에서는 공벌레나 실지렁이가 나타나고, 잎사귀에는 민달팽이가 붙어 있기도 합니다. 저는 당연히 흙과 식물이 건강하다는 뜻이라고 알려 주지요. 이런 돌발 상황에서 아이들이 보이는 반응은 대략 두 가지입니다. "으악, 이게 뭐예요? 싫어요!" 하고 비명을 지르며 교실 구석으로 도망치는 아이가 있고, "그거 제 화분에 넣으면 안 돼요?"라며 덥석 손으로 집어서 자기 화분에 넣으려는 아이가 있습니다. 극명하게 갈리는 두 종류의 아이들 모습에서 저는 부모의 모습을 함께 봅니다.

식물을 심다 보면 벌레는커녕 흙조차 잘 못 만지는 아이들도 있습니다. 이 아이들은 대부분 흙이 더러워서 못 만지겠다고 말합니다.

"민수야, 만지기 싫으면 안 만져도 돼. 하지만 선생님이 가져온 흙은 더럽지 않고 깨끗해. 만진다고 병균이 옮거나 벌레가 나오는 건 아니니까 만진 다음에 손만 깨끗하게 씻으면 돼."

제가 이렇게 말을 한다 해서 아이가 갑자기 흙을 만지는 건 아닙니다. 시간이 필요합니다. 처음에는 친구들이 거리낌 없이 흙을 만지며 노는 걸 힐끔힐끔 봅니다. 그러다가 조금씩 흙에 다가가고, 어느 순간 자연스레 흙에 손을 대지요. 그리고 막상 만져 보니 별게 아니란 걸 깨닫고 그때부터는 흙 만지는 일을 편안하게 여기게 됩니다. 물론 이런 긍정적인 변화가 모든 아이에게 오지는 않습니다. 시간이 지나도 여전히 힘들어하는 아이들이 훨씬 더 많습니다.

언젠가 한 유치원에서는 결벽증에 가까울 정도로 흙 만지기를 두려워하는 남자아이를 만났습니다. 아이는 조금이라도 손에 흙이 묻으면 잠시도 못 참고 교실 구석의 수돗가에서 손을 닦고 왔습니다. 그런데 물이 다 안 마른 채로 다시 흙을 만지다 보니 손에 흙이 더 묻고, 또 닦고 오면 더 묻고…. 한 시간 동안 이 과정을 몇 번 반복했는지 모릅니다. 아이는 아마 엄청 스트레스를 받았을 겁니다. 아이의 이런 모습에 대해 부모님과 이야기를 나누고 싶었지만 기회가 안 되었고, 대신 담임 선생님께 다음과 같은 이야기를 들을 수 있었습니다.

"민수 어머님이 바깥 놀이를 별로 안 좋아하세요. 아마 민수는 흙을 만져 본 일도 거의 없을 거예요."

아이 옷이 더러워진다는 이유로 많은 어머니가 바깥 놀이를 꺼려 한다는 이야기는 예전부터 유치원에서 많이 들었습니다. 100퍼센트는 아니겠지만 민수가 흙에 거부감을 보이고 불편해하는 것 또한 흙은 더러우니 만지지 말라는 말을 엄마에게 자주 들었거나, 옷이나 손이 조금만 더러워져도 금세 엄마로부터 제재를 받았기 때문일 겁니다.

미국의 어린이책 작가 아놀드 로벨Arnold Lobel이 쓴 『꼬마 돼지』(비룡소, 1997)는 농장에 사는 꼬마 돼지 이야기입니다. 꼬마 돼지는 진흙에서 뒹굴며 목욕하는 걸 좋아합니다. 하지만 농장 부인은 사랑하는 꼬마 돼지를 위해 진흙처럼 지저분해 보이는 모든 것들을 진공청소기로 빨아들입니다. 이런 상황에 화가 난 꼬마 돼지는 집을 나가 버리고 맙니다. 그때부터 꼬마 돼지에게 '진흙'은 '좋아하는 것'임과 동시에 '더러운 것'이 됩니다. 농장 부인이 '진흙'은 '더러운 것'으로 규정지었기 때문이지요. 우여곡절 끝에 꼬마 돼지는 다시 집으로 돌아옵니다. 꼬마 돼지를 사랑하는 농부 부부는 다시는 진흙탕을 치우지 않겠다고 약속합니다. 그제야 꼬마 돼지는 진흙탕에서 목욕하는 건 더러운 일이라는 생각에서 해방됩니다.

아이는 부모를 닮습니다. 좋은 부분뿐만 아니라 닮지 말았으면 하는 부분까지 고스란히 닮습니다. 당연히 부모는 아이의 이런 부분을 고쳐 주고 싶지만, 부모가 변하지 않으면서 아이가 변하기를 바라는 건 무리입니다. 문제는 이미 어른이 되어 버린 부모가 변하기 힘들다는 점입니다. 제 역할은 바로 거기에 있다고 생각합니다. 물론 저 또한 부족한 어른이자 부모입니다. 하지만 저와 함께 손에 흙을 묻히고 식물을 만진 아이들이 그 새롭고 신기한 경험을 부모에게 전해 주다 보면 어느새 온 가족이 변화하는 놀라운 일이 자연스레 벌어지지 않을까요? 부모 노릇이 어려운 건 사실이지만, 아이들과 함께 배우며 커 간다고 생각하면 조금은 마음이 편해집니다.

어른의 마음, 아이의 마음

미국의 그림책 작가 바바라 쿠니Barbara Cooney의 작품 『꼬마 곡예사』는 프랑스에서 전설로 내려오는 이야기입니다. 이야기의 주인공 바나비는 어린 나이에 부모를 잃고 가진 것 하나 없이 떠돌아다니며 곡예 재주로 먹고삽니다. 그러다 추운 겨울에 오갈 데가 없어지자 근처 수도원의 수사들이 수도원에서 같이 살게 해 주지요. 그해 크리스마스를 앞두고 수사들은 아기 예수와 성모에게 바칠 선물을 준비합니다. 하지만 아무것도 바칠 게 없어 슬퍼하던 바나비는 유일하게 자신이 드릴 수 있는 곡예 재주를 매일 밤 아기 예수와 성모의 그림 앞에 서서 쓰러질 때까지 선보입니다. 우연히 바나비의 이런 모습을 본 수사는 신에게 불경스러운 짓을 한다며 화를 냈지요. 하지만, 어느 날 그림 속의 성모가 그림 바깥으로 나와 쓰러진 바나비

바바라 쿠니, 『꼬마 곡예사』
(분도출판사, 1987)

를 보살펴 주는 모습을 보고는, 바나비야말로 진짜 성인聖人이라는 걸 깨닫고 반성합니다. 바바라 쿠니는 작품을 만들기 전에 이 이야기가 너무 마음에 들어 아들을 낳으면 이름을 '바나비'로 하겠다고 마음먹었는데요, 그 후 태어난 아들은 정말 '바나비'란 이름을 갖게 되었습니다.

천애고아에다 가진 거라고는 곡예 재주밖에 없는 한 아이를 어른들은 거들떠보지 않았습니다. 아마 그대로 놔두었으면 바나비는 추운 겨울 길거리에서 성냥팔이 소녀처럼 얼어 죽고 말았을 겁니다. 다행히 수사들이 바나비의 처지를 딱하게 여겨 거두어 주었지만, 아무리 신앙심 깊고 친절한 그들도 바나비의 마음만큼은 이해 못 했습니다. 기도를 하고 노력을 해도 수사들은 어쩔 수 없이 '어른'이었으니까요.

어른은 아이의 마음을 이해하기 어렵습니다. 어른도 한때는 분명 아이였지만 어른의 마음을 갖는 순간 아이의 마음은 모두 사라져 버리고 맙니다. 그래서 저는 늘 제 안에 숨어 있는, 혹은 잊힌 '바나비의 마음'을 찾아내려고 애씁니다. 당연히 저 스스로는 힘들어서 한 손에 식물을 들고 아이들에게 도움을 청합니다.

제가 식물을 들고 다가가면 아이들은 처음엔 큰 관심을 보이지 않습니다. 식물은 어디에서나 흔히 볼 수 있으니까요. 저는 먼저 식물이 지금 살아 있다는 걸 알려 줍니다. 아이들은 의아해하지요.

"식물도 우리처럼 살아 있어. 그래서 우리처럼 기쁘거나 슬프거나 무서운 걸 느낀대."

"식물은 움직이지도 않잖아요. 얼굴도 없고요."

"안 움직이는 것처럼 보이지만 조금씩 계속 움직여. 우리가 물을 주면 줄기도 자라고 잎사귀도 새로 생기잖아."

"그럼 식물이 지금 무서워하는지 기뻐하는지 어떻게 알아요?"

저는 한 아이의 식물을 집어 들고는 잎사귀를 제 귀에 댑니다.

"선생님은 식물이랑 친해서 식물이 하는 말을 조금은 알아들을 수 있거든. 지금 성훈이 식물은 별로 무섭지 않대. 성훈이가 잘해 줄 것 같아서 기분이 좋대."

제 말을 듣고 "거짓말! 식물이 사람도 아닌데 어떻게 말을 해요?" 하고 대꾸하는 아이도 있습니다. 하지만 대부분의 아이들은 자신의 식물을 들고 슬금슬금 제 앞에 줄을 섭니다. 그리고 자신의 식물은 지금 무슨 말을 하는지 들어 봐 달라고 합니다. 저는 아이들의 식물 하나하나에 귀를 대고 식물이 하는 말을 듣습니다. 그리고 아이들에게 식물의 말을 전해 주지요.

"이 아이는 지금 약간 무섭대."

"정말요? 왜요?"

"식물은 민아를 처음 봤잖아. 자기보다 덩치가 훨씬 크니까 무섭겠지. 살짝 쓰다듬어 줘."

아이는 제 말이 끝나기 무섭게 잎사귀를 쓰다듬어 줍니다.

"제 식물은 뭐라고 말해요?"

"이 아이는 빨리 너희 집에 가고 싶대."

1
2

1 화분에 귀를 대고 식물이 하는 말을 들어 봅니다
2 조심스럽게 잎을 닦아 줍니다

"왜요?"

"준서 집이 어떻게 생겼는지 궁금한가 봐."

"제 방 구경시켜 줄 거예요."

자기 식물이 하는 말을 전해 들은 아이들은 식물을 바라보는 눈빛이 달라집니다. 그리고 한 번 더 식물의 말을 듣기 위해 맨 뒤로 가 다시 줄을 섭니다.

"지금도 제가 무섭대요?"

"아, 이제는 하나도 안 무섭대. 기분이 좋아졌대."

"제가 잘 쓰다듬어 줬거든요."

저와 아이들의 대화를 보며 '식물의 감정은 과학적으로 밝혀진 사실도 아닌데 저렇게 말해도 되나?' 내지는 '아이들한테 거짓말하면 안 될 텐데 큰일 날 사람이네'라고 걱정할 어른도 계실 겁니다. 물론 저에게는 아직 식물의 말을 들을 능력이 없습니다. 다만 아이와 식물을 사이좋게 만들어 주고 싶은 마음만 있을 뿐입니다. 그래서 식물과 함께 있는 아이들의 모습을 잘 살펴보면서 각 아이에 맞게 이야기를 해 주는 겁니다. 식물에 호기심을 가진 아이라면 더 좋아할 수 있도록, 식물에 관심이 없는 아이라면 조금이라도 흥미를 가질 수 있도록 말이지요. 이렇게 식물과 교감을 경험한 아이들은 확실히 달라집니다. 식물에 애정을 보이며 끊임없이 대화를 시도합니다. 일주일 후 아이들과 다시 만나 "얘들아, 지난주에 집에 가져간 아이비는 어떻게 됐니?" 하고 물으면 너도나도 대답합니다.

"아이비가 저 좋대요."

"아이비가 천장까지 자랐어요."

"오늘 아침에 아이비한테 물 주고 왔어요."

"저는 아이비에게 이름 지어 줬어요. '쑥쑥이'요."

신이 나서 자기 식물을 자랑하는 아이들 모습은 정말 예쁩니다. 보고 있는 것만으로도 뿌듯하고 기분이 좋습니다. 자기 앞에서 온 힘을 다해 재주 부리는 바나비를 바라보는 성모의 마음도 이렇지 않았을까요? 아이들은 식물과 친해지면 식물의 감정을 알 수 있다는 제 말을 듣고, 일주일 내내 식물과 함께 지냈습니다. 그리고 식물과 이야기를 나눌 수 있게 되었습니다. 수사들이 해박한 종교 지식과 깊은 신앙심을 갖고도 못 만난 성모를 바나비가 순수한 믿음 덕분에 만났듯이, 아이들도 식물에 대한 순수한 믿음 덕분에 식물과 진짜로 만난 겁니다.

『꼬마 곡예사』 이야기는 바나비가 수도원에서 아기 예수와 성모를 위해 신나게 재주를 부리는 장면으로 끝이 납니다. 그 후 바나비는 어떻게 되었을까요? 어떤 어른이 되어 어떤 삶을 살았을까요? 그건 아무도 알 수 없습니다. 하지만 바나비는 대상에 대한 순수한 믿음 덕분에 놀라운 기쁨을 얻었고, 그 기쁨은 그의 미래에 닥칠 수많은 어려움을 뛰어넘을 힘이 되었을 겁니다. 제가 아이들에게 주고 싶은 것도 바나비의 그것과 비슷합니다. 어릴 적 자신의 식물을 갖고, 이름을 지어 주고, 쓰다듬어 주고, 물을 주고, 함께 이야기를 나누고, 그렇게 식물과 교감하며 얻는 경이로운 경험이야말로 아이가 커 가며 겪을 수많은 어려움을 극복해 낼 수 있는 힘이 되지 않을까요? 아이의 삶이 그렇게 나아가길 바라고, 그런 아이들의 도움으로 저 또한 아이의 마음을 되찾고 싶기에 저는 오늘도 한 손에 식물을 들고 아이들에게 다가갑니다. 저에게는 함께하는 아이들의 존재 자체가 기쁨이고 깨우침입니다.

너희가 돌이켜 어린아이들과 같이 되지 아니하면 결단코 천국에 들어가지 못하리라. - 마태복음 18장 3절

교실의 식물을 살리려면

원예 수업을 하다 보니 저는 늘 식물과 흙, 화분을 비롯해 여러 가지 재료와 도구를 갖고 다닙니다. 수업 인원이 적을 때는 짐도 적어 자동차 트렁크에 다 들어가지만, 인원이 많으면 운전석을 빼고는 모두 짐으로 꽉 차기도 합니다. 수업할 곳에 도착해서 짐을 내리고 있으면 종종 도와주시는 분들이 있는데, 초등학교에서는 보안관님들이 잘 도와주십니다. 건물 가까이 차를 대도록 안내도 해 주시고 때로는 짐을 함께 옮겨 주시기도 합니다. 그럴 때마다 저는 고마움의 표시로 식물을 하나 드립니다. 그러면 대부분 나이가 지긋한 보안관님들은 식물을 들고 아이처럼 환하게 웃으십니다. 그 모습을 보는 건 저에게 수업 못지않은 큰 즐거움입니다.

학부모 연수를 위해 한 초등학교를 방문했을 때의 일입니다. 연수를 잘 마치고 남은 재료와 도구를 차에 싣고 있는데, 보안관님이 다가오시더니 식물에 관심을 보이셨습니다. 안 그래도 건물 가까이 차를 댈 수 있도록 편의를 봐 주신 게 고마워 인사를 드리고 싶었는데, 마침 남은 식물

교실에서 식물을 잘 기르려면
식물에 이름 지어 줄 것,
물 주는 요일 정할 것

이 몇 개 있어서 전부 다 드렸습니다. 보안관님은 매우 좋아하며 학교 정문 옆 담장 쪽으로 식물을 가져가셨는데, 그 모습을 바라보던 저는 깜짝 놀라고 말았습니다. 학교에 들어올 때는 미처 못 봤던 엄청나게 많은 화분이 나란히 줄지어 있었습니다. 언뜻 봐도 몇십 개는 되어 보였습니다.

"보안관님, 이 식물들은 다 어디서 나신 거예요?"

"아, 그거 모두 교실에서 키우던 것들이에요. 시들시들해진 걸 제가 가져다가 다시 살린 거지요. 교실보다는 여기가 햇볕도 좋고, 제가 매일 식물들을 돌보거든요."

왠지 원예 고수를 만난 것 같은 반가움에 저는 그 자리에 선 채로 보안관님과 한참 이야기를 나누었습니다. 보안관님은 비실거리던 식물을 데려와 어떻게 튼튼하게 키웠는지 식물 하나하나를 가리키면서 알려 주셨습니다. 그리고 그 식물들에서 잎을 자르거나 포기를 나누어 번식시킨 식물들도 자랑스럽게 소개해 주셨습니다. 그날은 해맑았던 보안관님 얼굴과 싱싱한 식물들의 모습이 떠올라 돌아오는 길 내내 기분이 좋았습니다.

해마다 학년 초가 되면 초등학생 아이들은 작은 화분을 하나씩 들고 학교에 갑니다. 그리고 학교로 간 식물들은 교실 창가에 나란히 자리를 잡고 새로운 생활을 시작합니다. 하지만 서른 명의 아이들이 가져온 서른 개의 식물들이 다 잘 자라기는 어렵습니다. 맨 처음 교실에 왔을 때는 싱싱하던 식물들이 시간이 지나면서 하나둘 죽기 시작하지요. 창가에 있으니 햇볕도 잘 쬐었을 테고 담임 선생님이나 아이들이 물도 잘 주었을 텐데 식물들은 왜 죽을까요? 이유를 모른 채 죽는 식물이 늘어나고 서서히 창가가 썰렁해지면서 아이들의 관심도 자연스레 멀어져 갑니다. 교실에서 식물을 키우는 일은 아이들의 정서나 건강에 좋은 게 당연하지만, 이렇듯 현실적으로는 힘든 부분이 많습니다. 운 좋게 제가 갔던 초등학교의 보안관님 같은 분이 데려다가 키우면 모를까, 그렇지 않고서는 결국 쓰레기만 만들 뿐입니다.

하지만 어려움이 있어도 학교 교실에서 아이들이 식물과 함께 생활하는 건 매우 중요합니다. 이는 단지 식물이 주는 정서적 안정감이나 공기 정화 효과 때문만은 아닌데요, '녹색 교실이 이룬 기적'이란 부제를 단 책 『식물의 힘』(여문책, 2017)에 이에 관한 재미있는 일화가 나옵니다. 이 책의 저자 스티븐 리츠Stephen Ritz는 대학 때까지 프로 농구 선수를 꿈꾸던 젊은이였습니다. 어느 날 부상으로 꿈이 좌절되고 막막해하던 중 교사인 어머니의 성화에 못 이겨 임시교사 자격증을 따지요. 그리고 미국에서 가장 가난하고 범죄와 마약으로 얼룩진 뉴욕 한 동네의 고등학교에 얼떨결에 지원했다가, 지원자가 한 명도 없는 바람에 교사가 되고 맙니다. 처음 교사가 된 스티븐은 늘 지각하고 싸우고 약에 취해 있는 아이들에게 무엇을 해 주어야 할지 전혀 몰랐습니다. 심지어 제자 한 명이 죽는 일까지 생겨 학교를 옮기기도 합니다.

그러던 어느 날 교실에서 한 남학생과 여학생이 싸우려 해서 스티븐은 다른 아이들이 다가가지 못하도록 바닥에 선까지 그었습니다. 그런데 그때 구경하던 한 아이가 라디에이터 밑에 있는 무언가를 홱 잡아 뜯었고, 그 안에서 수십 송이의 밝은 노란색 꽃이 쏟아져 나왔습니다. 바로 수선화였습니다. 순간 신기한 일이 벌어집니다. 싸우느라 정신없던 교실이 순식간에 조용해진 겁니다. 남학생은 야단법석을 떨며 여학생에게 수선화를 건넸고, 여학생은 수선화를 엄마에게 가져다주고 싶어 했습니다. 사실 이 수선화 알뿌리는 몇 주 전 누군가 학교에 기증한 것이었습니다. 그걸 받은 스티븐은 어떻게 해야 좋을지 몰라 그냥 라디에이터 밑에 두었던 거지요. 당연히 그게 수선화인 줄도 전혀 몰랐습니다. 스티븐은 이때 큰 감동을 받고 몇 달 만에 처음으로 가슴이 꿈틀거리는 걸 느낍니다. 그리고 식물이 아이들을 바꿀 수 있다고 믿고 원예 교육 프로그램을 시작합니다. 이 책은 그렇게 식물의 힘을 느낀 저자가 오랜 기간 아이들과 식물을 키우며 느낀 이야기를 담고 있습니다.

『식물의 힘』에 나오는 아이들과는 많이 다르지만 저 또한 다양한 아이들을 만납니다. 그리고 제가 갖고 다니는 식물이 이 아이들에게 어떤 영향을 끼칠 수 있을까 생각합니다. 아이들 앞에 식물을 꺼내 놓으면 아이들의 행동은 천차만별입니다. 적극적으로 관심을 보이는 아이도 있고, 본체만체하는 아이도 있습니다. 정말로 집에 가져가도 되는지 몇 번이나 확인하며 좋아하는 아이도 있고, 일부러 잎사귀를 찢거나 줄기를 부러뜨리려고 하는 아이도 있습니다. 하지만 처음 식물을 만났을 때 태도나 관심도가 다를 뿐이지, 스스로 새 화분에 식물을 옮겨 심는 과정을 거치다 보면 아이들은 대부분 자기 식물에 애착을 보입니다. 이 애착은 누구에게 배워서 익히는 것이 아니라 한 생명이 다른 생명을 만났을 때, 특히 자기보다 약하고 보살펴야 하는 대상을 만났을 때 갖는 본능 같은 것이라고 저는 아이들을 볼 때마다 느낍니다. 그래서 저는 학년이 올라갈 때마다 아이들이 식물을 들고 학교에 가는 모습을 앞으로도 계속 보고 싶습니다. 학년이 바뀌어 친한 친구와 헤어진 아쉬움, 새로 친구를 사귀어야 하는 스트레스, 새 담임 선생님과 친해져야 하는 부담, 이 모든 걸 견뎌 낼 힘을 아이들이 가져온 식물이 줄 수 있기 때문입니다.

교실의 식물을 잘 살리려면 어떻게 해야 할까요? 너무 당연한 말이지만 관심을 기울이면 잘 살 수 있습니다. 대개 아이들이 학교에 가져가는 식물은 동네 꽃집 아니면 꽃시장에서 사므로 아주 특이하거나 까다로운 종류는 별로 없습니다. 어느 집에나 하나 정도는 있을 법한 친근한 것들입니다. 제가 수업을 하러 간 교실들에서는 칼랑코에나 제라늄처럼 꽃이 핀 식물이거나, 아이비나 호야처럼 잎이 예쁜 식물들이 눈에 많이 띄었는데, 아마 어느 학교나 다 비슷하리라 생각합니다. 이 식물들을 잘 키우기 위해서 우선 할 일은 아이들 스스로 자신이 가져온 식물에 이름을 지어 주는 것입니다. 대부분 아이들은 보호자가 사 준 화분을 별 생각 없이 들고 왔기 때문에 자기 것이라는 느낌을 별로 갖지 않습니다. 하지만 이름을 지어 주면 자연스레 관계가 맺어집니다.

그다음에는 물 주는 날만 정하면 됩니다. 일주일에 한 번, 열흘에 한 번처럼 알려 주는 건 아이들에게 너무 복잡합니다. 그보다는 '수요일은 물 주는 날'처럼 물 주는 요일을 정하는 편이 좋습니다. 교실에서 키우는 식물은 선인장이나 다육식물이 아닌 이상 일주일에 한 번만 주면 충분합니다. 조심할 점이 있다면 예쁘다고 너무 자주 물을 주지 말 것. 식물이 죽는 가장 큰 이유가 과습이므로 아무 때나 물을 주지 않도록 아이들과 약속을 하면 됩니다. 물론 이렇게 해도 식물은 생명인지라 죽을 수 있습니다. 하지만 무관심 속에서 죽는 것과 잘 보살폈지만 죽는 것은 큰 차이가 있습니다. 자신이 애정을 갖고 잘 키우던 식물이 죽으면 당연히 상실감도 있지만 헤어짐을 거치며 아이들은 한 뼘 더 성장합니다.

    도시에 사는 아이들, 하루 종일 콘크리트 속에 갇혀 사는 아이들에게 교실 속 식물만큼 자연의 아름다움, 생명의 교감을 가까이에서 느끼게 해 주는 건 또 없습니다. 비록 잘 키우지 못해 죽을 수도 있지만 교실 창가에 언제나 식물들이 자리 잡고서 아이들에게 맑은 공기를 주고, 아이들의 슬픈 마음, 외로운 마음을 보듬어 주면 좋겠습니다. 그리고 식물이 늘 아이들 곁에서 그런 역할을 할 수 있도록 아이 곁의 어른들이 지금보다 조금만 더 관심을 갖고 도와주면 좋겠습니다.

아이와 함께 자라는 수업

　　제가 처음 원예 수업을 시작했을 때 큰아이는 유치원에 다니고 있었습니다. 그래서 준비한 프로그램을 큰아이와 친구들을 모아 놓고 해 본 다음, 이 아이들이 재미있어하면 유치원 수업 때 그대로 했습니다. 큰아이와 친구들에게 합격한 프로그램은 당연히 유치원의 또래 아이들도 좋아했습니다. 얼마 후 큰아이가 초등학교에 다니게 되자 이번에는 작은아이가 유치원에 들어갔습니다. 그러자 수업에서 만나는 초등학생들은 모두 큰아이 친구들, 유치원생들은 모두 작은아이 친구들 같았습니다. 그 당시 저는 이 또래 아이들이 좋아하는 만화영화나 장난감을 전부 꿰고 있었기 때문에 이야기가 잘 통했습니다. 덕분에 굳이 노력을 안 해도 아이들이 저를 좋아했고, 저 또한 즐겁게 수업을 할 수 있었습니다.
　　시간이 흘러 이제 저희 집 두 아이는 대학생과 고등학생이 되었습니다. 자연스레 제 눈높이도 달라졌습니다. 길을 걷다가도 대학생이나 고등학생에게 눈길이 더 많이 갑니다. 요즘은 이 또래 아이들과 원예 수업을 하면 어떤 이야기를 나눌 수 있을지 머릿속으로 그려 보기도 합니다.

저희 집 아이들이 커 가면서 제 눈높이가 바뀐 건 자연스러운 일입니다. 아이를 키우는 부모라면 누구나 마찬가지이겠지요. 그런데 저는 한때 이런 변화가 걱정스러웠습니다. 수업에서 만나는 유치원, 초등학교 아이들과의 교감 능력이 점점 떨어질 것 같았기 때문입니다. 실제로도 아이들이 장난감이나 만화영화 이야기를 할 때 "그게 뭔데?"라고 물어보는 횟수가 자꾸 늘어났고, 제가 잘 모르는 내용이다 보니 아이들 대화에 끼어들기 어색할 때도 종종 생겼습니다.

하지만 눈높이가 바뀌어서 좋은 점도 있었습니다. 아이들을 바라보는 눈길이 달라졌다고나 할까요? 해가 바뀔수록 수업에서 만나는 아이들과 나이 차가 나서인지 이전에 비해 아이들이 훨씬 귀여워 보였고, 좀 더 여유를 갖고 편안하게 바라보게 되었습니다. 물론 수업 시간에 제멋대로 행동하는 말썽쟁이들을 대하는 건 여전히 힘듭니다. 다만 예전에는 "지호, 너 자꾸 그러면 원감님한테 가서 이를 거야"라든가 "이제 선생님은 세진이 때문에 힘들어서 못 오겠다. 오늘이 마지막이야. 안녕"이라고 말하며 겁을 주었다면, 언제인가부터는 굳이 그렇게 치사한 말을 꺼내지 않습니다. 겁을 주고 협박을 해도 그 순간만 얌전해진다는 것을 알기 때문입니다. 그래서 잘못한 점은 정확히 알려 주되 아이 스스로 깨닫고 고쳐 나갈 때까지 여유를 두고 지켜보자고 마음먹고 있습니다.

눈높이의 변화는 자연스레 프로그램의 변화로도 이어졌습니다. 오랫동안 저는 최대한 다양한 재료를 이용해 재미있는 활동을 하는 데 초점을 맞췄습니다. 화분에 식물을 심는 작업만 하기보다 여러 재료를 이용해 예쁘게 꾸며서 멋진 작품을 만들면 아이들이 훨씬 재미있어하고 자신의 식물에 관심과 애정을 느낄 거라고 믿었습니다. 하지만 아이를 바라보는 제 눈길이 바뀌면서 활동 자체보다는 아이들과 눈을 맞추고 이야기를 듣는 데 시간을 더 많이 쓰고 싶어졌습니다. 그래서 심는 것 이외의 꾸미는 작업은 될 수 있는 한 줄이고, 그 대신 한 번이라도 더 식물과 흙을 만져 보고 느끼며 표현하도록 했습니다. 또한 그림책을 읽어 주거나 식물을 심는 중간이라도 하고 싶은 이야기가 떠오르면 맘껏 하도록 했습니다. 이런 방식으로 수업을 하다 보니 예전에 비해 아이들이 만든 작품의 형태는 단순해졌을지 몰라도, 저와 아이들과의 관계는 훨씬 더 편안하고 친밀해졌습니다. 나이를 먹으며 떨어질까 봐 걱정했던 교감 능력이 오히려 더 좋아진 것 같습니다.

이렇게 프로그램에 변화를 주고 나서 만난 아이들 가운데 저는 철수가 유난히 기억에 남습니다. 이때 유치원에서 진행한 수업은 총 15회로 5~7세 각각 두 명씩 모두 여섯 명이 참가했습니다. 철수는 일곱 살이었습니다. 철수는 자신이 나이가 가장 많으니 당연히 대장이어야 했습니다. 그래서 또래와 동생들이 모두 자기 말을 듣도록 하고, 자기를 잘 따르는 아이들에게만 친절히 대했습니다. 그런데 철수보다 몸집도 크고 힘도 센 여섯 살 남자아이 한 명이 말을 안 듣고 대들자, 철수는 다른 아이들을 시켜서 그 아이를 때리기도 하고 갖고 놀던 장난감을 빼앗기도 했습니다.

처음에는 철수를 혼내기도 하고 타이르기도 하면서 고쳐 보려 했지만, 매 수업마다 변함없이 같은 상황이 벌어지니 짜증이 나기 시작했습니다. 무엇보다 일곱 살밖에 안 된 어린아이가 못된 어른 흉내를 내는 것 같아 화가 났습니다. 철수의 담임 선생님에게도 이 상황을 알려 드렸지만, 교실에서도 이미 똑같이 행동하고 있다는 말만 들을 뿐이었습니다. 창피한 이야기이지만 그 당시 철수와 수업하는 날이면 저는 아침부터 마음이 무거웠고, 가끔 철수가 결석을 하면 드러내진 않았지만 그렇게 마음이 가벼울 수 없었습니다.

힘들게 다섯 번째 수업을 마쳤을 즈음입니다. 저는 이런 분위기로 계속 수업을 이어 가는 게 철수와 아이들뿐만 아니라 저에게도 도움이 안 될 것 같았습니다. 그래서 철수에게 좀 더 마음을 열고 다가가기로 했습니다. 철수가 끊임없이 어른들에게 잔소리를 듣고 혼도 많이 났을 것 같아서, 저는 최대한 웃는 얼굴로 이야기를 들어 주고 다른 아이들 앞에서 칭찬도 많이 해 주었습니다. 때로는 꼭 끌어안고 등을 토닥여 주었습니다. 물론 제가 그렇게 한다고 철수의 행동이 금방 달라지진 않았습니다. 여전히 틈날 때마다 제 눈치를 보며 여섯 살 동생을 괴롭혔고, 자리에 잘 앉지 않고 교실을 돌아다녔습니다. 그래도 전보다 조금은 저와 친해져서 슬그머니 제 뒤로 와서 등에 매달리거나 그림책을 보고 나서 또 읽어 달라고 했습니다.

그렇게 한 회 두 회 수업을 해 나가다 드디어 마지막 시간이 되었습니다. 저는 아이들에게 오늘이 마지막이라고 알려 주고는 그림책을 펼쳤습니다. 그런데 철수가 넌지시 말을 걸었습니다.

"선생님, 오늘이 정말 마지막이에요?"

"응. 선생님은 오늘까지만 오고 더 안 올 거야."

"왜 더 안 와요?"

"유치원에 열다섯 번 오겠다고 처음부터 약속했거든. 그런데 오늘이 열다섯 번째야."

"왜 열다섯 번만 와요?"

"여기만 계속 오면 다른 유치원에 못 가잖아. 다른 유치원 친구들도 철수처럼 원예 수업 하고 싶어 하거든. 철수는 일곱 살이니까 내년에는 초등학교 가지? 선생님이 철수가 가게 될 초등학교에도 수업하러 갈지 몰라. 그때 또 만나자."

철수는 다른 날과 비교도 안 될 만큼 수업에 집중하고, 심지어는 장난치는 동생들을 자리에 앉히고 조용히 시키기까지 했습니다. 당연히 저는 철수를 다른 아이들 앞에서 칭찬해 주었지요. 수업은 무사히 잘 끝났고 저는 그동안 즐거웠다고 마지막 인사를 했습니다. 그런데 갑자기 철수가 조그만 목소리로 말했습니다.

"선생님, 헤어지려니까 너무 슬퍼요."

가만히 보니 철수 눈에 눈물이 고여 있었습니다. 골목대장처럼 행동하던 아이가 동생들 앞에서 창피할 법도 한데, 울고 있었던 겁니다. 순간 저는 당황했지만 철수를 안아 주며 말했습니다.

"철수야. 선생님은 철수랑 같이 있어서 너무 좋았어. 철수는 초등학

만들기 활동을 많이 하던 초기 수업과
달리 요즘은 그림책과 식물을 놓고
이야기를 많이 나눕니다

교에 들어가서도 정말 잘할 수 있을 거야. 철수야, 사랑해."

영국의 그림책 작가 존 버닝햄John Burningham의 『에드와르도 세상에서 가장 못된 아이』(비룡소, 2006)에는 철수와 똑같은 아이가 나옵니다. 에드와르도는 어른들 마음에 안 드는 짓만 골라 합니다. 물건을 발로 걷어차고, 시끄럽게 떠들고, 어린아이들을 괴롭히고, 지저분하게 다니고…. 이럴 때마다 에드와르도는 어른들에게 혼이 나고, '세상에서 제일가는 말썽쟁이' 소리를 듣습니다. 하지만 우연한 계기에 몇 번 칭찬을 들으며 에드와르도는 '세상에서 가장 사랑스러운 아이' 대접을 받기 시작합니다. 결코 바뀐 행동은 하나도 없는데 말이지요. 저는 에드와르도가 세상에서 제일가는 말썽쟁이에서 가장 사랑스러운 아이로 바뀐 것은 그 아이의 무엇이 바뀌어서가 아니라 어른들이 그렇게 불러 주었기 때문이라고 생각합니다. '못된 아이'라고 계속 부르면 '못된 아이'가 되고, '사랑스러운 아이'라고 계속 부르면 '사랑스러운 아이'가 되는 건 너무 당연한 일 아닐까요?

아기자기한 예쁜 작품을 많이 만들던 초기 수업과, 그림책과 식물을 가운데 놓고 이야기를 많이 나누는 지금 수업 가운데 어느 쪽이 아이들에게 더 도움이 되고 아이들이 더 좋아하는지 아직까지도 저는 잘 모르겠습니다. 초기 수업이 아이들과 함께 무언가를 만들면서 아이들과 신나게 노는 시간이었다면, 지금 수업은 최대한 아이들의 이야기를 들어 주고 아이들을 품어 주는 시간이라는 생각이 듭니다. 어떤 방향으로 갈지는 모르겠지만, 앞으로도 제 수업은 끊임없이 바뀌어 갈 겁니다. 저는 나이를 먹으며 계속 눈높이가 바뀔 테고, 시대가 달라지면서 아이들 또한 계속 바꾸어 갈 테니까요. 하지만 그 모든 게 바뀌더라도 그때그때 아이들과 눈높이를 맞추고 이해하고자 하는 마음만큼은 변치 않고 싶습니다. 그리고 "철수야, 너는 세상에서 가장 사랑스러운 아이야" 이 말만큼은, "너는 세상에서 가장 못된 아이야"라는 말을 들으며 주눅들어 있을, 제가 만나는 모든 철수들에게 들려주고 싶습니다.

3장

그린핑거와 아이들의
봄여름가을겨울

봄 *Spring*

텅 비어 있던 가게 앞 빈자리에 봄 식물들이

하나둘 들어섭니다. 저는 그 가운데서 늘

꽃을 고릅니다. 아이들이 알록달록한 봄꽃들을 보며

봄기운을 느끼도록 해 주고 싶어서입니다.

자라면서 변하는 그림

　새 학기가 시작되는 봄이면 저는 수업 때 아이들과 심을 식물을 사러 꽃시장에 갑니다. 3월부터 5월까지는 일 년 가운데 꽃시장이 가장 붐비는 시기입니다. 가게마다 사람이 넘쳐 나고 주차장에도 차를 댈 곳이 없습니다. 게다가 4월에는 유치원의 월 주제가 '식물'인 경우가 많아서 유치원 노란 버스들이 쉴 새 없이 꽃시장을 들락날락합니다. 봄에 아이들과 심는 식물은 대개 노지에서 팝니다. '노지露地'는 식물 심는 공간을 나눌 때 '실내'의 반대인 '지붕이 없는 바깥'을 뜻하는데요, 노지 식물을 파는 가게들은 겨우내 썰렁하다가 봄이 되면 활기를 찾습니다. 텅 비어 있던 가게 앞 빈자리에 봄 식물들이 하나둘 들어섭니다.

　노지에서 주로 파는 식물들은 꽃과 채소 모종 그리고 허브입니다. 모두 햇볕을 많이 받아야 잘 자라는 식물들이지요. 저는 그 가운데서 늘 꽃을 고릅니다. 아이들이 알록달록한 봄꽃들을 보며 봄기운을 느끼도록 해 주고 싶어서입니다. 꽃이 오래 피어 있고 튼튼하게 잘 자라기 위해서는

여럿이 함께 한 화분에 식물을
모아 심다 보면 처음에는 약간 불편해하고
다투기도 합니다. 하지만 결국은 사이좋게
도와가며 마무리합니다

당연히 바깥의 흙 마당에 심는 게 가장 좋습니다. 하지만 실제로 아이들 마음대로 쓸 수 있는 흙 마당은 유치원이나 초등학교에 거의 없습니다. 따라서 모둠(한 모둠은 5, 6명)마다 화분을 하나씩 주고, 거기에 서너 종류의 꽃을 모아 심게 합니다. 화분은 꽃 열 포기 정도가 들어갈 크기로 준비합니다. 모아 심을 때 특별한 원칙은 없습니다. 다만 여럿이 함께 하는 작업이므로 심을 식물의 종류나 색깔을 같은 모둠의 친구들과 상의해서 정하도록 합니다.

이렇게 해서 아이들이 만든 꽃 화분은 어느 하나 똑같은 게 없습니다. 비슷한 색깔의 꽃들만 모여 있는 화분도 있고, 다른 색깔의 꽃들이 여기저기 섞여 있는 화분도 있습니다. 꽃의 높이를 가지런히 맞춰 심은 화분도 있고, 높이가 들쭉날쭉한 화분도 있습니다. 모아 심는 작업은 그 자체만으로도 재미있지만, 꽃들의 성장 속도와 개화 시기에 따라 변하는 화분의 모습을 지켜보는 것도 큰 즐거움입니다. 그렇다면 아이들이 이렇게 멋진 꽃밭을 만들기 위해서는 어떤 꽃을 심으면 좋을까요? 어떤 꽃을 심으면 키우기도 쉽고 오랫동안 즐길 수 있을까요? 제가 아이들과 함께 심는 꽃 몇 종류를 소개합니다.

우선 '마거리트'와 '목 마거리트'가 있습니다. 국화과인 두 식물은 이름만큼이나 생김새도 비슷합니다. 목 마거리트는 쉽게 목질화木質化가 일어나 이름 앞에 '목' 자가 붙었지만, 목질화가 일어나는 건 마거리트도 마찬가지입니다. 마거리트의 종소명種小名 'frutescens'가 키 작은 나무 상태를 뜻하는 것만 보아도 두 식물에게 목질화는 가장 큰 특징이며, 풀이지만 나무처럼 튼튼하게 잘 자란다는 걸 알 수 있습니다. 마거리트는 하얀색 하면 떠오르는 대표적인 꽃입니다. 마거리트라는 이름도 '진주'를 뜻하는 그리스어 'margaritári'에서 비롯되었습니다. 저는 무리 지어 피어 있는 하얀 마거리트 꽃을 보고 있으면 왠지 모르게 마음이 맑고 깨끗해지는 느낌이 듭니다. 아마도 무채색 '하양'이 주는 순수함 때문인 것 같습니다.

한편 목 마거리트는 마거리트와 달리 하얀색, 분홍색, 크림색 등 다양한 색깔의 꽃이 핍니다. 한번은 분홍색 목 마거리트를 심은 적이 있는데, 시간이 지날수록 점점 물이 빠지듯 꽃이 하얗게 변했습니다. 대개 꽃의 색깔은 토양의 성질이나 햇볕의 양에 따라 달라지기도 하는데, 목 마거리트는 그와는 관계없이 시들 때가 가까워지면서 하얗게 변한 것이었지요. 마거리트의 하얀색이 밝은 느낌이라면 목 마거리트의 하얀색은 차분한 느낌이 듭니다. 마거리트와 목 마거리트의 원산지는 아프리카 대륙 북서부의 카나리아제도로, 꽃말은 '성실', '정확', '진실한 사랑'입니다.

'디모르포테카'도 아이들과 많이 심는 꽃입니다. 발음하기가 좀 어려울 것 같은 이름이지만 신기하게도 아이들은 전혀 어려워하지 않습니다. "꽃 이름이 모두 여섯 글자인데 어려우니까 한 글자씩 따라 해 보자. 디, 모, 르, 포, 테, 카" 하고 말하면, 아이들은 한 글자씩 씩씩하게 따라 하고 나서, "디모르포테카! 디모르포테카! 하나도 안 어려워요" 하며 큰소리를 뻥뻥 칩니다. 그런데 실제로도 이 이름은 어른들에게만 어려울 뿐 아이들에게는 어렵지 않은 듯합니다. 봄에 심고 나서 반년이 흐른 가을에 이름을 다시 물어보아도 많은 아이가 또렷이 기억하고 있습니다.

| 1 | 2 |
| 3 | 4 |

1 마거리트 *Argyranthemum frutescens*
2 목 마거리트 *Argyranthemum frutescens*
3 디모르포테카 *Dimorphotheca sinuata*
4 유리오프스 *Euryops pectinatus*

"그때 심은 디모르포테카는 죽었어요."

"제 디모르포테카는 아직도 살아 있어요."

"저희 집 디모르포테카는 이만큼 커졌어요."

디모르포테카는 국화과 한해살이풀로 남아프리카가 원산지입니다. 꽃 생김새는 거베라와 비슷하지만 거베라에 비해 디모르포테카의 줄기에는 털이 거의 없습니다. 꽃 색깔은 하얀색, 노란색, 분홍색으로 다양해서, 저는 여러 색깔의 디모르포테카를 사서 골고루 섞어 심습니다.

'유리오프스'도 디모르포테카만큼 이름이 생소하고 발음이 어려운 꽃입니다. 꽃시장에서도 '유리옵스'로 적은 가게도 있고 '유리호프스'로 적은 가게도 있습니다. 유리오프스는 국화과 여러해살이풀로 남아프리카가 원산지입니다. 'Euryops'라는 이름(속명)은 그리스어 'eurys(넓은)'와 'opsis(눈)'에서 왔는데요. 꽃송이의 한가운데 부분이 옛사람들에게는 커다란 눈처럼 보였기 때문입니다. 잎사귀에서 은빛이 나기 때문에 '회색 잎의 유리오프스gray-leaved euryops'라고도 불립니다. 그런데 재미있게도 유리오프스를 본 많은 아이들이 저에게 해바라기가 아니냐고 묻습니다. 제가 볼 때 두 꽃은 생김새도 크기도 전혀 다르지만, 아이들 눈에는 노란색 국화과 꽃이 모두 해바라기로 보이는 것 같습니다. 그만큼 해바라기가 아이들에게 인상적인 꽃이란 뜻도 되겠지요. 저는 두 꽃이 친척이긴 하지만 전혀 다른 꽃이라고 알려 줍니다.

마거리트, 목 마거리트, 디모르포테카, 유리오프스. 물론 이 꽃들이 절대 봄을 대표하는 꽃은 아닙니다. 봄꽃 하면 개나리, 목련, 진달래처럼 우리 주변에서 쉽게 볼 수 있는 친숙한 꽃들이 가장 먼저 떠오릅니다. 이른 봄부터 꽃을 피우는 프리뮬러, 팬지, 삼색제비꽃도 생각나고, 지난 가을에 심은 알뿌리에서 피기 시작한 히아신스, 수선화, 튤립도 있습니다. 이 꽃들에 비하면 지금 소개한 꽃들은 우리나라에 자생하지도 않고 이름도 생소한 데다 꽃에 얽힌 재미있는 이야기도 없습니다. 하지만 아이들에게 그런 것은 아무런 문제가 되지 않습니다. 아이들은 마치 오래전부터 함께 놀았던 친구처럼 반갑게 꽃들을 맞이합니다. 그리고 반짝이는 눈으로 바라보고 코를 대어 향기를 맡고 조심스레 만지면서 새 화분에 옮겨 줍니다.

햇살 환한 봄날, 이렇게 화분을 둘러싼 채 머리를 맞대고 손을 모아 꽃을 심는 아이들의 모습을 보고 있노라면 기분이 참 좋습니다. 앞으로 다가올 여름, 가을 그리고 겨울에도 이 아이들 덕분에 재미있고 즐거운 일이 많이 생길 것 같아 가슴이 설렙니다.

너희도 씨앗처럼 작았어

아이가 학교에서 씨앗 심은 화분을 집에 가져오면 엄마 아빠는 어떤 반응을 보일까요? 잘 키워서 예쁜 꽃을 피워 보겠다고 마음먹는 분도 있겠지만, 이걸 어떻게 키워야 하나, 키우다 죽이면 어떡하나, 걱정인 분들도 있을 겁니다. 아이의 실망한 얼굴이 떠오르는 분도 있을 테고요. 하지만 너무 부담을 갖지 않아도 됩니다. 실제로 씨앗은 잘 심었다 해도 다 싹이 트지도 않고, 다행히 싹이 트고 줄기가 올라와도 꽃이 필 때까지 잘 키우는 건 쉬운 일이 아닙니다.

씨앗에는 '발아율'이 있습니다. 발아율은 뿌린 씨앗 가운데 싹을 틔우는 씨앗의 비율인데요, 만약 어느 씨앗의 발아율이 70퍼센트라면 씨앗을 10개 심으면 평균 7개가 싹을 틔운다는 뜻입니다. 이는 씨앗을 심은 다음 아무리 물을 잘 주고 애지중지 돌봐도 모든 씨앗에서 다 싹을 틔울 수 없다는 뜻이기도 하지요. 발아율은 대개 씨앗 봉투 뒷면에 적혀 있는데, 아무리 발아율이 좋아도 80퍼센트를 넘기는 힘듭니다. 따라서 행여 씨앗에서 싹이 잘 안 트더라도 자책할 필요는 전혀 없습니다.

예전에 저희 집 아이도 학교에서 돌아올 때 봉선화 씨앗을 가져온 적이 있습니다. 영어학습지 홍보물 봉투에 들어 있는 걸 보니 아마 학교 앞에서 받아 온 듯했습니다. 봉선화 씨앗은 한동안 방치되어 있었는데, 어느 날 아이가 문득 씨앗을 찾더니 저보고 함께 심자고 했습니다. 마침 흙만 들어 있는 빈 화분이 있기에 함께 흙 위에 나무젓가락으로 살짝 구멍을 내고는 씨앗을 넣고 흙으로 덮어 주었습니다. 마냥 어리게만 보이던 아이가 조심스럽게 씨앗 심는 모습을 보니 왠지 대견스럽고 흐뭇했습니다. 다 심은 다음에는 함께 물을 주고 '잘 자라라, 잘 자라라' 말하는 것도 잊지 않았지요.

아이는 씨앗을 심고 나서 매일 아침 화분을 살펴보았습니다. 언제 싹이 나오느냐고 저에게 묻기도 했습니다. 그러다가 어느 날 드디어 흙을 뚫고 싹이 나오자 아이는 무척 신기해하며 좋아했습니다. 저와 아이는 바싹 붙어 자라는 싹들을 솎아 내고 다섯 개 정도만 남겨 두었습니다. 그런데 줄기가 10센티미터 정도 자랐을 때의 일입니다. 물을 주려는데 잎의 빛깔이 좀 이상했습니다. 매끄럽고 고운 느낌이 아니라 희끗희끗 뭐가 묻은 것 같았습니다. 잎을 들추자 뒷면에 하얗고 조그만 놈들이 붙어 있었는데 진딧물이었습니다.

저는 우선 다른 식물에 옮지 않도록 화분을 옮겨 놓고 약을 뿌렸습니다. 아직 어린 데다가 몇 개 되지 않는 잎 대부분이 희끗희끗해서 살 가망이 없어 보였지만, 아이가 정성껏 심던 모습이 떠올라 조금이라도 가능성이 있다면 살리고 싶었습니다. 사람도 아프면 병원에 가듯이, 식물도 아프면 약을 먹고 바르기도 하면서 건강해지려고 노력한다는 것을 보여 주고 싶었습니다. 이러다가 봉선화가 죽으면 아이가 얼마나 슬퍼할까 생각도 들었지만, 이렇게 말해 주었습니다.

"재환아, 살아 있는 생명은 모두 언젠가는 다 죽어. 식물도 살아 있으니까 언젠가는 죽겠지. 우리가 심은 봉선화는 태어난 지 얼마 안 되어서 아직 몸이 약하거든. 그래서 지금처럼 병에 걸리면 우리가 돌봐 줘도 빨리 죽을 수도 있어. 그래도 우리가 끝까지 열심히 보살펴 주자."

그 후 봉선화는 곧 죽었습니다. 다행히도 아이는 처음엔 좀 슬퍼하더니 금세 잊어버렸습니다. 만약 그 봉선화가 제대로 자라나 한여름에 활짝 꽃을 피웠다면 아이나 저나 얼마나 기뻤을까요? 저는 아이와 함께 봉선화의 꽃과 잎을 짓찧어서 함께 손톱에 물도 들여 보고, 봉선화 열매를 손으로 눌러 씨앗이 튀어나오는 모습도 지켜봤을 겁니다.

아쉽게도 봉선화 씨앗은 꽃도 못 피우고 새로운 씨앗도 만들지 못한 채 죽어 버렸지만 그래도 아이에게는 분명 좋은 경험이었습니다. 봉선화 씨앗에게 잘 자라라고 말해 주고, 싹이 트기를 바라며 매일 화분을 쳐다본 것만으로도 아이 마음속에는 이미 생명에 대한 사랑이 자리 잡았을 겁니다. 그래서 저는 아이들과 씨앗 심는 수업을 할 때면, 씨앗은 생명을 품고 있으며 우리의 사랑을 먹고 자라난다는 사실을 꼭 알려 줍니다.

나　　너희도 엄마 뱃속에 처음 생겨났을 때는 이 씨앗처럼 작았어.

봉선화 씨앗

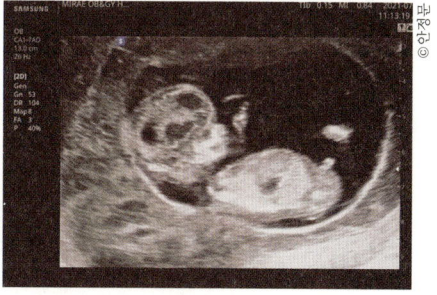
이 아이는 어떤 꽃을 피울까요?

씨앗처럼 작은 너희를 엄마 아빠가 매일 사랑한다고 말해 주고 쓰다듬어 주면서 건강하게 잘 키워 주신 거지. 그래서 씨앗만 한 너희가 엄마 몸속의 영양분을 먹고 몸이 커지면서 머리가 생기고 팔다리가 나오고 쑥쑥 자란 거야.

아이1   엄마가 먹은 걸 뱃속의 아기들이 먹는 거래요.

아이2   엄마랑 아기랑 끈으로 연결되어 있대요.

아이3   제가 막 뱃속에서 발길질을 해서 엄마가 배 아팠대요.

나   그렇게 너희가 엄마 뱃속에서 무럭무럭 자라다가 나중에는 너무 커져서 뱃속이 좁아진 거야. 그래서 '여긴 너무 좁아요. 빨리 나가고 싶어요'라고 말하면서 발로 엄마 배를 뻥뻥 찬 거지. 엄마는 배가 많이 아픈 걸 보니 너희가 나올 때가 됐다는 걸 아셨고, 병원에 빨리 가서 너희를 낳으셨어. 그날이 바로 너희 생일이야.

아이4   저는 처음부터 씨앗만 하지 않았어요. 아기 때도 지금처럼 컸어요.

| 나 | 정말? 집에 가서 엄마한테 네가 엄마 뱃속에 있을 때 사진 보여 달라고 해 봐. 아마 네가 씨앗만 할 때부터 지금까지 사진을 모두 다 갖고 계실걸? |

　　씨앗 이야기를 나누고 나서 저는 그림책『주먹이』(웅진주니어, 1998)를 아이들에게 읽어 줍니다. 알에서 태어난 주먹이는 나이를 먹어도 몸이 크지 않습니다. 주먹이란 이름도 몸집이 주먹만 해서 붙여졌지요. 어느 날 주먹이는 아빠와 강으로 고기를 잡으러 갔다가 풀밭에서 아빠를 잃어버립니다. 그리고 소와 매, 물고기에게 잡아먹혀 죽을 뻔하다 아슬아슬하게 살아나 아빠에게 돌아오며 이야기는 끝이 납니다.『주먹이』는 십 년 넘게 읽어 주었지만 재미없어하는 아이를 한 명도 못 봤을 정도로 인기 그림책입니다. 아이들이 가장 재미있어하는 부분은 주먹이가 잡아먹힌 동물들로부터 탈출하는 장면들인데, 꼼짝없이 죽을 줄 알았던 주먹이가 영화 007 시리즈의 제임스 본드처럼 탈출하는 모습이 통쾌하기 때문일 겁니다. 아이들은 주먹이의 모습 속에 자신의 모습을 투영하는지도 모릅니다.

　　저는『주먹이』를 읽어 줄 때마다 제 앞에서 웃으며 눈을 반짝이는 아이들이 주먹이 같아 보입니다. 세상에는 위험한 것들이 넘쳐 나는데 아이들은 주먹이처럼 여기저기 돌아다니느라 정신이 없습니다. 언제 어디로 튈지 몰라 불안하지만, 그래도 결국 아이들은 봉선화 씨앗처럼 갈 곳을 잘 찾아가 자리를 잡고 쑥쑥 자라납니다. 우리 어른들이 할 수 있는 일이라고는 곁에서 지켜봐 주고 사랑을 주는 일뿐이겠지요. 그러고 보면 아이가 갖고 온 씨앗 화분은 키우기 부담스럽고 조심스러울지 몰라도 엄마 아빠와 아이 사이를 이어 주는 고마운 친구란 생각이 듭니다. 아이가 엄마 아빠와 함께 키운 씨앗들은 발아율 100퍼센트로 싹을 틔우며 무럭무럭 자라나 예쁜 꽃을 피우면 좋겠습니다.

주고받는 마음

원예 수업은 식물이 주인공이다 보니 식물을 고르는 데 가장 신경을 많이 씁니다. 튼튼하고 키우기 쉬워야 하는 건 기본이고, 무엇보다 아이들의 관심을 끌 만한 식물이어야 합니다. 이렇게 고민을 해서 식물을 가져갔는데, "이 식물은 별로 안 예쁜 것 같아요", "잎사귀가 이상해요", "저는 이거 안 가져갈 거예요" 등등 아이들이 투덜대면 저는 기운이 빠져 수업할 의욕이 안 생깁니다. 반면 가까이 다가와 식물을 만져 보고 이름을 물어보고 서로 먼저 식물을 가져가려고 하면 기분이 좋아지고 힘도 납니다. 아이들은 당연히 자신이 심은 식물이 마음에 들어야 집에도 가져가고 싶고 계속 관심을 갖고 키웁니다. 그렇다면 아이들이 집에 가져가고 싶고 관심을 가질 만한 식물은 도대체 무엇일까요? 이제껏 아이들과 원예 수업을 해 온 경험으로 미루어 볼 때, 많이 봐 와서 친숙하면서도 생김새가 특이한 식물을 아이들은 좋아했습니다. '알로에'처럼 말이지요.

알로에 수업을 하는 날이면 저는 가방에서 알로에를 꺼내기 전에 한 명씩 가방 안에 손을 집어넣어 만져 보게 합니다. 그리고 느낌을 말해 달라고 합니다. 아이들은 가방 안에 뭐가 들어 있는지 전혀 모르는 상태이므로 손을 못 넣고 머뭇거립니다.

나   괜찮아. 선생님이 설마 위험한 걸 갖고 왔겠니? 그런데 너무 세게 만지면 식물이 아파할 수도 있으니까 살살 만져야 돼.
아이1   (조심스레 손을 넣고는) 뭐가 뾰족해요!
아이2   (살짝만 손을 넣고는) 딱딱해요!
아이3   (손을 넣다가 재빨리 빼고는) 앗, 저를 물려고 했어요.
아이4   (한참 가방 속에 손을 넣고는) 아, 알겠다. 이거 선인장이에요. 가시가 있어요.

제가 가방에서 알로에를 꺼내는 순간 아이들은 눈을 반짝거립니다. "어, 선인장이다!", "저거 뭔지 알아요", "이거 알로에죠? 할머니 집에서 봤어요" 등 다양한 반응을 쏟아 냅니다. 아이들에게 알로에를 나눠 주고 난 다음에는 페트병에 든 알로에주스를 꺼냅니다. 그리고 겉 포장에 있는 알로에 사진(혹은 그림)과 아이들 앞에 있는 진짜 알로에를 비교해 봅니다. 아이들은 사진 속 알로에와 진짜 알로에가 똑같이 생긴 것을 신기해합니다.

"얘들아, 너희 앞에 있는 알로에로 이 주스를 만들었나 봐. 맛이 어떤지 마셔 볼까?"

조그만 컵에 따라서 한 모금씩 마시고 나면 알로에주스를 이미 마셔 본 아이이건, 처음 마시는 아이이건 똑같은 반응을 보입니다.

"선생님, 여기 젤리처럼 생긴 게 들어 있어요."

이번에는 알로에를 만져 볼 차례입니다. 위험할 정도는 아니지만 그래도 잎 테두리에 가시가 있고 잎끝도 뾰족하므로 긁히지 않도록 조심해야 합니다. 아이들은 손가락으로 조심스레 가시를 눌러 보고는 시시하다는 표정을 짓습니다. 이 정도 가시는 자신들에게 아무것도 아니라는 표시이지요. 저는 알로에의 통통한 잎도 한번 눌러 보라고 합니다. 너무 세게 누르면 알로에가 멍들고 아파하니까 아기 동생을 만지듯이 살살 누르라고 합니다. 자, 통통한 알로에 잎 속에는 무엇이 들어 있을까요? 아이들이 궁금해할 때 저는 미리 잘라 놓은 잎 하나를 여러 조각 내어 아이들에게 나눠 줍니다. 아이들은 잎을 꾹 눌러 보기도 하고 냄새도 맡아 봅니다.

"선생님, 아까 마신 알로에주스 속에 들어 있던 젤리 같은 게 여기 잎 속에 들어 있어요."

저는 끈적거리는 잎을 팔뚝에 대고 로션을 바르듯이 문지릅니다.

알로에 단면과 겔(gel) 상태의 알로에 속

"아까 너희가 마신 알로에주스 속에 들어 있던 젤리 같은 거 있잖아. 그게 바로 이거야. 그런데 이건 먹기만 하는 게 아니라 로션으로 만들기도 한대. 알로에 로션을 바르면 피부가 좋아지거든."

호기심이 강한 아이들은 잎 속의 젤리 같은 부분을 먹어 봐도 되냐고 묻지만, 저는 맛이 없으니까 먹지는 말고 살짝 혀만 대 보라고 합니다. 그래도 맛이 너무 궁금한 아이들은 살짝 먹어 보고는 금세 퉤퉤 뱉어 내고 맙니다.

"선생님, 주스는 맛있는데 이건 하나도 맛이 없어요."

사실 저는 알로에를 비롯해 다육식물로는 수업을 자주 하지 않습니다. 다육식물은 생김새가 특이해서 아이들의 관심을 끌기는 좋지만, 관엽식물에 비해 심기도 어렵고 키우기도 까다롭기 때문입니다. 다육식물에는 '염좌'나 '우주목'처럼 신기하게 생긴 종류가 많은 '크라술라속 Crassula', '정야'나 '라일락'(우리가 아는 '라일락' 꽃나무와는 다른 식물)처럼 전체 생김새가 한 송이 꽃 같은 '에케베리아속 Echeveria', '청옥', '홍옥'처럼 동글동글 귀여운 잎을 가진 종류가 많은 '세덤속 Sedum'을 비롯해 여러 속屬이 있습니다. 이 많은 종류를 골고루 다 심어 보면 좋겠지만 불가능한 일이겠지요. 그래서 저는 '알로에속 Aloe'의 '알로에'나 '천대전금', '하워르티아속 Haworthia'의 '십이지권'이나 '월동자'를 아이들과 주로 심습니다. 이 종류들은 민들레처럼 짧은 줄기에 밀집해서 난 잎들이 방사형 모양으로 자라는 로제트 형태 rosette type이기 때문에 심었을 때 흔들리지도 않고 잎이 쉽게 떨어지지

| 1 | 2 | 3 | 4 | 5 | 6 |

1 우주목 *Crassula portulacea*
2 정야 *Echeveria derenbergii*
3 십이지권 *Howorthia fasciata*
4 오로라 *Sedum rubrotinctum*
5 일월금 *Aeonium decorum*
6 알로에 *Aloe vera*

조그만 알로에는 밑에
물구멍을 뚫은 투명컵에
심어도 보기 좋습니다

도 않습니다. 집에서 키우다가 죽일 확률도 다른 다육식물에 비해 상대적으로 적습니다.

언제인가 텔레비전에서 멕시코의 알로에 농장을 소개하는 프로그램을 본 적이 있습니다. 끝도 안 보일 정도로 넓게 펼쳐진 알로에 농장에서 사람들은 긴 칼을 들고 어른 팔뚝만 한 알로에 잎을 거침없이 잘라 댔습니다. 사람들이 벌레에 물리고 가시에 찔리면서 자른 잎은 산더미처럼 트럭에 실려 가공 공장으로 가고, 공장에서 껍질이 벗겨지고 가운데 젤리 같은 부분만 남은 알로에는 다양한 상품으로 만들어졌습니다. 프로그램 뒷부분에는 알로에 농장에서 잎 자르는 일을 하는 남자의 인터뷰가 있었는데요, 남자는 비록 일은 힘들어도 알로에가 자신과 가족을 먹여 살려 주는 고마운 식물이니 이 일을 계속하고 싶다고 했습니다.

멕시코 농장에서 자라는 알로에와 아이들 수업에 쓰는 알로에는 사자와 생쥐만큼이나 크기가 차이 납니다. 하지만 아이들이 알로에에 거는 기대는 멕시코의 알로에 농장에서 일하는 남자와 다르지 않습니다. 당장 잎을 잘라 보고 싶은 아이도 있고, 얼마만큼 키워야 먹을 수 있는지 물어보는 아이도 있습니다. 자기보다 덩치가 더 커질 때까지 기다렸다가 먹을 거라는 아이도 있고, 열심히 키워서 할아버지 할머니에게 선물하겠다는 아이도 있습니다. 결국 알로에는 멕시코에서나 우리나라에서나 어른에게나 아이에게나 식물 그 자체로 인정받기보다는 그 쓰임새로 환영받고 있는 셈입니다. 인간에게는 기쁜 일일 수 있어도 알로에의 입장에서는 슬픈 일일지 모릅니다. 그래서 아이들과 이야기를 나눕니다.

나	사람들은 알로에 몸을 잘라서 주스도 만들고 로션도 만들잖아. 자기 몸을 막 자르면 알로에는 아프지 않을까?
아이1	아플 것 같아요.
나	맞아. 우리가 아까 잘라서 먹기도 하고 바른다고 했을 때 앞에 있는 알로에는 무지 무서웠을 거야. 자기 몸을 자른다고 했으니까 지금 떨고 있을지도 몰라.
아이2	그럼 사랑한다고 말해 줄래요.
아이3	저는 쓰다듬어 줄 거예요.
아이4	저는 이름을 지어 주고 불러 줄 거예요.
아이5	저는 물을 열심히 줄 거예요.
나	(알로에를 들어서 귀에 가까이 대고) 너희가 알로에를 사랑하고 잘 키워 줄 거라고 말해 줘서 고맙대. 알로에도 너희를 사랑한대.
아이들	(깜짝 놀란 표정으로) 정말요?!

그림책 『선인장 호텔』(마루벌, 2008)에서 딱따구리는 사구아로 선인장의 몸에 구멍을 뚫고 둥지를 만듭니다. 높은 곳에 있는 데다 주변은 온통 가시투성이니 딱따구리에게 이보다 더 안전한 둥지는 없겠지요. 하지만 딱따구리만 좋은 게 아닙니다. 선인장 또한 몸에 구멍이 뚫리긴 했지만 상처는 금세 아무니 상관없고, 딱따구리가 자신의 몸에 달라붙은 벌레들을 잡아먹어 주어서 좋습니다. 서로 도우며 사는 거지요. '기브 앤 테이크 give and take'는 자연의 법칙입니다. 아이들과 알로에 사이에도 그 놀라운 자

연의 법칙은 존재합니다. 알로에와 함께 지내는 시간이 길어질수록 아이들도 서서히 그 법칙을 깨달을 겁니다. 아이들의 관심과 사랑을 듬뿍 받고 무럭무럭 자라난 알로에는 장차 아이들에게 어떤 선물을 할까요? 언제든 그날이 올 때까지 기브 앤 테이크의 두 주인공, 아이와 알로에가 별 탈 없이 잘 자라면 좋겠습니다.

만 원으로 하는 꽃시장 나들이

서울 양재꽃시장(aT화훼공판장)에서 2년가량 아이들과 수업을 한 적이 있습니다. 평일에는 〈고사리 원예 교실〉이란 이름으로 견학 온 유치원생들을, 토요일에는 〈놀토 원예 교실〉이란 이름으로 부모와 함께 온 초등학생들을 만났습니다. 덕분에 일주일에 두세 번 정도는 꼭 꽃시장에 갔었는데요, 마침 경매가 있는 날이면 뒤에서 그 모습을 지켜보는 것도 재미있었고, 계절마다 변하는 꽃시장의 모습을 감상하는 것도 즐거웠습니다. 그리고 무엇보다 꽃시장에 오는 사람들, 특히 아이들의 모습을 관찰할 수 있어서 수업할 때 큰 도움이 되었습니다.

대개 아이들이 꽃시장에 올 일은 그리 많지 않습니다. 봄에 유치원 버스를 타고 견학 오거나 주말에 엄마 아빠 손을 잡고 오는 정도입니다. 견학의 경우에는 일단 인원이 많고 시간이 정해져 있어서 아이들이 꽃시장에서 무언가 느끼기가 쉽지 않습니다. 선생님들도 어디로 튈지 모르는 아이들을 인솔하느라 정신이 없고요. 겨우 꽃시장을 한 바퀴 돌고 식물 하나씩 사서 기념사진 찍는 것만으로도 시간이 빠듯합니다. 주말에 가족과 함께 오는 경우도 마찬가지입니다. 어른과 아이가 눈높이를 맞추는 게 쉽지 않습니다. 아이는 벌레잡이 식물을 하염없이 보고 싶은데, 엄마 아빠는 왜 안 따라오느냐며 재촉하는 경우가 많습니다. 주차비도 있으니 살 것을 사고 빨리 집에 가고 싶어 합니다. 그래서 아이들은 그저 엄마 아빠 뒤를 졸졸 따라다니게 되고, 그러다 보면 자연스레 꽃시장은 재미없고 지루한 곳이 되어 버리고 맙니다.

수산시장이 '수산물을 사고파는 곳'이고 축산시장이 '축산물을 사고파는 곳'이듯, 꽃시장은 '꽃식물을 사고파는 곳'입니다. 하지만 저는 꽃시장이 다른 시장처럼 사고파는 행위만 이루어지기에는 아까운 공간이라고 생각합니다. 꽃시장은 집에서 식구처럼 함께 지낼 수 있는 생명들이 숨 쉬는 곳이니까요. 그래서 어떻게 하면 사람들이 이곳을 자주 찾고 이곳의 즐거움을 알 수 있을지, 특히 아이가 있는 가정을 이곳에 오게 하려면 어떻게 해야 할지 예전부터 틈날 때마다 고민을 해 왔습니다. 그리고 궁리 끝에 기획한 것이 '만 원으로 하는 꽃시장 나들이' 프로그램입니다.

'만원으로 하는 꽃시장 나들이'의 준비물은 돈 '만 원'입니다. 꽃시장에서 모이다 보니 아이는 어른과 함께 와야 하지만, 어른은 아이 뒤를 따라다니며 지켜보기만 하고 식물을 고르는 것부터 계산까지 모두 아이 스스로 해야 합니다. 그런데 유치원생이나 초등학교 저학년생의 경우 혼자 물건을 사 본 경험이 많지 않습니다. 당연히 꽃시장에서 혼자 식물을 사는 게 겁날 수도 있습니다. 그래서 저는 아이에게 자신감도 주고 안심도

아이들끼리 다니도록 놔두면
자신들의 리듬에 맞춰 훨씬 자유롭게
관찰하고 즐깁니다

시킬 겸 꽃시장에 가기 전 엄마 아빠가 아이와 꼭 준비 시간을 갖기를 권합니다. 우선 식물 그림책을 한 권 같이 봅니다.『화분을 키워 주세요』(웅진 주니어, 2019)처럼 집 안에 식물이 있는 모습을 상상하고 동기부여를 할 수 있는 그림책이라면 좋습니다. 그림책을 보고 나면 우리 집 어디에 식물을 놓으면 좋을지, 그리고 어울리는 식물이 무엇일지 책이나 인터넷에서 함께 찾아봅니다. 그리고 식물은 아이 혼자 사지만 엄마 아빠가 뒤에서 계속 따라다닐 거라고 안심시켜 줍니다. 꽃시장의 식물은 파는 물건이므로 함부로 만지지 않으면 좋겠다는 이야기도 해 줍니다. 이것으로 꽃시장 나들이 준비는 끝입니다.

드디어 아이 손에 만 원이 쥐어졌습니다. 그런데 막상 무언가 사려고 하면 너무 막막할 수 있습니다. 그래서 저는 간단하게 몇 가지 예시를 들어 줍니다.

집에 아무것도 없는 경우
토분 3000원 + 관엽식물(소) 2500원 + 배양토 3500원 + 나무 이름표 1000원

집에 흙이 있는 경우
나무 화분 4000원 + 초화 식물(소) 2개 6000원

집에 흙과 화분이 있고, 친구와 같이 온 경우
다육식물(소) 3개 3000원 + 선인장(소) 2개 2000원 + 색돌 두 종류 3000원 + 음료수 캔 2개 2000원

물론 예시는 참고 사항일 뿐, 아이 마음대로 사도 상관없습니다. 막상 돌아다니다 보면 가게마다 가격이 조금씩 다르기도 하고요. 그래도 프로그램 이름처럼 전체 가격은 최대한 만 원 언저리로 맞추도록 합니다. 가격에 맞춰 사기 위해 고민해 보아야 자신이 산 것들에 더 애착을 가질 수 있으니까요.
　만 원짜리 한 장을 손에 꼭 쥐고 꽃시장을 돌아다니기 시작한 아이는 처음에는 선뜻 어느 한곳에 발길을 멈추지 못합니다. 한참을 돌아다니다가 마음에 드는 식물을 발견하면 큰 용기를 내어 가게에 들어가죠. 그리고 돈을 내고 식물을 받아든 다음 엄마 아빠에게 뛰어오기 바쁩니다. 그럴 때 저는 아이에게 다시 가게에 가서, 물은 언제 주는지, 잘 키우려면 어떻게 해야 하는지 직접 물어보라고 합니다. 아이가 물어보면 대부분 가게에서는 매우 친절하게 대답해 주는데, 아이는 그때 들은 이야기를 결코 잊지 않습니다. 그래서 집에 가서 가족들에게 자랑하듯이 여러 번 말합니다. "이 아이비는 일주일에 한 번 물을 주면 된대", "이 테이블야자는 집 안의 공기를 맑게 해 준대." 이렇게 스스로 노력해서 고른 식물을 아이는 소중히 다룰 수밖에 없습니다.
　그렇다면 꽃시장에서 아이들이 가장 사고 싶어 하는 식물은 무엇일까요? 제가 살펴본 바로는 남자아이와 여자아이가 좀 다릅니다. 남자아이들은 벌레잡이식물을 가장 많이 찾습니다. 꽃시장에서 가장 흔히 볼 수 있는 벌레잡이식물은 파리지옥이나 벌레잡이제비꽃 정도인데요. 아이들이 보고 싶어 하는 건 이 식물들이 벌레를 잡아먹는 모습입니다. 하지만

남자아이들이 좋아하는 벌레잡이식물   여자아이들에게 인기가 많은 다육식물

그런 모습은 실제로는 보기 힘들뿐더러, 벌레잡이식물은 가격도 비싸고 키우기 어렵습니다. 그래서 아쉽지만 그런 사정을 알려 주고 다른 식물로 관심을 돌리도록 하지요. 여자아이들은 한 손에 쏙 들어올 만큼 조그만 다육식물을 가장 많이 찾습니다. 선인장을 비롯해 다육식물 특유의 귀엽고 특이한 생김새 때문일 텐데요, 특히 예쁜 화분에 심긴 다육식물들 앞에서는 좀처럼 발을 떼지 못합니다. 하지만 화분에 심긴 다육식물은 만 원으로 사는 식물에서 제외입니다. 본인이 직접 화분에 식물을 심는 데 의미가 있으니까요.

사라 스튜어트의 그림책 『리디아의 정원』(시공주니어, 2017)은 리디아라는 여자아이의 이야기입니다. 리디아는 아빠가 직장을 잃어 살림이 어려워지자 도시에서 빵집을 하는 외삼촌 집으로 보내집니다. 그리고 그곳에서 속마음과 달리 늘 딱딱한 표정을 짓고 있는 외삼촌과 함께 지냅니다. 누구나 이런 상황에 놓이면 주눅이 들고 우울해질 텐데요, 리디아는 결코 웃음을 잃지 않습니다. 그리고 외삼촌 몰래 외삼촌 집의 옥상을 온통 꽃밭으로 꾸밉니다. 이야기의 마지막에 깜짝 꽃밭을 선물로 받은 외삼촌은 처음으로 환하게 웃습니다. 외삼촌 마음속에 갇혀 있던 웃음을 리디아가 꽃으로 끄집어낸 것이지요.

    꽃시장은 당연히 '꽃을 사고파는 곳'입니다. 하지만 그곳에는 꽃 말고도 보이지 않는 많은 것이 있습니다. 리디아가 외삼촌에게 선물했던 웃음을 비롯해서 즐거움, 아름다움, 생명력, 상상력, 행복 그리고 재미있는 이야기까지, 마음만 먹으면 우리는 그것들을 언제나 꽃시장에서 만날 수 있습니다. 주말에 가족이 함께 만 원 한 장씩을 손에 쥐고 꽃시장에 가 보세요. 식물 말고도 이 모든 것을 덤으로 얻어 올 수 있습니다.

여름 *Summer*

봄꽃들이 기운을 잃고 시들면 이제 새로운 꽃들로

바꿔 줄 때입니다. 뜨거운 한여름의 햇볕을 즐길 수 있는

꽃들이 아이들을 기다리고 있습니다.

여름꽃 심는 맛

도시 사람들은 계절에 무관한 듯 살아가지만, 계절은 어김없이 흐르고 도시의 자연도 이 흐름에 따라 변해 갑니다. 여름이 오면 길가의 나무들은 초록이 더욱 깊어지지요. 하지만 지난봄 유치원 화분에 심은 꽃들은 더위 탓인지 기운이 없어 보입니다. 봄꽃들이 기운을 잃고 시들면 이제 새로운 꽃들로 바꿔 줄 때입니다. 뜨거운 한여름의 햇볕을 즐길 수 있는 꽃들이 아이들을 기다리고 있습니다.

날이 너무 더우면 아이들의 건강을 위해 어쩔 수 없이 실내에서 수업을 하지만, 화분에서 시든 꽃을 뽑아 내고 새 꽃을 심는 작업은 바깥에서 하는 게 좋습니다. 시든 꽃을 뽑거나 모종삽으로 단단한 흙을 잘게 부수면서 여기저기 흙이 많이 튀기 때문입니다. 작업을 하다 보면 흙이 옷과 얼굴에도 묻기 때문에 이런 날은 아이들이 편한 옷을 입고 올 수 있도록 미리 공지합니다. 아이들은 더워서 땀이 나는 데다가 옷이며 얼굴에 흙까지 묻으니 처음에는 짜증을 내기도 하지만, 어느 순간 땀과 흙에 신경을 안 쓰게 되면서 묘한 자유로움을 느끼기 시작합니다.

그나마 이렇게 바깥 활동을 할 수 있으면 좋은데, 요즘은 바깥에서 원예 활동 하기가 그리 쉽지 않습니다. 미세먼지나 황사처럼 환경 탓도 있지만, 무엇보다 가장 큰 이유는 아이들이 맘껏 흙을 흘리고 물을 뿌려도 괜찮을 만큼 넓은 바깥 공간이 의외로 아이들 주변에 없기 때문입니다. 아이들이 주인이어야 할 공간에는 점점 자동차들이 들어차고, 아이들은 어쩔 수 없이 실내로 들어가야 합니다. 이럴 때는 바깥에서 놀 수 없을 정도로 나쁜 환경을 만들어 버린 어른의 한 사람으로서 미안한 마음과 책임감을 느낍니다. 이런 상황에서 제가 해 줄 수 있는 건 아이들이 자연과 교감할 수 있도록 식물 친구를 만들어 주는 일뿐. 그래서 저는 더운 여름날에도 꽃시장에 갑니다. 뜨거운 햇볕이 쨍쨍 내리쬐는 여름의 꽃시장은 봄에 비하면 엄청 한산하지만, 오히려 식물들은 여름 햇살을 즐기는 듯합니다. 여름에는 아이들과 어떤 식물을 심으면 좋을까요?

우선 여름에 가장 어울리는 꽃 채송화가 있습니다. 채송화는 "아빠하고 나하고 만든 꽃밭에 채송화도 봉숭아도 한창입니다"로 시작하는 동요 〈꽃밭에서〉 덕분에 어른들에게는 친숙한 꽃인데요, 햇볕을 받지 않으면 꽃이 피지 않고 햇볕을 많이 받을수록 꽃 색깔이 선명해집니다. 영어 이름 '일레븐 어클락eleven-o'clock'도 해가 떠 있는 오전 11시에는 반드시 꽃을 피운다 해서 붙여졌습니다. 채송화는 다육식물처럼 잎이 두꺼워 강한 햇볕뿐 아니라 건조한 환경에도 잘 버팁니다. 따라서 물을 자주 주지 않아도 되므로 키우기 쉬운 편입니다.

한편 채송화를 사러 꽃시장에 가면 분명 채송화인데 '포튜라카'라고 이름이 붙어 있는 게 있습니다. 이것은 '꽃쇠비름' 또는 '무늬채송화'라고 불리는 개량된 채송화 품종인데요, 가만히 살펴보면 꽃은 거의 똑같이 생겼고 잎의 생김새만 약간 차이가 납니다. 채송화의 잎이 솔잎처럼 가늘고 길다면, 포튜라카의 잎은 쇠비름처럼 작고 둥근 편입니다. 물론 둘 다 똑같이 쇠비름과 식물이며, 성질이나 키우는 방법도 같습니다.

천일홍도 여름에 잘 어울리는 꽃입니다. 채송화만큼이나 햇볕을 좋아하고 건조한 환경에도 잘 버티지요. 천일홍千日紅은 백 일 동안 꽃이 간다는 백일홍百日紅보다 더 오랫동안 꽃이 피어 있다는 뜻에서 붙여진 이름입니다. 물론 꽃이 아무리 오랫동안 피어 있어도 실제로 천 일을 갈 수는 없겠지요. 하지만 방법이 전혀 없는 것도 아닙니다. 드라이플라워로 만들면 됩니다. 만드는 법은 간단합니다. 꽃밭이나 화분에서 키우는 천일홍 가운데 꽃 몇 송이를 줄기째 자른 다음, 바람이 잘 통하는 곳에 거꾸로 매달아 놓고 말리면 끝입니다. 잎은 꽃처럼 그 모습 그대로 마르지 않으므로 처음부터 잘라 내는 게 좋습니다. 이렇게 말린 천일홍은 비록 살아 있지는 않지만 이름처럼 천 일 동안 처음 색깔과 생김새를 그대로 유지합니다. 그렇다면 천일홍은 왜 드라이플라워로 만들기 좋을까요? 그 이유는 꽃에 수분이 거의 없기 때문입니다. 말려도 변형이 거의 안 생기는 것이지요. 그래서 천일홍을 화분에 심을 때 아이들은 바삭거리는 느낌의 꽃을 계속 만지며 가짜 꽃이 아니냐고 물어봅니다. 천일홍 입장에서는 좀 억울할 것 같습니다.

1	2
3	4
5	6

1 채송화 *Portulaca grandiflora*
2 포튜라카 *Portulaca oleracea*
3 천일홍 *Gomphrena globosa*
4 일일초 *Catharanthus roseus*
5 닭벼슬맨드라미 *Celosia argentea*
6 촛불맨드라미 *Celosia argentea*

채송화와 천일홍이 씩씩하고 튼튼해 보이는 여름꽃이라면 일일초는 한없이 여려 보이는 여름꽃입니다. 파스텔 톤의 꽃잎은 햇볕에 금세 타 버릴 것 같고, 줄기도 가늘어서 바람이 조금만 세게 불면 꺾일 것 같습니다. 하지만 일일초는 외유내강 식물입니다. 겉으로는 연약해 보여도 실제로는 고온 다습한 여름 날씨에 매우 잘 견딥니다. 일일초日日草란 이름도 꽃 하나의 수명은 짧아도 매일매일 새로운 꽃을 피워 내서 붙여졌습니다. 일일초의 원산지는 '마다가스카르빙카Madagascar periwinkle'라는 영어 이름에서도 알 수 있듯이 마다가스카르입니다. 원래 원산지에서는 30~50센티미터 크기로 자라는 작은 나무였지만, 원예 품종으로 개량되면서 한해살이풀이 되었습니다.

맨드라미도 여름 하면 빼놓을 수 없는 꽃입니다. 어린 시절 저희 집 마당에는 맨드라미가 많이 피어 있었습니다. 닭벼슬을 닮은 꽃차례가 약간은 징그러우면서도 신기해 보였지요. 그런데 요즘 꽃시장에서 '닭벼슬맨드라미'는 거의 보기 어렵습니다. 그보다는 꽃차례가 촛불처럼 생긴 '촛불맨드라미'가 대부분입니다. 촛불맨드라미는 빨간색, 노란색, 주황색으로 꽃 색깔이 다양해서 마당에 골고루 심어 놓으면 정말 촛불을 켜 놓은 것처럼 환하고 예쁩니다. 그런데 닭벼슬맨드라미는 요즘 왜 안 보이는 걸까요? 언제인가 꽃시장에 물어보았더니 "아, 시골맨드라미요? 그건 요즘 찾는 사람이 없어서 안 갖다 놔요"라는 대답이 돌아왔습니다. 어느새 시골맨드라미라 불리게 된 닭벼슬맨드라미는 아마 시골이 점점 사라지면서 함께 사라지기 시작했나 봅니다. 하지만 그럼에도 불구하고 저에게 맨드

여름 꽃시장의 연꽃

라미의 원형은 여전히 '촛불'이 아니라 '닭벼슬'입니다. 맨드라미의 영어 이름 또한 새의 '볏'을 뜻하는 '콕스콤cockscomb'입니다.

    이 밖에도 여름 꽃시장에는 비록 아이들과 심을 수는 없지만, 부들과 연꽃 그리고 수련처럼 물에 사는 식물들도 나옵니다. 제 눈에 부들cat tail은 예나 지금이나 여전히 소시지꽃입니다. 소시지처럼 생긴 꽃차례에는 사이좋게 위쪽에 수꽃, 아래쪽에 암꽃이 자리 잡고 있습니다. 예전에는 부들 꽃을 말려서 양초나 횃불 대신 쓰기도 하고, 뭉쳐서 이불이나 베개 속에 솜처럼 넣기도 했다는데, 부들 이불을 덮고 부들 베개를 베면 왠지 부들부들한 기분이 들어 잠이 솔솔 올 것만 같습니다.

    한여름 꽃시장을 돌아다니는 일은 더워서 힘이 들지만, 자동차 트렁크를 꽉 채운 꽃들을 보고 있으면 왠지 기분이 좋아집니다. 트렁크를 꽉 채운 채송화, 천일홍, 일일초, 맨드라미는 이제 곧 유치원 마당에서 알록달록한 빛깔을 뽐내면서 아이들과 만날 겁니다. 이 식물들을 한 화분에 모아 심을 때 특별히 주의 사항은 없지만, 앞으로 어떤 모습으로 자라날지 상상을 하면 심을 곳이 자연스레 정해집니다.

    네 가지 식물 가운데 가장 쑥쑥 자라 껑다리가 될 것은 맨드라미입니다. 따라서 화분의 가운데 부분에 심는 게 좋습니다. 천일홍과 일일초는 맨드라미처럼 크게 자라진 않을 테니 꽃 색깔을 맞춰서 여기저기에 골고루 심어 주면 됩니다. 채송화는 어떨까요? 채송화는 다른 식물과 달리 위로 뻗지 않고 땅에 붙어서 퍼지듯이 자랍니다. 이렇게 자라는 식물을 '지피식물地被植物'이라고 합니다. 따라서 화분 가운데에 심었다가는 다른 꽃에 막혀 못 자랄 테니 화분 가장자리 쪽에 심어야 합니다. 한여름에 땀을 뻘뻘 흘리며 꽃을 심는 게 쉽지는 않지만, 심고 나서 아이들과 호스로 화분에 물을 주고 나면 기분이 아주 상쾌해집니다. 여름꽃을 심는 맛입니다.

잎으로 하는 모양 상상 놀이

"너희는 지금이 뭐 하는 시간인 줄 알고 왔니?"

유치원이나 초등학교에서 아이들과 만나는 첫 시간이면 저는 꼭 이 질문으로 수업을 시작합니다. 그러면 아이들은 큰 소리로 대답합니다.

"꽃 심는 시간이요."

아이들이 '꽃 심는 시간'이라고 자신 있게 말한 건 선생님들이 가르쳐 주셨기 때문일 겁니다. 저도 예전에는 원예의 이미지로 마당에 꽃을 심고 물뿌리개로 물 주는 모습을 가장 먼저 떠올렸습니다. 하지만 원예를 공부하기 시작하면서 그것만이 원예의 전부가 아니란 걸 알게 되었습니다. 원예는 주어진 공간에 어울리는 식물을 심고 키우는 것을 비롯해 식물로 하는 모든 육체적·정신적 활동을 뜻합니다. 따라서 아이들이 말한 '꽃 심는 시간'은 원예 수업의 일부이기는 해도 전부가 될 수는 없습니다.

오히려 요즘은 아이들 대부분이 마당 없는 집에 살고 있기에 바깥에서 잘 자라는 꽃보다는 실내에서 잘 자라는 관엽식물을 중심으로 원예 수업을 진행합니다. 따라서 저는 '꽃 심는 시간'만 생각하고 들어온 아이들에게 어쩔 수 없이 안타까운 말을 전합니다.

"그런데 어쩌지? 선생님이 식물을 가져오긴 했는데, 이건 꽃이 안 핀대."

아이들은 예쁜 꽃을 집에 가져갈 생각에 한껏 들떠 있다가, 제 말 한마디에 갑자기 고개를 갸우뚱합니다. 실망스러운 표정을 짓기도 하고요. 그때 저는 아이들의 귀가 솔깃해질 만한 이야기를 꺼냅니다.

"하지만 선생님이 오늘 아주 엄청난 식물을 가져왔어. 이 식물의 조상은 아주 먼 옛날 공룡이 지구에 나타나기 전부터 살았대."

그러면서 아이들 앞에 준비해 간 식물을 내놓습니다. 잎사귀 생김새가 양의 이빨을 닮아서 '양치¥齒식물'이라 불리며 제사상에도 빠지지 않고 올라가는 식물, 바로 '고사리류' 식물입니다. 아이들은 처음에는 매우 낯설어하지만, 제가 준비해 간 고사리나물 사진을 보고는 금세 아는 체를 합니다. 먹어 봤다는 아이들 반, 못 먹어 봤다는 아이들 반입니다.

나	얘들아, 이 식물의 이름은 프테리스라고 해. 아까 고사리나물 먹어 본 친구 있다고 했지? 프테리스는 그 고사리랑 생김새는 좀 다르지만 친척이야.
아이1	저도 친척 있어요. 같이 만나서 놀기도 해요.
나	좋겠다. 선생님도 어릴 때는 친척들이랑 많이 놀았는데. 친척은 조상이 같아. 예를 들어 사촌이면 할아버지 할머니가 같은 것처럼

	말이야. 프테리스도 고사리랑 친척이라서 조상이 같은데 엄청 옛날부터 지구에 살았대. 고생대 실루리아기라는 때에 처음 나타났는데, 지금부터 약 4억 년 전이었어.
아이2	그때는 공룡들도 있었어요?
나	아니, 사람들은 당연히 없고 공룡들도 아직 지구에 없을 때야. 공룡은 고생대가 끝나고 중생대가 되었을 때 지구에 처음 나타났거든. 트라이아스기라는 때에 처음 나타났는데, 거의 2억 년 전이야.
아이3	그럼 이 식물이 공룡보다 먼저 태어났어요?
나	이 프테리스가 그때부터 살았던 건 아니고 프테리스 조상들이 먼저 태어난 거지. 아마 프테리스의 조상인 고사리들은 티라노사우루스나 프테라노돈, 트리케라톱스 같은 공룡들이 지구에 나타나서 돌아다니는 모습을 모두 봤을 거야. 만약에 타임머신이 있다면 선생님은 그때로 한번 가 보고 싶어.
아이4	저는 가서 티라노사우루스 보고 싶어요.
아이5	저는 브라키오사우루스요.

 아이들이 정신없이 공룡 이야기를 하는 사이, 저는 아이들에게 프테리스*Pteris cretica*를 하나씩 나눠 줍니다. 원래 고사리류 식물은 프테리스 말고도 품종이 꽤 많습니다. 꽃시장에서 많이 파는 종류를 크게 생김새별로 나누어 보아도 보스톤고사리, 아디안툼, 더피고사리, 상록넉줄고사리

보스톤고사리
Nephrolepis exaltata

아디안툼
Adiantum raddianum

더피고사리
Nephrolepis cordifolia

상록넉줄고사리
Humata tyermannii

('후마타'라고도 불림) 그리고 프테리스 등이 있습니다. 프테리스는 이 가운데 제가 수업 때 가장 많이 쓰는 종류인데요. 다른 고사리류 식물보다 키우기 쉽고, 재미있는 놀이를 할 수 있기 때문입니다. 놀이를 위해서는 잎이 필요하므로 아이들에게 프테리스를 나눠 주기 전에 미리 잎을 하나씩 떼어 놓습니다. 아이들이 볼 때 잎을 따면 저를 따라 잎을 딸 수도 있어서 아이들이 안 볼 때 몰래 따 놓습니다.

놀이는 간단합니다. A4 용지와 풀, 색연필 그리고 프테리스 잎만 있으면 됩니다.

"자, 지금부터 프테리스 잎을 종이에 붙이고, 거기에 이어서 그림을 그릴 거야. 프테리스 잎이 새의 날개처럼 보이면 새의 나머지 부분을 그려 주고, 배처럼 보이면 바다를 그려 주면 돼."

아이들은 처음에는 어떻게 해야 할지 몰라 주저하지만, 제가 하는 걸 보고 나면 금세 눈을 반짝거리며 색연필을 집어 듭니다. 이렇게 도화지에 그려진 작은 이미지로부터 상상력을 발휘해 나머지 부분을 이어서 그리는 건 영국의 그림책 작가 앤서니 브라운Anthony Browne이 매우 좋아하는 놀이인데요, 작가는 이를 '모양 상상 놀이shape game'라고 불렀습니다. 앤서니는 어린 시절부터 이 놀이를 매우 즐겼으며, 어른이 되어 그림책 작업을 할 때도 이 놀이에서 큰 도움을 받았다고 합니다.

자서전이라 할 수 있는 『앤서니 브라운 나의 상상 미술관』(웅진주니어, 2011)에서 그는 아이가 어른보다 훨씬 능숙하게 이 놀이를 할 수 있으며, "시각적 상상력을 발휘할 기회와 세상을 보며 느끼는 경이로움 그리고 그림을 그리고 싶어 하는 욕구와 능력이 줄어드는 게 어른이 되며 겪는 불행"이라고도 말합니다. 그러고 보면 프테리스 잎으로 하는 모양 상상 놀이도 아이들은 처음만 망설일 뿐 금세 쓱쓱 그려 나가지만, 어른들은 대부분 옆 사람의 눈치를 보며 주저하기만 하고 쉽사리 연필을 들지 못합니다. 어른이 된 게 안타까운 순간이지요.

프테리스 잎으로 모양 상상 놀이를 한 다음에는 프테리스를 새 화분에 옮겨 심습니다. 심으면서 아이들은 저에게 궁금한 점들을 물어보는데, 빠지지 않는 질문이 있습니다.

프테리스 *Pteris cretica*

"그럼 프테리스는 언제 꽃이 펴요?"

꽃이 안 핀다고 처음에 분명 말해 주었건만, 아이들은 잊었거나 여전히 꽃에 대한 미련이 남았나 봅니다. 프테리스를 비롯한 양치식물은 이끼류 다음으로 육지에 자리 잡은 식물입니다. 관다발은 갖추었지만

프테리스 잎은 아이들의 다양한
상상을 이끌어 냅니다

아직 꽃을 피울 기관은 발달시키지 못했지요. 그래서 양치식물은 꽃 대신에 잎 뒷면에 점처럼 다닥다닥 붙은 포자(홀씨)로 번식을 합니다. 제 임무는 이 이야기를 아이들이 알아듣도록 최대한 쉽게 풀어서 해 주는 겁니다.

"프테리스 조상은 아주 먼 옛날에 지구에 나타났다고 했잖아. 그때는 꽃을 만들기가 너무 어려웠대. 꽃 속은 생각보다 아주 복잡하게 생겼거든. 그래서 프테리스 조상은 꽃 대신에 포자란 걸 만든 거야. 잎 뒤에 점처럼 붙어 있는 포자가 땅에 떨어지면 아기 프테리스가 태어나는 거지. 꽃이 피는 식물들은 고사리 식물들 다음에 생겨났어."

아이들은 제 말을 듣고는 잎 뒷면을 열심히 살펴봅니다. 제가 보기에는 아직 포자가 생기지 않았는데 아이들은 포자가 보인다고 합니다. 이 아이 저 아이가 저를 부르며 자기 프테리스의 포자를 보라고 하는 걸 보면 모든 아이에게 보이는 포자가 저에게만 안 보이는 건지도 모르겠습니다. 누군가는 '상상력'을 정의하기를 '보이지 않는 것을 보이게 하는 힘'이라고 했습니다. 프테리스의 조상은 약 4억 년 전에 지구에 나타났으며, 프테리스는 꽃을 안 피우고 포자로 번식한다는 과학적인 사실은 제가 아이들에게 알려 주었습니다. 하지만 아이들은 그것과 상관없이 프테리스 잎으로 모양 상상 놀이를 하며 다양한 이미지도 발견하고, 저는 절대로 못 찾아낸 포자도 보고, 심지어 활짝 핀 꽃도 보는 듯합니다. 어쩌면 아이들 가운데에는 프테리스 옆을 돌아다니는 공룡을 발견한 친구도 있지 않을까요?

이야기 씨앗

미국의 영화감독 팀 버튼이 만든 〈빅 피쉬Big Fish〉는 아버지와 아들의 이야기입니다. 영화 속에서 아버지는 아들이 어릴 때부터 끊임없이 이야기를 들려줍니다. 이 이야기란 게 모두 아버지 본인의 젊은 시절 무용담인데요, 아들은 어린 시절에는 이 이야기들을 모두 진짜로 믿었지만, 커가면서 아버지는 허풍쟁이이고 이야기는 모두 다 아버지가 꾸며 낸 거라고 생각합니다. 시간이 흘러 어른이 된 아들은 허풍쟁이 아버지와는 달리 사실만을 전달해야 하는 기자가 됩니다. 그리고 아버지와 데면데면한 관계를 유지합니다. 영화의 끝부분, 곧 세상을 떠날 아버지가 아들에게 부탁합니다.

"내가 어떻게 죽는지 네가 한번 이야기해 줄래?"

아버지처럼 허풍쟁이가 되기 싫은 아들은 당황스러웠지만 역시 그 아버지에 그 아들입니다. 아들은 아버지가 커다란 물고기가 되어 강으로 돌아가는 이야기를 들려줍니다. 침대에 누워 있는 아버지는 만족스러운 표정으로 이야기를 들으며 눈을 감습니다.

아무리 주의를 주어도 시끄럽게 떠드는 아이들이 있습니다. 도대체 어떻게 하면 이 아이들을 집중시킬 수 있을까요? 여러 해 수업을 하다 보니 누가 가르쳐 준 것도 아닌데 어쩌다가 알아낸 방법이 있습니다. 우선 아이들 앞에 바싹 다가가 앉아 이야기를 시작합니다. 목소리를 크게 내기보다는 속삭이듯 말하는 게 좋습니다.

"선생님이 유치원에 오는데 유치원 앞에 마당 있잖아, 꽃 심어 놓은 곳. 그 꽃밭에서 갑자기 조그만 소리가 들리는 거야."

시끌시끌하던 아이들이 순간 저를 쳐다봅니다. 자신들이 매일 왔다 갔다 하는 유치원 앞마당에서 무슨 일이 있었다니 궁금할 수밖에 없습니다.

나　　마당을 쳐다봤는데 아무도 없더라고. 그래서 빨리 너희 만나려고 유치원으로 들어가려는데 다시 소리가 들리는 거야.

아이1　무슨 소리였어요?

나　　"선생님, 잠깐만요. 여기예요 여기" 하며 누가 선생님을 부르는 거였어. 그래서 쪼그리고 앉아서 꽃밭을 봤더니, 글쎄 누가 있었냐면, 바로… 바로….

아이2　누구였어요?

나　　그게 말이야, 바로….

아이들	(궁금해하면서 약간 짜증 나는 듯이) 누구였는데요!?
나	너희 지렁이 알지? 지렁이 한 마리가 선생님한테 말을 건 거야. 근데 지렁이는 원래 사람 말을 못 하잖아. 선생님이 신기해서 뚫어져라 지렁이를 쳐다봤는데, 그 지렁이는 정말 사람 말을 하더라고.
아이3	거짓말! 지렁이가 어떻게 사람 말을 해요?
나	그러게 말이야. 선생님도 얼마나 신기했는지 몰라. 아무튼 지렁이가 선생님을 왜 불렀는지는 이따가 수업 끝나고 마저 들려줄게. 지렁이가 무슨 말을 했는지 알려 달라고 너희가 잊지 말고 선생님한테 꼭 말해 줘야 돼. 알았지?
아이4	지금 말해 주면 안 돼요?
나	응. 이따가 말해 주는 게 더 재밌을 거 같아.

아이들은 어느새 엄청나게 집중해서 제 이야기를 듣고 있습니다. 저는 이 분위기를 살려 준비한 그림책을 읽어 주고 함께 식물도 심습니다. 식물을 심고 나서는 흔히 '모루'라고 부르는 털실 철사를 애벌레 정도의

털실 철사로 만든
애벌레

길이로 잘라 잎사귀 위에 얹어 줍니다. 색깔은 초록색이 좋습니다.

아이1   이게 뭐예요?

나   이건 애벌레야. 아까 선생님이 꽃밭에서 본 지렁이의 친구.

아이2   에이, 이건 애벌레 아니잖아요.

나   아니야. 아까 지렁이 옆에 같이 있던 애벌레야.

아이3   이거 교실에서도 본 거예요. 속에 철사도 들어 있어요.

아이4   그리고 진짜 애벌레면 왜 안 움직여요?

나   아까는 분명히 움직였는데 이상하다. 부끄러워서 그런가? 참, 아까 지렁이 이야기 마저 해 줄까?

아이들   예!

나   아까 지렁이가 선생님한테 말을 했다고 했잖아. 지렁이가 글쎄 자기 몸이 지금 거의 다 말라서 죽게 생겼다면서 선생님한테 흙 속에 넣어 달라는 거야. 근데 선생님은 태어나서 한 번도 지렁이를 만져 본 적이 없거든."

   말이 끝나기가 무섭게 아이들은 자신의 지렁이 경험담을 쉴 새 없이 늘어놓습니다. 아빠와 낚시를 가서 만진 이야기, 길거리에서 죽은 지렁이를 본 이야기, 땅을 팠더니 꿈틀거리는 지렁이가 나온 이야기 등등. 한참을 신나게 떠듭니다.

아이1   그래서 어떻게 되었어요?

아이2   지렁이 만졌어요?

나   지렁이에게 부탁을 받았는데 안 해 줄 수 없잖아. 선생님이 안 해 주면 지렁이는 죽을지도 모르는데. 그래도 직접 손으로는 잘 못 만지겠더라고.

아이3   저는 만질 수 있어요.

아이4   저도 막 만져요.

나   선생님은 겁쟁이인가 보다. 아무튼 그래서 손으로 축축한 흙을 조금 판 다음에, 나뭇가지로 지렁이를 들어서 흙 속에 넣고 덮어 줬어. 그랬더니 지렁이가 땅속으로 들어가면서 선생님한테 고맙다고 인사를 하더라.

제 이야기를 들은 아이들이 '거짓말!'이라고 외칠 것 같지만, 전혀 그렇지 않습니다.

아이3   그래서 그 지렁이 지금도 있어요?

나   지렁이는 당연히 땅속으로 들어갔겠지. 하지만 혹시 또 모르니까 이따가 집에 갈 때 마당의 꽃밭을 꼭 봐 봐. 지렁이들이 너희한테도 말 걸지 몰라.

어른 아이 상관없이 사람들은 허구fiction를 좋아하고 그런 세계를

아이들은 직경 10센티미터 남짓한 조그만
화분 속에서 참으로 다양한 이야기를
만들어 내고 즐깁니다

다른 소설과 영화, 드라마를 즐겨 봅니다. 이유는 무엇일까요? 허구라는 씨앗이 내 안에 들어와 팍팍하고 건조한 삶을 즐겁고 두근거리게 만들어 줄 커다란 나무로 자라나기 때문입니다. 저는 아이들에게 이야기를 들려주는 게 일이다 보니, 늘 어떤 이야기 씨앗을 심어 주어야 아이들이 멋진 상상의 나무를 키울 수 있을지 고민합니다. 물론 재미있는 그림책은 아주 좋은 씨앗입니다. 하지만 아이들은 자신에게 익숙하고 친근한 것에 관심을 보이고 귀를 기울이기 마련이므로, 가끔은 아이들 주변에서 그 씨앗을 찾습니다.

만약에 제가 안드로메다의 외계인 이야기를 해 주었어도 유치원 마당의 지렁이 이야기만큼 아이들이 집중해서 잘 들었을까요? 아이들은 자신들이 늘 보아서 익숙한 유치원 마당과 지렁이가 이야기에 나왔기 때문에 집중한 거라고 저는 생각합니다. 그러고 보면 이 세상에 이야기 씨앗이 아닌 건 어디에도 없습니다. 당장 가정에서만 찾아보더라도, 엄마와 아빠가 만나 결혼하기까지의 '연애 이야기', 아이가 태어날 때의 '탄생 이야기', 할아버지 할머니와 친척들과 함께한 '기념일 이야기' 그리고 여기저기 놀러 다녔던 '여행 이야기'까지 이야기 씨앗은 넘쳐 납니다.

아버지가 아들에게 평생 해 준 여러 이야기가 진짜인지 가짜인지 영화 〈빅 피쉬〉에서는 명확하게 결론을 내리지 않습니다. 하지만 영화를 본 사람이라면 압니다. 아버지의 이야기는 하나도 빠짐없이 모두 진짜였다는 것을요. 아버지는 결코 거짓말을 한 게 아니라 자신이 경험한 것을 그대로 아들에게 전해 주었을 뿐입니다. 영화 속 아버지와 아들의 이야기를 보면서, 부모가 자식에게 물려주어야 할 가장 소중한 게 무엇인지 생각해 봅니다. 내가 들려주지 않으면 이 세상에서 사라지고 말 이야기들, 그 안에 담겨 있는 사랑과 추억과 아쉬움의 감정들, 그걸 고스란히 들려주는 게 어른들의 할 일 아닐까요? 그렇게만 할 수 있다면 때로는 아이들에게 허풍쟁이, 거짓말쟁이 소리를 들어도 충분히 즐겁고 기쁠 것 같습니다.

나도 큐레이터

아이들에게 아는 꽃 이름을 말해 보라고 하면, 대개 '민들레'와 '해바라기'를 가장 먼저 외칩니다. 민들레야 길가에서 흔히 볼 수 있으니 그렇다 쳐도, 해바라기는 이름만 익숙할 뿐 실제로 본 적은 많지 않을 텐데 어찌 그리 빨리 떠올리는지 잘 모르겠습니다. 아마 몇 번 못 봤더라도 껑충한 키에 접시처럼 둥근 꽃이 기억에 남아서 그럴 수도 있고, 신화 속 해바라기 이야기를 알고 있어서 그럴 수도 있을 겁니다. 신화 속에서 물의 요정 클리티에는 태양의 신 헬리오스에게 사랑을 고백합니다. 하지만 헬리오스는 그 사랑을 받아 주지 않지요. 이에 실망한 클리티에는 아무것도 먹지 않고 몇 날 며칠 태양 마차를 타고 다니는 헬리오스만 바라보았고, 그러다가 결국 해바라기로 변하고 맙니다.

아이1   그래서 해바라기 꽃은 지금도 하루 종일 태양을 따라서 움직인대요.
나   정말 그럴까? 혹시 해바라기가 태양을 따라 움직이는 거 직접 봤니?

아이1   아니요. 보지는 못했어요.

아이2   제가 전에 봤는데요, 그때는 안 움직였어요.

나   선생님도 계속 지켜본 적은 한 번도 없는데 정말 그렇게 움직이는지 궁금하긴 해.

해바라기 꽃을 관찰하려면 직접 해바라기 씨앗을 심어서 키우는 방법이 있습니다. 하지만 다 자라면 거의 2미터나 되는 식물을 마당에 심으면 모를까 화분에 심어서 키우기란 쉽지 않습니다. 다행히 요즘은 꽃시장에서 작은 해바라기들을 볼 수 있습니다. 다 자라도 키가 50센티미터 정도밖에 안 되는 개량 품종들인데요, 크기는 작아도 꽃의 색깔이나 생김새는 보통 해바라기와 똑같습니다. 햇볕이 쨍쨍 내리쬐는 더운 여름날, 꽃시장에 작은 해바라기들이 나오기 시작하면 저는 아이들과 화분에 해바라기를 심습니다.

"얘들아, 지금 너희 앞에 있는 해바라기는 모두 몇 송이게?"

아이들은 손가락으로 커다란 꽃송이를 하나둘 가리키며 열심히 셉니다. 하지만 저는 아이들이 다 세기도 전에 먼저 답을 말해 줍니다.

"해바라기는 너희가 하나둘 세고 있는 게 꽃 한 송이 한 송이가 아니야. 꽃 한 송이처럼 보이는 것 속에 엄청나게 많은 꽃이 모여 있어."

해바라기를 비롯해 국화과 식물은 '혀꽃'과 '대롱꽃'이 있습니다. 한 송이처럼 보이는 꽃의 가장자리에 꽃잎처럼 빙 둘러 피어 있는 건 혀처럼 생겨서 '혀꽃', 가운데 빽빽하게 모여 있는 건 대롱처럼 생겨서 '대롱꽃'이라고 부릅니다. 따라서 우리가 한 송이로 알고 있는 해바라기 꽃은 실은 엄청나게 많은 혀꽃과 대롱꽃이 모여 있는 꽃다발인 셈입니다. 해바라기는 다른 국화과 꽃들보다 꽃이 커서 혀꽃과 대롱꽃의 생김새를 관찰하기 좋습니다.

가장자리의 혀꽃과 가운데 모여 있는 대롱꽃으로 이루어진 해바라기 꽃

"지금부터 혀꽃이랑 대롱꽃을 하나씩 뽑아 볼 거야. 선생님이 해바라기에게 뽑아도 되는지 미리 물어봤는데, 자기는 꽃이 엄청나게 많아서 하나 정도씩은 뽑아도 괜찮대. 아프지도 않대."

그래도 아이들은 처음에는 꽃이 아플까 봐 주저주저하지만, 막상 뽑고 나서는 신기한 듯 살펴보고 냄새도 맡아 보고 친구 것과 비교도 해 봅니다. 혀꽃과 대롱꽃은 생김새만큼이나 역할도 다릅니다. 혀꽃은 색깔이 화려해서 곤충들을 불러 모읍니다. 대신 수술과 암술이 퇴화되어 씨앗을 만들 수 없습니다. 반면 대롱꽃은 색깔이 화려하지 않아 곤충들의 눈에 띄지 않지만, 수술과 암술이 있어서 씨앗을 만들 수 있습니다. 결국 혀꽃이 화려한 색깔로 곤충을 끌어들이면 대롱꽃은 기다렸다는 듯이 꽃가루받이를 하는 거지요. 우리 눈에는 그저 예쁘게만 보이는 해바라기 꽃 안에서 이렇듯 놀라운 팀플레이가 이루어지고 있는 겁니다.

나 그렇게 혀꽃과 대롱꽃이 서로 도와서 씨앗을 몇 개나 만드는지

	아니? 우리가 한 송이로 알고 있는 꽃다발 하나에서 무려 2000개 정도나 만든대. 엄청나게 많지?
아이1	저는 해바라기 씨앗 먹어 봤어요.
나	그래? 선생님 집 부엌에는 해바라기 씨앗으로 만든 식용유도 있는데.
아이2	저는 해바라기 씨앗 초콜릿도 먹어 봤어요.
나	선생님도 그 초콜릿 좋아하는데, 그거 진짜 해바라기 씨앗이 아닌 거 알고 있지?
아이2	정말요? 그거 해바라기 씨앗 아니에요?
나	생김새는 해바라기 씨앗이랑 비슷하지만, 실은 해바라기 씨앗 가루를 조금 넣은 초콜릿이야.

해바라기를 심고 나면 저는 아이들에게 한 화가를 소개합니다. '해바라기 화가'라는 별명이 붙을 정도로 해바라기를 사랑한 화가, 빈센트 반 고흐입니다. 반 고흐는 워낙 유명해서 아이들도 잘 알고 있는데요, 자기 귀를 자른 화가로 제일 많이 기억하고 있습니다. 저는 아이들과 반 고흐의 화집에서 해바라기를 비롯해 작약, 장미, 카네이션, 붓꽃, 아네모네, 양귀비, 글라디올러스, 데이지 등 반 고흐가 그린 꽃들을 감상합니다.

그림을 다 본 뒤에는 엽서 크기로 컬러 복사를 해 놓은 반 고흐의 꽃 그림을 아이들에게 나눠 줍니다. 한 아이마다 여섯 작품 정도씩 나눠 주고 작품 제목과 꽃 이름도 함께 알려 줍니다. 아이들이 할 일은 4절 도화

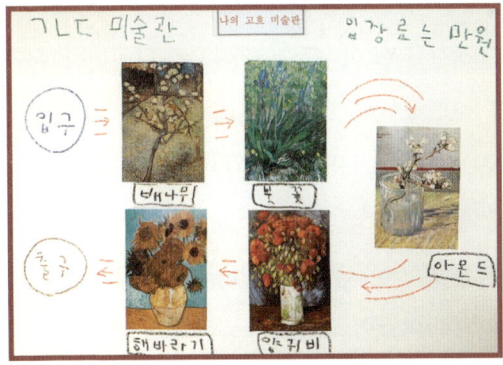

진지하게 큐레이션을 한 아이들에게
앞으로 반 고흐의 꽃 그림과 그림 속 꽃은
분명 새롭게 다가올 겁니다

지에 반 고흐의 작품들을 풀로 붙이는 겁니다. 단, 그냥 아무 곳에나 마구 붙이는 게 아니고, 각자 큐레이터가 되어 기획을 해야 합니다. 물론 대부분 아이들은 큐레이터가 뭔지 잘 모르므로 제가 간단히 설명해 줍니다.

"너희 박물관이나 미술관 가 봤지? 거기 가면 전시회 같은 거 하잖아. 그게 그냥 아무렇게나 하는 게 아니라, 큐레이터라는 사람들이 다 준비하는 거야. 이번 전시회는 어떤 화가 그림을 할지, 그 화가의 어떤 그림을 할지, 벽마다 어떤 그림을 걸지, 모든 걸 다 큐레이터가 정해. 그러니까 너희도 선생님이 준 반 고흐 그림 여섯 점을 큐레이터처럼 생각해서 붙여 보는 거야. 꽃 색깔별로 붙여도 되고, 꽃송이가 많은 것부터 붙여도 되고, 너희 마음에 드는 순서로 붙여도 돼. 다 붙이고 나서는 왜 그렇게 붙였는지 선생님한테 이야기해 주면 좋겠어."

하지만 제 말 몇 마디를 듣고 아이들이 금세 큐레이터로 변신할 리는 없습니다. 그래서 우선 아이들과 이야기를 나눕니다. 어떤 그림이 가장 마음에 드는지, 왜 그 그림이 좋은지, 그 꽃을 정말 본 적이 있는지, 꼬리에 꼬리를 무는 식으로 이야기를 진행시킵니다. 그렇게 하다 보면 서서히 아이들의 생각이 정리되고, 아이들은 이리저리 그림을 배열하기 시작합니다. 아이들이 만든 결과물은 언뜻 다 비슷해 보여도 각각 멋진 기획 의도를 갖고 있습니다. 아이들의 큐레이션 능력에 깜짝 놀라는 순간이지요.

수업을 마친 아이들이 교실에서 나갑니다. 한 손에는 해바라기 화분이, 다른 한 손에는 반 고흐의 그림을 붙인 도화지가 들려 있습니다. 이제 아이들은 어디로 갈까요? 피아노학원에 가는 아이도 있고 태권도장에

가는 아이도 있고 집으로 가는 아이도 있겠지요. 책 『베란다 식물학』(지오북, 2012)에는 해바라기와 태양 이야기가 나옵니다. 이 책에 따르면 해바라기 꽃은 태양을 바라보는 게 정상이지만, 도시의 해바라기는 제각각 태양이 아닌 다른 곳을 바라본다고 합니다. 왜 그럴까요? 도시에는 건물 유리창에 반사되는 햇빛, 인공조명의 불빛 등 태양처럼 밝은 빛이 너무 많기 때문입니다. 여기저기에서 반짝거리는 것들이 해바라기 꽃에게는 모두 태양 같아 보이는 거지요. 따라서 도시의 해바라기들은 우리가 보기에는 각각 다른 곳을 바라보고 있는 것 같아도, 실은 자신들이 태양이라고 믿는 것을 따라서 움직이고 있는 셈입니다.

    사람들은 휙휙 아이 곁을 스쳐 지나가고, 차들은 쌩쌩 달리고, 미세먼지 탓에 공기마저 탁한 이 복잡하고 정신없는 도시에서 아이들은 진짜 햇빛을 잘 찾을 수 있을까요? 번쩍거리는 다른 빛들에 헷갈리지 말고 따사로운 햇살만 잘 따라가면 좋겠습니다. 그래서 저녁 시간에 무사히 가족들과 만나 해바라기 이야기, 반 고흐 이야기로 이야기꽃을 피울 수 있으면 좋겠습니다.

가을 *Autumn*

터키어로 가을 sonbahar은 최후son의 봄bahar이라는

뜻입니다. 가을날 아이들과 함께 국화를 심으며 올해의

마지막 봄이란 생각을 하니 쓸쓸하기도 하지만 그래도

하늘의 태양은 늘 그대로이고, 봄은 또 돌아올 테니까

서운하지는 않습니다.

최후의 봄에

　백화점에서는 한여름에 벌써 가을 옷을 팔듯이, 꽃시장에서도 8월 무렵이면 가을 식물을 팔기 시작합니다. 가을 식물의 대표는 뭐니 뭐니 해도 국화입니다. 온실이나 꽃집에서는 계절에 상관없이 늘 국화를 볼 수 있지만, 노지에 국화가 보이기 시작할 때 비로소 가을이 오는 것을 느낄 수 있습니다. 국화는 처음에는 노지의 한쪽만 차지하고 있다가 어느 순간 꽃시장을 온통 뒤덮습니다.
　'국화'라고 할 때 우리는 흔히 어느 한 꽃의 생김새만을 떠올리지만 국화과 식물은 종류가 매우 다양합니다. 사전에서는 '국화과'를 다음과 같이 정의하고 있습니다.

　쌍떡잎식물 국화목의 한 과. 쌍떡잎식물 가운데 가장 진화한 식물로 세계에 2000여 속 2만여 종이 분포하며, 우리나라에는 290여 종이 있다. 과꽃, 국화, 해바라기 따위가 있다. - 국립국어원

국화과에는 '들국화'라고 부르는 종류도 있습니다. 사전에 따라 '산국山菊'만을 들국화라고 정의하기도 하고, 산국 이외에 구절초, 쑥부쟁이, 감국, 울릉국화까지 포함해서 들국화라고 정의하기도 하는데요, 어느 정의가 맞는지 정확히는 모르겠지만 들에서 피는 국화과 식물들을 그냥 들국화라고 부르면 되지 않을까 저는 생각합니다. 사실 국화과 식물은 종류는 다양해도 생김새가 다 비슷비슷해서 자세히 보지 않으면 구분하기가 쉽지 않습니다. 그 가운데에서도 사람들이 가장 많이 헷갈리는 것이 구절초와 쑥부쟁이와 벌개미취입니다. 꽃과 잎 그리고 줄기에 난 털로 구분한다는데 저는 아무리 봐도 잘 모르겠습니다. 그런데 안도현 시인도 저와 비슷한 심정이었는지 이런 시를 썼습니다.

> 쑥부쟁이와 구절초를
> 구별하지 못하는 너하고
> 이 들길 여태 걸어왔다니
>
> 나여, 나는 지금부터 너하고 절교다!
> - 안도현, 「무식한 놈」 전문

무식한 제가 아이들과 이야기를 나누다 보면, 아이들에게 가장 친숙한 국화과 식물은 '개망초'입니다. 공원이나 들판, 냇가를 산책하면서 흔히 봐서 그런 것 같습니다. 아이들은 식물의 이름을 모르니 달걀프라이처럼 생긴 꽃이라고 많이 말합니다. 어른들에게 들었는지 '계란꽃'이라고

|1|2|
|3|4|

1 구절초 *Dendranthema zawadskii*
2 쑥부쟁이 *Aster yomena*
3 벌개미취 *Aster koraiensis*
4 개망초 *Erigeron annuus*

말하는 아이도 있습니다. 저는 그 꽃의 원래 이름은 '개망초'이지만, '계란꽃'이나 '달걀꽃'으로도 부른다고 알려 줍니다. 그러면 아이들은 신기한 듯이 저를 쳐다보며 묻습니다.

"정말 꽃 이름이 달걀꽃이에요? 달걀꽃이란 꽃이 정말 있어요?"

개망초도 좋고 달걀꽃도 좋습니다. 어차피 둘 다 사람들이 만들어 낸 이름이니까요. 아이들의 기억 속에 남을 수만 있다면 저는 어떤 이름으로 불리어도 상관없다고 생각합니다.

아이들과 하는 국화 수업은 꽃꽂이와 화분 심기, 두 가지가 있습니다. 국화 꽃꽂이는 계절과 상관없이 언제나 할 수 있지만, 그래도 가을이 가장 어울립니다. 국화는 다른 꽃들보다 색깔도 다양하고 한번 핀 꽃이 오래가며, 줄기의 굵기도 아이들이 가위로 자르기 적당해서 좋습니다. 가격도 장미나 카네이션 같은 꽃들보다 저렴한 편이어서 풍성하게 즐길 수 있습니다. 꽃꽂이에는 흔히 스프레이 국화라고도 불리는 소국을 주로 쓰는데요, 소국은 꽃송이가 작아서, 스프레이 국화는 하나의 꽃대에서 스프레이처럼 여러 꽃송이가 피어서 붙여진 이름입니다. 참고로 국화는 꽃의 크기에 따라 대국大菊, 중국中菊, 소국小菊, 이렇게 세 가지로 나누는데, 대국은 꽃의 지름이 18센티미터 이상, 중국은 9~18센티미터, 소국은 9센티미터 이하입니다. 국화 꽃꽂이는 어렵지 않습니다. 물을 잔뜩 머금은 꽃꽂이용 스펀지에 아이들이 국화 줄기를 잘라서 꽂으면 됩니다. 꽃 자체가 예뻐서 화기花器는 플라스틱 그릇이나 컵으로도 충분합니다.

아이들과 꽃꽂이를 할 때 가장 중요한 점은 어른들이 간섭하지 않는 것입니다. 꽃꽂이 수업의 목표가 멋진 작품을 만드는 게 아니라 오감으로 꽃을 느끼는 것이므로 아이들이 꽃을 너무 적게 꽂거나 높이를 들쭉날쭉하게 꽂는 등 어른이 볼 때 마음에 안 들어도 그냥 놔두는 게 좋습니다. 다만 줄기를 자를 때 가위에 손을 벨 수도 있으니 안전한 가위 사용법만 미리 알려 주면 됩니다.

  화분에 국화를 심는 작업은 유치원의 화분에 심었던 여름꽃들이 시든 다음에 합니다. 여름꽃을 뽑아 낸 자리가 국화가 들어갈 자리입니다. 뽑아 낸 여름꽃들에는 아이들과 함께 작별 인사를 합니다. 여름 내내 우리를 즐겁게 해 준 것에 대한 감사 표시입니다. 그러고는 꽃이 시들면 생김새나 색깔이 어떻게 변하는지 함께 살펴보고 만져 봅니다. 대개 아이들은 시든 꽃을 보고 썩었다고 표현합니다. 꽃과 잎의 색깔이 갈색으로 변해서 그렇습니다. 그럴 때 저는 할아버지 할머니의 모습을 떠올려 보라고 합니다. 사람이 나이를 먹고 늙으면 얼굴에 주름이 생기고 피부는 힘이 없어지며 머리카락은 하얗게 됩니다. 그러다가 나이를 더 많이 먹으면 죽게 되지요. 식물도 똑같다고 말해 줍니다. 사람이 죽으면 몸이 시들고 나중에 흙이 되는데, 우리 앞에 있는 식물도 그렇다고요. 아이들에게 죽음은 아직 전혀 와 닿지 않겠지만, 각자 나름의 방식으로 잘 이해하리라 믿습니다.

  여름꽃과 잘 헤어지면 드디어 국화를 심습니다. 모둠별로 화분에 국화를 모아 심기 전에 각자 자신이 고른 국화를 친구가 고른 것과 나란히 놓아 보도록 합니다. 꽃 색깔의 조화에 따라 달라지는 전체 분위기를 느껴 보는 겁니다. 몇 번 바꿔 보고 이리저리 옮겨 보기도 하면서 자리를 정하

처음에 아이들은 자신이 좋아하는 색깔의
국화(소국)만 심으려 하지만, 금세 다른 색깔도
예쁘다는 걸 깨닫습니다

면, 이제 새 화분에 옮겨 심습니다. 국화는 옆으로 많이 퍼지며 자라지는 않아서 바싹 붙여 심어도 좋습니다. 국화와 국화 사이가 너무 벌어지면 멀리서 볼 때 듬성듬성한 느낌이 들어 예쁘지 않습니다. 모아 심을 때 주의 사항을 하나 들자면 국화와 국화 사이에 흙이 잘 들어가도록 하는 것입니다. 흙을 잘 넣은 것 같아도 막상 손가락으로 눌러 보면 흙이 쑥 들어가는 경우가 많아서 최대한 꼼꼼하게 흙을 채워 주도록 합니다.

아이들은 여럿이서 함께 심다 보면 국화 사이에 흙을 넣는다는 게 잘못해서 옆 친구의 꽃 위에 흙을 뿌리기도 하고 줄기를 부러뜨리기도 합니다. 그러면 어떤 아이는 속상해서 울기도 하는데요, 그럴 땐 제가 지켜보고 있다가 잘 달래 줍니다.

"민준아! 준서가 일부러 그런 거 아니니까 용서해 주자. 그리고 준서는 꽃한테 미안하다고 해 줘. 꽃이 놀랐을 거야. 꽃 위에 묻은 흙은 살살 털어 주고."

심은 다음에는 함께 국화 향기를 맡아 봅니다. 자신의 국화와 친구 국화의 향기도 비교해 봅니다. 표현은 모두 제각각이지만 꽃향기를 맡고 기분이 좋아지는 건 모두 같습니다. 국화를 심고 나면 이제 마당에서 하는 그해의 원예 수업은 얼추 마무리됩니다.

계절을 표현하는 터키어는 재미있습니다. 터키어로 봄은 'bahar', 가을은 'sonbahar'입니다. 'son'이 '최후'를 뜻하므로 터키어에서 '가을'은 '최후의 봄'이란 뜻입니다. 그리고 보면 봄부터 가을까지 햇빛은 언제나 꽃들에게 내리쬐었고, 꽃들은 그 햇빛을 양식 삼아 광합성을 하며 자라났습니다. 가을날 아이들과 함께 국화를 심으며 올해의 마지막 봄이란 생각을 하니 쓸쓸하기도 하지만, 그래도 하늘의 태양은 늘 그대로이고, 봄은 또 돌아올 테니까 서운하지는 않습니다.

무당벌레가 있는 화분

좀 창피한 이야기인데 저는 20대 후반까지도 무당벌레를 제대로 본 적이 없었습니다. 그 긴 세월 동안 무당벌레를 한 번도 안 봤을 리는 없 겠지만, 관심이 없으니 기억에 안 남은 것 같습니다. 물론 무당벌레가 딱 지날개에 독특하고 멋진 무늬가 있고, 위험한 상황이면 쓴맛이 나는 액을 몸에서 낸다는 건 알고 있었지만, 이건 그저 책과 방송에서 얻은 정보였습 니다. 그런 저에게 원 없이 무당벌레를 잡고 만져 볼 기회가 생겼으니, 출 판사에 다니던 20대 후반의 일이었습니다.

그 당시 저는 초등학생 대상의 생태 전집을 개발하는 팀에 있으면 서, 『무당벌레』, 『달팽이』, 『메뚜기』 등 몇 권의 책을 담당했습니다. 우리 자연과 동식물의 모습을 직접 사진에 담는 기획 특성상, 산과 들로 열심히 사진가를 따라다녔습니다. 그러던 어느 가을날, 유난히 무당벌레가 많이 모인다는 경기도 의왕시의 어느 집을 사진가와 함께 찾아갔습니다. 그 집 의 하얀색 바깥 벽에는 정말 엄청나게 많은 무당벌레가 달라붙어 있었습니다. 그날 저의 임무는 무당벌레를 최대한 많이 잡아 두었다가, 사진가가 나는 모습을 찍을 수 있도록 한 마리씩 날리는 것이었습니다. 무당벌레가 날개를 활짝 펴고 사진기 앞에서 멋진 자세를 취해 주면 한 번에 끝났겠지만, 그런 일은 결코 일어나지 않았습니다. 그날 아마 백 마리도 넘는 무당벌레를 날렸던 것 같은데, 다행히도 책에 원하는 무당벌레의 모습을 담아낼 수 있었습니다.

그렇게 무당벌레와 인연을 맺은 저는 꽤나 시간이 흐른 지금도 여전히 무당벌레를 만납니다. 아이들이 화분에 식물을 심고 나면 모형 무당벌레를 나눠 주는 겁니다.

나 무당벌레는 너희가 놓고 싶은 곳에 놓으면 돼. 잎사귀 위에 놓아도 되고, 흙 위에 놓아도 돼.

아이1 선생님, 이거 가짜죠?

나 아까 선생님이 데리고 올 때는 움직였어.

아이2 거짓말 마세요. 이거 가짜인 거 다 알아요.

나 너희 혹시 토이 스토리라는 애니메이션 봤니? 거기에서도 장난감들은 사람이 볼 때는 가만있다가 안 볼 때만 움직여. 무당벌레들도 그런 것 같은데?

아이3 에이, 아니에요. 이거 가짜예요.

나 너희가 자꾸 가짜라고 하면 무당벌레가 슬퍼하겠다. 내일 아침에 일어나자마자 너희가 놓아둔 자리에 무당벌레가 그대로 있는지

아이들 손끝에서 무당벌레는 가짜가 아닌
진짜로 살아납니다

봐 봐. 아마 밤에 너희가 잘 때 몰래 움직여서 다른 곳에 가 있을걸?
아이4   정말요? 아닌 것 같은데.

아이들은 제 말을 믿어야 할지 말아야 할지 고민하면서도 무당벌레를 조심스레 잎사귀나 흙 위에 올려놓습니다. 그리고 무당벌레가 움직이나 보려고 열심히 화분을 관찰합니다. 분명 집에 가져가서도 생각이 날 때마다 화분을 살피겠지요. 무당벌레는 정말로 움직였을까요? 일주일이 지나 다음 수업 시간이 되면 제가 묻기도 전에 아이들은 이렇게 외칩니다.
"선생님, 무당벌레가 정말 움직였어요!"

요즘 도시의 아이들은 대부분 흙 한 번 밟지 않고 학교와 학원만 왔다 갔다 하며 삽니다. 게다가 만약 집은 5층, 학교 교실은 2층, 학원은 3층이라면 하루의 대부분을 흙은커녕 땅과 떨어져 공중의 콘크리트 상자 속에서 지내는 셈입니다. 하지만 이렇게 자연과 격리되어 사는 것에 비해 아이들은 의외로 동식물의 생태 정보는 많이 알고 있습니다. 학교에서도 배울뿐더러 조금만 관심이 있으면 책이나 인터넷에서 금방 찾아볼 수 있기 때문입니다.

무당벌레만 하더라도 제대로 본 적 없는 아이들이 꽤 많을 텐데, 그와 상관없이 무당벌레의 성장 과정이나 건드리면 죽은 척하는 의사擬死 행위 그리고 무당벌레, 진딧물, 개미의 관계를 잘 알고 있습니다. 오히려 제가 무언가 알려 주려고 하면 "저 그거 알아요", "저 그거 책에서 봤어요"라면서 제 말을 가로막습니다. 물론 생태 지식을 많이 알아서 나쁠 건 없습니다. 다만 체험과 지식이 같이 가지 못하고 지식만 너무 앞설 때 아이들은 자신이 모든 걸 다 안다고 착각하고, 실제로 몸으로 부딪쳐 느끼는 체험을 시큰둥하게 여길 확률이 높습니다. 제가 아이들에게 가짜 무당벌레를 진짜라고 우기며 의미를 부여하는 건 아이들의 이런 체험과 지식 사이의 간극을 조금이라도 좁혀 주려는 발버둥이기도 합니다.

'무당벌레'라는 이름은 딱지날개의 화려한 색깔과 무늬가 무당의 옷과 비슷해서 붙여졌습니다. 따라서 무당벌레의 여러 특징 가운데 가장 돋보이는 건 뭐니 뭐니 해도 딱지날개의 무늬입니다. 우리에게 가장 익숙한 건 붉은 바탕에 검은 점이 일곱 개 찍혀 있는 '칠성무당벌레'의 무늬이지만, 생각보다 무당벌레 무늬 패턴은 다양합니다. 우선 네 가지 기본 패턴이 있습니다.

2무늬형: 검은색 바탕에 두 개의 큰 붉은색 반점이 있는 것
4무늬형: 검은색 바탕에 붉은색 반점이 네 개 있는 것
얼룩무늬형: 검은색 바탕에 붉은색 반점이 여러 개 있는 것
빨강형: 주황색 바탕에 검은색 반점이 있거나 없는 것

무당벌레의 무늬와 색깔은 모두 달라 보여도 결국 이 네 가지 패턴을 기본으로 다양하게 만들어집니다. 이는 멘델의 유전 법칙을 그대로 따르는 것입니다. 멘델의 유전 법칙에 따르면 둥근 콩 AA와 주름진 콩 aa를 교배했을 때, 다음 세대 F1에는 반드시 Aa가 되고, 우성인 둥근 콩만이 나

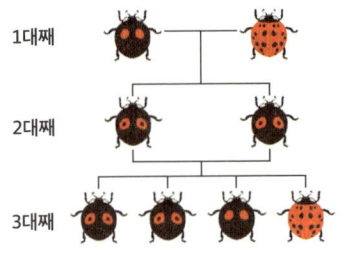

무늬형	변형된 여러 가지 무늬		
2무늬형			
4무늬형			
얼룩무늬형			
빨강형			

타납니다. 하지만 그다음 세대 F2로 내려가면 AA, Aa, Aa, aa, 이렇게 네 가지 형태가 나오고, 둥근 콩과 주름진 콩이 3:1로 나타나지요. 이것이 바로 '분리의 법칙'입니다. 무당벌레의 딱지날개에 다양한 무늬가 나타나는 것뿐만 아니라, 아이가 가끔 아빠 엄마보다 할아버지 할머니를 더 닮는 것도 이 '분리의 법칙'으로 설명할 수 있습니다.

    아이들은 제가 나눠 준 무당벌레를 잎 위에 또는 흙 위에 얹어 놓고는 이야기를 나누며 놉니다. 방금까지도 이 무당벌레는 가짜라고 외치던 아이조차 무당벌레가 소중한 보물이라도 되는 듯 이 잎에서 저 잎으로 옮겨 주며 말을 겁니다. 저는 아이들의 이런 모습을 보면서 이 아이들의 할아버지와 할머니 그리고 그 할아버지 할머니의 할아버지와 할머니, 또 그 할아버지 할머니의 할아버지와 할머니를 떠올립니다. 먼 옛날 그 할아버지와 할머니 들이 아이였을 때, 동식물에 대한 과학 지식은 지금 아이들보다 훨씬 부족했을지 모릅니다. 하지만 하루 종일 자연 속에서 뛰어놀며 동식물을 만난 덕분에 온몸으로 익힌 지식은 훨씬 뛰어나지 않았을까요? 멘델의 분리의 법칙을 따른다면 그 오감의 유전자는 분명 지금 아이들에게도 숨겨져 있는 게 틀림없습니다. 다만 기회가 없어서 못 나오고 있을 뿐이지요. 잎 위에 아슬아슬하게 앉아 있는 무당벌레가 떨어질까 봐 조심스레 화분을 들고 가는 아이의 뒷모습을 보고 있으면, 아이들의 그 유전자를 끄집어내 주는 게 제가 할 일이란 생각이 들어 어깨가 무거워집니다.

은행잎 가족

　가을이 깊어지면 나뭇잎이 떨어져 수북하게 쌓입니다. 여러분은 쌓인 낙엽을 보고 무슨 생각을 하시나요? 누구에게는 화살처럼 빠른 시간으로 와닿을 테고, 누구에게는 치워야 할 쓰레기로 보일 겁니다. 어떤 사람은 예쁜 잎사귀들을 주워서 책 사이에 끼워 놓을 테고, 어떤 이들은 양손으로 한가득 주워서 친구들과 흩뿌리며 놀겠지요. 그렇다면 봄여름 내내 붙어살던 나무에서 한순간에 떨어져 버린 나뭇잎들은 어떤 기분일까요? 자신을 먹여 주고 품어 주었던 나무를 떠나 어딘지 모를 곳으로 가야 하는 나뭇잎들은 과연 무슨 생각을 할까요? 저에게 나뭇잎의 말을 알아듣는 초능력이 있다면 꼭 한 번 들어 보고 싶습니다.
　아이들에게 은행나무를 아냐고 물으면 대부분 고개를 끄덕입니다. 아마 다른 나무에 비해 주변에서 흔히 볼 수 있기 때문일 겁니다. 아이들이 기억하는 은행나무의 대표적인 이미지는 '지독한 냄새가 나는 열매를 떨어뜨리는 나무'입니다(은행나무는 겉씨식물이므로 '은행'은 열매가 아니라 실은 '씨앗'입니다). 저도 은행나무가 열매를 떨어뜨릴 때면 열매를 밟지 않으려고 이리저리 피해 다니고, 어쩌다 밟으면 큰일이라도 난 것처럼 신발 밑바닥을 싹싹 문질러서 냄새의 흔적을 지우려고 합니다. 은행나무 열매에 대한 안 좋은 추억도 있는데요, 지금 타고 다니는 자동차를 산 지 얼마 안 되었을 때의 일입니다. 집 앞 은행나무 밑에 차를 세워 놓았는데, 밤새 바람이 세게 불어 차 위에 열매가 잔뜩 떨어진 겁니다. 아침에서야 그 현장을 목격한 저는 조심스레 열매를 치웠지만, 열매가 떨어져 있던 자리는 이미 희끗해져 있었습니다. 재빨리 손세차장에 가서 차를 닦아도 몇 군데 흔적은 결국 지울 수 없었지요. "요즘은 은행 열매 때문에 세차하러 오시는 분들이 많아요"라는 세차장 직원의 말을 들으며 은행나무를 미워했던 기억이 납니다.

이렇게 사람들에게 천덕꾸러기 대접을 받는 은행나무지만 그 잎은 아이들에게 재미있는 수업 재료입니다. 저는 떨어져 있는 은행잎 가운데 깨끗한 것들을 골라 두꺼운 책 사이에 끼워 놓습니다. 너무 바싹 마르면 쉽게 부서지고, 너무 물기가 많으면 그림 그리기가 어려우므로 하루 정도 말리는 게 딱 좋습니다. 은행잎은 아이들에게 각각 열 장 정도씩 나눠 줍니다.

"얘들아, 은행잎은 한 가족이 열 명이래. 너희들이 은행잎 가족이 사는 집을 그려 줄래?"

아이들은 커다란 종이에 은행잎 가족이 사는 집을 그립니다. 집이 있으면 유치원도 있어야 하고 학교도 있어야겠지요. 학교까지 가려면 길

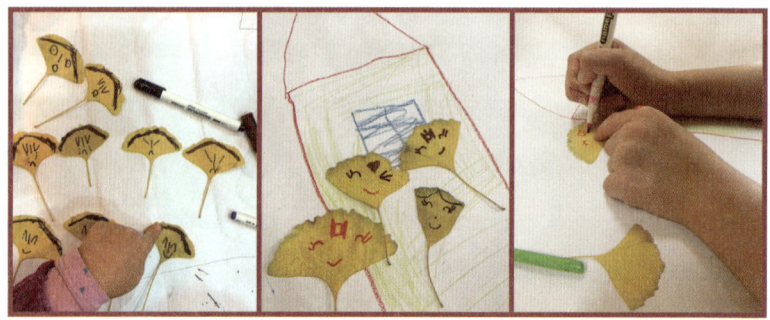

은행잎 하나하나의 표정을 보며 저는
아이들의 표정을 봅니다. 은행잎과 아이들은
정말 닮았습니다

도 있어야 하고, 학교 가는 도중에 놀이터도 있어야 합니다. 그렇게 있어야 할 것을 하나둘 그려 넣다 보면 커다란 종이에는 금세 북적북적한 마을이 만들어집니다. 가끔 무엇을 그려야 할지 몰라 저보고 그려 달라는 아이도 있는데 제가 그려 주면 아이 것이 되지 않습니다. 그럴 때는 우선 동그라미든 네모든 아주 간단한 모양을 그려 보도록 합니다. 그리고 칭찬을 해 주지요.

"와, 영민이는 집을 엄청 잘 그리는구나. 얘들아, 여기 봐 봐. 영민이 집은 동그란 집이야."

이렇게 조금만 거들어 주면 그다음부터는 제가 할 일이 없습니다. 아이는 쓱쓱쓱 태권도학원도 그리고 버스도 그리고 나무도 그립니다. 마을이 완성되었다면 이제 은행잎 차례입니다.

"얘들아. 이번에는 은행잎에다가 얼굴 표정을 그려 줄 거야. 은행잎은 나무에서 떨어졌을 때 기분이 어땠을까?"

제가 먼저 은행잎을 집어 들고 "너는 지금 기분이 어떠니?"라고 물어보면, 아이들도 저를 따라 은행잎을 집어 들고는 "너는 지금 기분이 어떠니?" 하고 물어봅니다. 은행잎은 저와 아이들에게 소곤소곤 다정하게 대답을 해 줍니다. 그러면 아이들은 은행잎에 얼굴 표정을 그려 주기 시작하지요. 웃는 은행잎, 우는 은행잎, 화난 은행잎, 무표정인 은행잎 등 표정은 모두 제각각이고, 웃는 표정 하나만 하더라도 똑같은 건 하나도 없습니다. 얼굴 표정을 그리면서 아이들은 은행잎마다 아빠, 엄마, 오빠, 형, 자기, 동생 등 역할을 부여합니다. 그리고 은행잎을 집어 들어 자신이 그린 길을 따라가며 유치원에도 가고 친구 집에도 가고 놀이터에도 갑니다. 이렇게 놀다 보면 수업 시간이 금세 다 지나가 버립니다. 저는 집에 돌아가는 아이들 손에 은행잎이 든 비닐봉지를 꼭 쥐어 줍니다.

"이제 이 은행잎 가족은 너희 집으로 가는 거야. 집에 가서도 잘 보살펴 줘야 해."

은행나무는 씨앗식물 가운데 가장 원시적인 무리에 속합니다. 은행나뭇과에는 오직 은행나무 1속 1종만 있으며, 우리가 보는 은행나무는 자연에서 저절로 자란 게 아니라 모두 심어서 가꾼 것입니다. 그런데 사람들은 길거리에 공원에 아파트 단지에 자기 마음대로 심어 놓고, 막상 은행나무가 자연의 섭리대로 잎과 열매를 떨어뜨리면 불평을 합니다. 이런 인간의 태도는 지구에 함께 사는 다른 생명에 대한 예의가 아닙니다. 고생대를 함께 지내 온 다른 나무들이 모두 화석으로 발견될 때 혼자 '살아 있는 화석'이라 불리며 번성해 온 이 고참 생명을 과연 인간처럼 지구에 발붙인 지 얼마 안 된 애송이 생명이 홀대해도 되는지 모르겠습니다.

그래서 저는 아이들과 은행잎 수업을 할 때면 자연의 순환 이야기를 들려줍니다. 가을이 되어 나뭇잎이 땅에 떨어지는 건 나무가 겨울을 준비하는 과정에서 생기는 자연스러운 일이고, 그 나뭇잎이 썩어 영양분이 되어서 다시 그 나무를 튼튼하게 해 준다고요. 물론 도시에서는 자연의 순환도 쉽지 않습니다. 아스팔트 바닥에서 이리저리 치이다가 쓰레기봉투에 들어간 은행잎은 잘게 부서진 데다 다른 쓰레기들과 섞여서 퇴비로도 쓸 수 없습니다. 결국 길가에 짐짝처럼 놓인 은행잎은 자연의 순환은커녕 불쌍하게도 쓰레기로 일생을 마칠 뿐입니다.

가을이면 떨어지는 은행나무 열매는 아마 앞으로도 도시 사람들에게 환영받지 못할 겁니다. 어쩔 수 없이 대부분의 은행나무 열매와 지저분해진 은행잎은 쓰레기봉투로 들어가겠지요. 하지만 그렇더라도 가을날 은행잎이 잔뜩 떨어진 길을 걷게 된다면 그냥 무심히 밟고 지나가지 말고 "노랗게 길을 물들여 줘서 고맙다" 하고 다정하게 인사해 보면 어떨까요. 은행 열매를 만나면 기겁을 하며 피하지만 말고 "너도 사람들에게 지청구 듣느라 고생이 많다" 하며 위로의 말도 전하고요. 모든 생명은 하나의 끈으로 이어져 있으니 떨어진 은행잎과 열매한테 예의를 갖추는 것이 결국 우리 스스로에게 예의를 갖추는 것이 아닐까 생각해 봅니다.

'개예쁘고' 단단한 알뿌리식물

아이들이 신기해하는 식물 가운데 튤립 알뿌리가 있습니다. 11월이 되면 꽃시장에 모습을 드러내는 튤립 알뿌리는 바깥에 심으면 땅속에서 추운 겨울을 보내고 이듬해 봄 5월쯤 꽃을 피웁니다. 하지만 화분에 심어 따뜻한 실내에 두면 봄이 온 줄 착각하고 빠르면 2월에도 꽃을 피웁니다. 일찍 모습을 드러낸 튤립 꽃은 '속았다!'라며 억울해하겠지요. 아이들에게 처음 튤립 알뿌리를 보여 주면 많은 아이가 밤이나 양파, 혹은 마늘이냐고 묻습니다. 저는 매정하게 '땡'을 외칠 수도 있지만 양파, 마늘과는 같은 백합과이므로 친척 사이라고 알려 줍니다. 그리고 활짝 핀 튤립 꽃 사진을 보여 줍니다.

나   이 동그란 갈색 덩어리에서 이 꽃이 피는 거야.
아이1   저 꽃 어디서 많이 봤는데.
아이2   저 알아요! 튤립이에요.

아이2   저도 놀이공원에서 봤어요.

아이3   정말 저기에서 그런 꽃이 나와요?

생김새가 생소해서일까요? 아이들은 씨앗에서 꽃이 피는 건 아무렇지도 않게 받아들이면서 알뿌리에서 튤립 같은 꽃이 핀다는 사실은 매우 신기해합니다. 밤톨처럼 생긴 이 생명체에는 분명 아이들의 호기심을 끄는 매력이 있나 봅니다.

'구근球根식물'이라고도 하는 알뿌리식물은 땅속에 있는 알처럼 생긴 덩어리에 양분을 저장합니다. 이 양분으로 싹을 틔우고 꽃을 피우며, 새로운 알뿌리를 만들어 내지요. 알뿌리는 이름만 보면 '알처럼 생긴 뿌리'로 생각하기 쉽지만, 반드시 그렇지는 않습니다. 달리아처럼 진짜로 뿌리가 뚱뚱해진 것(덩이뿌리)도 있지만 튤립이나 수선화, 백합처럼 짧아진 줄기를 뚱뚱해진 잎이 감싸고 있는 것(비늘줄기)도 있습니다. 또한 글라디올러스나 프리지어처럼 줄기가 짧아지고 뚱뚱해진 것(둥근줄기)도 있으며, 아네모네나 시클라멘처럼 땅속의 줄기 끝부분이 뚱뚱해진 것(덩이줄기)도 있습니다. 편의상 모두 알뿌리라고 부르는 것뿐입니다.

알뿌리식물은 대개 봄에 심는 것과 가을에 심는 것으로 나눕니다. 봄에 심는 알뿌리는 칼라, 달리아, 글라디올러스 등으로, 여름과 가을에 걸쳐서 꽃을 피웁니다. 반면 가을에 심는 알뿌리는 튤립을 비롯해 아네모네, 백합, 수선화, 크로커스, 무스카리, 히아신스 등 종류가 매우 많은데, 이듬해 봄에 꽃을 피웁니다. 알뿌리식물은 여러해살이풀이므로 한번 꽃을 피

1 2 3

1 가을에 심는 튤립 알뿌리
2 튤립 알뿌리에서 싹이 난 모습
3 봄에 꽃이 피는 튤립

1 2 3

1 봄에 심는 글라디올러스 알뿌리
2 여름에서 가을에 꽃이 피는 글라디올러스
3 여름에서 가을에 꽃이 피는 달리아

웠다면 꽃이 시든 다음에도 죽지 않습니다. 꽃이 진 다음에도 잎으로 부지런히 광합성을 해서 알뿌리에 양분을 모읍니다. 땅속의 알뿌리는 계속 살아서 새끼 알뿌리를 만들고 또다시 꽃 피울 준비를 하지요.

물론 알뿌리식물도 원산지에서 자라는 어떤 원종原種(개량하지 않은 원래 품종)은 꽃에서 씨앗을 떨어뜨려 새싹을 틔우기도 한다고 합니다. 하지만 거의 모든 알뿌리식물은 이 방법보다는 새끼 알뿌리를 만들어 번식을 합니다. 도대체 왜 이런 번식 방법을 택한 걸까요? 그 이유는 원래 알뿌리식물이 살던 원산지의 환경을 살펴보면 짐작할 수 있습니다.

예를 들어 가을에 심는 알뿌리식물 중에는 지중해 연안에 자생하고 있는 것들이 많은데요, 이 지역은 여름에는 세 달가량 비가 내리지 않는 고온 건조한 날씨가 계속되어 거의 사막 상태가 됩니다. 풀들은 대부분 시들어 버리지요. 이 고온 건조한 때를 살아남기 위한 방법은 단 하나, 바로 땅 위 부분은 시들게 두고 땅속에 양분을 저장한 채 가만히 있는 겁니다(휴면). 그리고 가을이 되어 기온이 내려가고 비가 오면 그때까지 저장해 놓은 양분을 모두 사용해서 재빨리 뿌리를 내고 싹을 틔운 뒤, 봄에 일제히 꽃을 피우는 거지요. 이때부터 알뿌리식물은 꽃과 알뿌리가 양분을 효율적으로 나눠 씁니다. 땅속 부분이 땅 위 부분보다 약간 늦거나 거의 비슷한 속도로 자라면서 새끼 알뿌리를 만들기 시작하지요. 그리고 곧이어 꽃이 시들 무렵부터는 땅속에서 흡수하는 영양분과, 줄기와 잎이 광합성으로 만든 전분으로 알뿌리를 뚱뚱하게 만듭니다. 마치 동물들이 겨울잠을 자기 전에 많이 먹어서 몸을 뚱뚱하게 만드는 것과 같은 이치입니다.

늦가을의 꽃시장에서 이듬해 봄에 꽃을 피울 알뿌리들을 만날 수 있다면, 봄의 꽃시장에서는 알록달록 꽃이 피어 있는 알뿌리식물을 만날 수 있습니다. 히아신스부터 수선화, 아네모네, 크로커스, 무스카리, 튤립 그리고 백합까지 어쩌면 봄의 주인공은 알뿌리식물들일지도 모르겠습니다. 사람들은 알뿌리식물의 꽃을 보며 미소를 짓고, 사진을 찍고, 마음에 드는 꽃을 사서 가족과 함께 아름다움을 나눕니다. 저 또한 튤립의 환한 빨간색도 좋아하고 히아신스의 달콤한 향기도 좋아합니다. 무스카리의 귀여운 생김새도 좋아하고, 백합의 고상해 보이는 느낌도 좋아합니다.

작달막한 키에 노랗게 빛나는 수선화를 보고 있으면 언젠가 만난 어떤 아이들이 떠오르기도 합니다. 그 아이들은 가정 폭력으로 집에 있을 수 없어 일정 기간 동안 시설에서 보호를 받는 아이들입니다. 저는 그 시설을 운영하는 분과 인연이 되어 해마다 일 년에 두세 번 그곳을 찾아 가고 있는데, 단기보호시설이다 보니 제가 몇 개월 만에 찾아가면 전에 있던 아이들이 없는 경우가 많습니다. 다른 시설로 옮겨갔거나 집으로 돌아간 거지요. 몇 개월 전 아이들이 심은 식물은 그대로 있는데, 그 아이들은 없는 상황이 저는 늘 당혹스럽습니다.

언젠가 그 아이들과 식물을 심을 때였습니다. 준비해 간 화분에 수선화와 여러 관엽식물을 심고 있는데, 중학교 3학년 여학생 하나가 식물들을 보며 연신 '개예쁘다'를 반복했습니다. 그 모습을 보며 저도 식물을 가져간 보람이 느껴져 매우 흐뭇했지요. 그런데 수업이 끝나고 그 자리에 함께 있던 시설 관계자 분이 이런 말씀을 하셨습니다.

"저는 아까 은서가 계속 식물들을 만지며 예쁘다고 하는데 마음이 짠했어요. 본인은 계속 폭력적인 환경 속에서 살아와서 예쁘다는 말을 한 번도 들어 본 적이 없었을 거거든요. 그런데 식물에게 그런 표현을 할 수 있는 걸 보고, 저 아이 마음속에 고운 감성이 숨어 있다는 걸 새삼 알았어요. 충분히 표현할 수 있고 또 그런 대접을 받아야 하는 아이인데…."

수선화와 관엽식물을 보며 '개예쁘다'를 반복하던 은서, 그 아이는 아직 세상을 20년도 못 살았지만 아마 웬만한 어른보다 마음고생을 많이 하고 힘든 일도 많이 겪었을 겁니다. 지금은 어디에서 어떻게 지내고 있을까요? 봄날 활짝 피어 있는 수선화를 볼 때마다 유독 그 아이가 더 많이 떠오르는 건 수선화와 그 아이의 삶이 비슷하게 느껴지기 때문입니다. 먼 옛날 수선화는 지중해 연안의 혹독하고 거친 환경에 놓여 있었지만, 양분을 모아 알뿌리를 살찌우고 새끼 알뿌리를 만들어 내며 지금까지 버텨 왔습니다. 은서 또한 지금 어디선가 뜨거운 햇볕을 쬐고 거친 바람을 맞으며 힘들게 버티고 있을지 모릅니다. 하지만 그 수많은 어려움이 양분이 되어서 은서의 삶을 지탱해 줄 튼튼한 알뿌리가 만들어질 거라고 믿고 싶습니다. 그래서 싹을 틔우고 줄기와 잎을 내다가 드디어 어느 날 수선화는 비교도 안 될 만큼 '개예쁜' 꽃을 분명히 활짝 피울 거라고 말입니다.

그러고 보면 알뿌리식물의 진짜 매력은 그 어느 하나 부족함 없어 보이는 아름다운 꽃이 아니라 온갖 세상 풍파에도 끄떡없을 것 같은 밤톨처럼 단단한 알뿌리에 있다는 생각이 듭니다.

겨울 *Winter*

11월이 되어 찬바람이 불기 시작하면 유치원 마당의 화분에 심었던 국화들은 모두 시들어 버립니다. 이 시기가 되면 꽃시장도 슬슬 겨울 준비를 시작합니다. 노지에 남아 있는 거라곤 남천과 꽃양배추 그리고 가을에 심는 알뿌리 정도입니다. 어딘지 모르게 쓸쓸한 느낌이 들기도 하지만, 저는 한산한 느낌의 꽃시장을 돌아다니는 것도 좋습니다.

겨울 느낌

　　11월이 되어 찬바람이 불기 시작하면 유치원 마당의 화분에 심었던 국화들은 모두 시들어 버립니다. 시든 국화를 뽑아 내니 마당은 텅 비어 버리고, 이제 내년 봄에 새로운 꽃들을 맞이할 때까지 겨울잠을 자며 기다려야 합니다. 아이들과 하는 수업도 바깥에서 교실로 자리를 옮깁니다. 저는 겨울의 느낌을 잘 살릴 수 있는 식물들을 찾아 꽃시장에 갑니다.

　　이 시기가 되면 꽃시장도 슬슬 겨울 준비를 시작합니다. 온실 밖에는 비닐을 덧대어 추위 막는 공사를 하고, 노지 매장에 그렇게 많이 나와 있던 국화들은 모두 자취를 감춥니다. 노지에 남아 있는 거라곤 남천과 꽃양배추 그리고 가을에 심는 알뿌리 정도입니다. 어딘지 모르게 쓸쓸한 느낌이 들기도 하지만, 저는 한산한 느낌의 꽃시장을 돌아다니는 것도 좋습니다. 온실에 들어가 봅니다. 온실 문을 열고 들어서자마자 습하고 따뜻한 공기와 갖가지 식물의 향기가 뒤섞여 제 코로 들어옵니다. 한산한 바깥에 비해 온실은 제법 북적거립니다.

꽃시장에서 손님을 기다리는 대표적인 겨울 식물은 뭐니 뭐니 해도 포인세티아입니다. 포인세티아는 '크리스마스 플라워'라고 불릴 정도로 크리스마스에 잘 어울리는 식물입니다. 그래서 몇 해 전까지만 해도 날이 쌀쌀해지기 시작하면 꽃시장을 빨갛게 뒤덮었고, 도심 이곳저곳에서 크리스마스 분위기를 흠뻑 느끼게 해 주었습니다. 그런데 언제인가부터 포인세티아의 인기가 예전만 못해진 것 같습니다. 품종은 더욱 다양해져서 꽃턱잎의 색깔도 빨강뿐만 아니라 노랑, 분홍까지 있는데, 꽃시장을 차지하는 포인세티아의 수는 전보다 적어 보입니다. 이유가 무엇일까요? 꽃시장의 여러 매장에 물어본 결과, 키우기가 어렵다 보니 사 가는 사람이 줄었기 때문이라고 합니다.

　포인세티아는 다른 식물들보다 꽤 예민한 성격의 소유자입니다. 햇볕도 잘 쬐어 주고 물도 잘 주었는데, 어느 날 갑자기 잎이 노랗게 되고 마르면서 뚝 떨어지는 일이 생깁니다. 분명 이유는 있을 텐데 찾아내기가 쉽지 않습니다. 무사히 겨울을 넘겨도 마찬가지입니다. 포인세티아는 단일식물短日植物, 즉 낮의 길이가 짧아지고 밤의 길이가 길어질 때 꽃이 피는 식물이라서 빛 조절을 잘해 주어야 계속 빨간색 꽃턱잎을 볼 수 있습니다. 하지만 일반 가정에서 빛 조절을 잘하기는 어렵습니다. 저도 일정 기간 검은 봉지를 씌워 놓고 빛의 양을 조절해 보려 했지만 실패했습니다. 그래서 겨울과 크리스마스를 상징하는 식물임에도 불구하고 포인세티아로 수업하는 게 늘 머뭇거려집니다. 왠지 아이들의 집에 갔다가 얼마 안 되어 죽을 것 같기 때문입니다. 포인세티아에게는 미안할 따름입니다.

율마 또한 겨울에 어울리는 식물입니다. 안데르센의 동화 『전나무』에 나오듯 얼마 전까지도 서양에서는 진짜 전나무를 잘라 크리스마스트리를 만들었습니다. 하지만 한 번 쓰고 버려지니 전나무에게 너무 미안한 일이지요. 그래서 요즘 서양에서는 전나무 대신 율마로 크리스마스트리를 많이 만듭니다. 화분에 심으면 크리스마스가 지나고 계절이 바뀌어도 계속 키울 수 있고, 이듬해 크리스마스 때 다시 쓸 수 있으니까요. 저도 12월에는 꽃시장에서 사온 율마로 아이들과 크리스마스트리를 만듭니다. 아이들에게 율마를 하나씩 나눠 주고 나면 우선 아래에서 위로 살살 잎을 쓰다듬으며 어떤 향기가 나는지 맡아 보라고 합니다.

　　나　　율마에서 나는 향기는 '피톤치드'라고 해. 어때, 향기 좋지 않니?
　　아이1　아니요. 이상한 냄새가 나요.
　　아이2　우웩, 냄새가 고약해요.
　　아이3　모기약 냄새 같아요.

　　저는 율마의 향기가 좋기만 한데 아이들은 아닌가 봅니다. 율마는 햇볕을 좋아하는 식물입니다. 따라서 되도록 실내의 밝은 곳에 놓는 게 좋습니다. 율마를 키울 때 가장 조심할 점은 '갈변 현상'입니다. 잎이 갈색으로 변하고 가시처럼 딱딱해지는 현상인데요, 물과 통풍 관리를 잘못하거나 가위로 함부로 가지를 잘라 생장점을 다치게 했을 때 생기기 쉽습니다. 한 군데 잎이 갈색으로 변하기 시작하면 걷잡을 수 없이 퍼져 나가므로 조

1	2
3	4

1 포인세티아 *Euphorbia pulcherrima*
2 율마 *Cupressus macrocarpa*
3 시클라멘 *Cyclamen persicum*
4 꽃양배추 *Brassica oleracea*

심해야 합니다. 저 또한 갈변 현상으로 율마를 여러 번 죽이기도 했지만, 5년 넘게 키운 적도 있습니다. 매일 잎을 쓰다듬어 주고 살펴보면서 애지중지 키운 결과였지요. 그리고 보면 율마는 처음에는 까다로워 보여도 한번 마음이 통하면 오랫동안 우정을 나눌 수 있는 좋은 친구 같다는 생각이 듭니다.

어쩌다 보니 키우기 어려운 식물 이야기만 한 것 같습니다. 그렇다고 겨울에 키우는 식물이 포인세티아와 율마처럼 어려운 종류만 있는 건 아닙니다. 늦가을부터 겨우내 꽃시장에서 볼 수 있는 시클라멘은 키우기도 쉽고 꽃을 오랫동안 볼 수 있어서 좋고요, 비슷한 시기에 나오는 천량금 또한 빨간 열매가 주렁주렁 달린 모습이 겨울에 잘 어울립니다. 꽃양배추(꽃배추라고도 합니다)도 겨울 하면 빼놓을 수 없는 식물인데, 잎사귀의 생김새나 색깔이 예뻐서 정말 커다란 꽃을 보는 것 같습니다. 하나보다는 여러 포기가 모여 있을 때 훨씬 예쁘니 마음에 드는 품종을 여럿 골라 모아 심으면 좋습니다. 이 밖에도 대부분의 관엽식물은 실내에만 둔다면 겨울에도 여전히 잘 자랍니다. 그 가운데 굳이 하나를 고르자면 아이비를 들 수 있습니다. 아이비는 덥고 습한 여름에는 잎이 물러서 썩기 쉽지만, 겨울에는 물만 말리지 않으면 쑥쑥 잘 자라고 새잎도 잘 내서 겨울 수업에 쓰는 식물로 아주 좋습니다.

크리스마스를 앞두고 아이들과 율마와 아이비를 한 화분에 모아 심어서 크리스마스트리를 만들어 봅니다. 율마는 측백나뭇과, 아이비는

율마 트리   아이비와 율마를 함께 심은 모습

두릅나뭇과로 둘 다 나무이지만 자라는 성질은 전혀 다릅니다. 율마는 상록교목으로 하늘을 향해 위로 자라고, 아이비는 덩굴식물로 붙잡을 게 없으면 아래로 늘어지며 자랍니다. 하지만 공통점이라곤 하나도 없는 것 같은 두 나무가 막상 한 화분에 들어가 있으면 의외로 잘 어울리고 보기 좋습니다. 심을 때는 덩치가 큰 율마를 먼저 빈 화분에 넣어 자리를 잡고 나머지 빈 공간에 아이비를 채워 넣으면 됩니다. 아이비는 모종 포트 하나에 여러 포기가 들어 있으므로, 포기를 나누어 화분 이곳저곳에 심어도 보기 좋습니다.

    아이들은 화분에 율마와 아이비를 심을 때까지만 해도 큰 반응이 없다가, 율마 가지에 조그만 방울을 달고 반짝이는 줄을 두르면서 표정이 환해집니다. 가끔 욕심을 내어 방울을 너무 많이 달려는 아이가 있는데, 율마가 힘들어할 거라고 말해 주면 금세 멈춥니다. 아마 크리스마스 때 선물을 받으려면 착한 아이가 되어야 하기 때문인가 봅니다.

　　　율마와 아이비로 정성껏 만든 화분은 겨우내 아이 가정에서 가족과 함께 지내며 식구들의 웃는 모습도 보고 우는 모습도 볼 겁니다. 그리고 추운 겨울 따뜻한 집 안에서 물과 햇볕을 먹으며 쑥쑥 자라나겠지요. 한 화분에 사는 율마와 아이비가 '나무'라는 것 말고는 전혀 공통점이 없는 것처럼 한집에 사는 가족도 같은 공간에서 산다는 것 말고는 전혀 공통점이 없을 수 있습니다. 하지만 율마와 아이비가 그렇듯이 아이도 어른도 함께 어우러지며 쑥쑥 잘 자라면 좋겠습니다. 저 또한 겨울이 되어 아이들과 함께 보낸 한 해를 되돌아보면 시든 꽃처럼 축 늘어졌던 기억도 나고 뜨거운 햇볕을 받아 숨 쉬기 힘들었던 기억도 나지만, 그래도 결국은 나이테가 하나 더 그어진 나무처럼 조금은 더 자라고 단단해진 것 같아 기분이 좋습니다.

'강한 공룡'과 '약한 공룡'을
이어 주는 빨간 열매

　　제가 어릴 때만 해도 우리는 단군의 자손이며 반만년 넘게 단일 민족을 유지한 사실에 긍지를 갖도록 배웠습니다. 음악 시간에는 동요 〈서로서로 도와 가며〉의 마지막 가사 "우리는 한겨레다, 단군의 자손이다"를 힘차게 부르기도 했습니다. 하지만 2006년 정부에서 처음으로 다문화가족 사회통합정책을 시행하고, 2008년에는 '다문화가족지원법'이 발효되면서 대한민국은 공식적으로 다문화 사회에 들어섰습니다. 요즘은 매스컴에서도 다문화 가정 이야기가 많이 나오고, 저에게도 다문화 가정을 대상으로 하는 수업 의뢰가 제법 들어옵니다. 혹자는 '다문화'라는 단어를 쓰는 것 자체가 차별 아니냐고도 하지만, 아직 다문화와 친해진 지 얼마 안 된 우리에게는 좀 더 시간이 필요한 것 같습니다. 세월이 흘러 언제인가는 다문화라는 단어가 자연스레 사라질 날이 오겠지요.

　　그렇다면 다문화를 자연스러운 흐름으로 받아들여야 할 이 시대에 우리에게 가장 중요한 것은 무엇일까요? 저는 '다름'을 인정하는 마음가

짐이라고 생각합니다. 생김새가 다르고 문화가 다르다고 밀쳐 내는 게 아니라, 먼저 두 팔을 벌리고 끌어안아 주는 것이지요. 미야니시 타츠야宮西達也의 '고 녀석 맛있겠다' 시리즈는 아이들에게 그런 마음가짐을 알려 주는 매우 좋은 그림책입니다. 이 시리즈에는 매 권마다 강한 공룡과 약한 공룡이 한 마리씩 주인공으로 나오는데, 강한 공룡은 늘 약한 공룡을 잡아먹으려 합니다. 하지만 어쩌다 보니 강한 공룡은 약한 공룡과 친구가 되어서 도와주고, 심지어 어느 권에서는 도와주다가 죽기까지 합니다.

그런데 이 그림책 시리즈에는 한 권도 빠짐없이 강한 공룡과 약한 공룡을 이어 주는 매개물이 등장합니다. 바로 '빨간 열매'입니다. 빨간 열매는 처음에는 약한 공룡의 먹이입니다. 강한 공룡은 육식 공룡이므로 빨간 열매를 먹을 이유가 없지요. 하지만 빨간 열매에는 병을 고칠 뿐만 아니라 마음씨를 상냥하게 만들어 주는 놀라운 힘이 있습니다. 그래서 강한 공룡이 어쩌다 빨간 열매를 먹는 순간 둘 사이에 변화가 생깁니다. 단순히 포식자와 피식자 관계에서 서로의 삶을 걱정해 주고 응원해 주는 친구 사

미야니시 타츠야, '고 녀석 맛있겠다' 시리즈 중 『널 만나서 정말 다행이야』(달리, 2014), 『나는 당신을 믿어요』(달리, 2015)

이로 바뀝니다. 저는 이 그림책을 읽어 준 다음 약한 공룡이 강한 공룡에게 주었듯 아이들에게 빨간 열매를 선물합니다.

나 선생님이 너희한테 주려고 공룡들이 먹었던 빨간 열매를 갖고 왔어.
아이1 정말요? 거짓말이죠?
나 진짜야. 지금 가방 속에 있는데 꺼내 볼까?
아이들 (웅성웅성) 진짜예요? 거짓말하지 마세요!

제가 아이들 앞에 꺼내 놓는 것은 빨간 열매가 주렁주렁 달린 천량금입니다. 천량금을 받아 든 아이들은 호기심 어린 눈으로 빨간 열매를 쳐다보고 만져 봅니다. 그리고 많은 아이가 저에게 이렇게 말합니다.

"선생님, 이거 먹어 봐도 돼요?"

천량금은 11월쯤 되어 찬바람이 불 때면 꽃시장에 모습을 드러냅니다. 11월에는 아직 열매가 초록색인 경우도 있지만 점점 물이 들어 새빨갛게 됩니다. 천량금('자금우'라고도 합니다)에게는 비슷하게 생긴 친구 식물들도 있습니다. 백량금('만량금'이라고도 합니다)과 산호수입니다. 둘 다 천량금처럼 빨간 열매가 달려서 언뜻 보면 구분하기 어렵지만, 자세히 살펴보면 다른 점이 있습니다. 우선 백량금은 잎이 길쭉하고 색깔이 짙으며 테두리가 물결무늬입니다. 이에 반해 천량금과 산호수는 잎사귀가 동그랗고 테두리가 톱니무늬이지요. 자라는 모습도 다릅니다. 백량금과 천량금이 줄기를 위로 뻗으며 자라는 반면, 산호수는 줄기가 아래로 늘어집니다. 그래서 벽

백량금(만량금)　　　　　산호수

이나 천장에 거는 화분에 심는 경우가 많지요. 하지만 이런 차이에 관계없이 세 식물 다 자금우과科이므로 성질이 비슷해서 키우는 방법은 같습니다. 햇볕을 많이 쬐어 주고 흙이 바싹 말랐을 때 물을 듬뿍 주면 됩니다. 세 식물 가운데 제가 백량금이나 산호수가 아닌 천량금으로 수업을 하는 이유는 단 하나, 천량금이 아이들과 수업하기 적당한 작은 크기로 많이 나오기 때문입니다.

　돌이켜 보면 저는 이제껏 그림책 '고 녀석 맛있겠다' 시리즈와 천량금의 빨간 열매 덕분에 참으로 많은 아이들과 즐거운 시간을 보냈습니다. 그때마다 아이들은 늘 저에게 놀라운 깨우침을 주었는데요, 유난히 기억에 남는 두 수업을 소개합니다.

　먼저 소개할 수업은 유치원에서 3~5세 아이들과 했던 것입니다. 천량금을 아이들에게 가져갈 때면 열매가 달리기 전에 그 자리에는 무엇이 있었는지, 꽃이 피었다면 무슨 색깔이었는지, 식물 열매는 왜 빨간 색깔이 많은지 등등 알려 주고 싶은 내용이 많습니다. 하지만 제가 무슨 말을 해도 아이들의 관심은 앞에 보이는 빨간 열매뿐입니다. 제가 하는 말은 귀에 들어오지 않습니다. 그날도 마찬가지였습니다. 천량금을 뚫어져라 쳐다보던 한 아이가 말했습니다.

"선생님, 이 열매 맛있어요?"

열매를 맛보는 건 식물을 느끼는 좋은 방법입니다. 저는 각자 자신의 천량금에서 가장 빨간 열매를 하나씩 따도록 했습니다. 그리고 손톱으로 껍질을 조금 벗긴 다음, 알맹이에 살짝 혀끝을 대고 맛을 보도록 했습니다. 맛이 있었을까요? 아이들은 모두 '우웩' 하며 인상을 찌푸렸습니다.

"이건 과일이 아니니까 맛없는 게 당연한 거야. 하지만 선생님은 달콤한 게 사과 맛도 좀 나는 것 같은데."

제 말을 듣고 다시 냄새를 맡아 본 아이들은 정말 사과 향기가 나는 것 같다며 신기해했습니다. 저는 아이들과 천량금을 새 화분에 옮겨 심고 키우는 법까지 알아보았습니다. 그리고 마무리 시간이 되었습니다.

나	얘들아, 아까 선생님이 천량금 열매에서 사과 향기 같은 게 난다고 했잖아. 근데 사과를 영어로 뭐라고 부르는지 아니?
아이들	(기다렸다는 듯이) 애플이요!
아이1	선생님, 그런데 일본말로 사과가 뭔지 아세요?
나	그건 선생님도 알고 있어. '링고' 맞지?

아이2	그럼 중국말로는 사과가 뭘까~~~요?
나	음, 모르겠는데.
아이2	핑궈.
나	뭐라고?
아이2	'핑궈'요.
나	사과는 영어로는 애플, 일본어로는 링고, 중국어로는 핑궈구나. 재밌다.
아이3	(내 귀에 입을 대고 속삭이듯) 베트남 말로는 사과를 '따오'라고 해요.

　　아이들과 나눈 대화가 너무 재미있어서, 저는 수업이 끝나고 원장님에게 대화 내용을 그대로 전해 드렸습니다. 그러자 원장님은 수업한 아이들 모두 다문화 가정인데, '다문화'를 주제로 수업할 게 아니라서 굳이 저에게 안 알려 주셨다고 했습니다. 외모나 말투에서 전혀 차이가 나지 않아 저는 전혀 눈치채지 못했던 겁니다. 사과, 애플, 링고, 핑궈, 따오. 부르는 이름은 다 달랐지만 아이들이 말한 건 모두 똑같은 사과라는 사실을 저는 그날 빨간 열매 덕분에 다시 한번 깨달았습니다.

　　두 번째로 소개할 수업은 초등학교 5학년 한 학급(25명)과 함께한 수업입니다. 같은 천량금으로 수업을 해도 유치원생에 비해 초등학생에게는 좀 더 깊은 식물 정보와 관련 지식을 알려 주고 싶습니다. 그래서 저는 A4 용지로 아코디언 북을 만들어 아이들에게 나누어 줍니다. 책의 제목은

'나만의 식물도감'입니다. 거기에는 식물의 이름, 고향, 수명, 생김새의 특징을 적는 난도 있고, 식물의 잎과 뿌리를 직접 보면서 따라 그려 넣는 공간도 있습니다. 앞표지에는 자신의 이름과 나이, 자신이 정한 출판사 이름을 적고, 뒤표지에는 본인이 정한 식물도감의 가격을 적고 바코드도 그려 넣습니다. 그날 제가 찾아간 초등학교는 유난히 다문화 가정의 비율이 높은 곳이었습니다. 그래서 수업 의뢰를 받을 때 그 아이들을 좀 더 관심 있게 지켜봐 달라는 이야기도 들은 상태였습니다.

저는 '고 녀석 맛있겠다' 시리즈 가운데 한 권을 읽어 준 다음 아이들에게 천량금을 하나씩 나눠 주고 '나만의 식물도감'을 만들기 시작했습니다. 제가 천량금의 기본 정보를 하나씩 불러 주고 아이들은 자신의 식물도감에 받아 적었습니다.

나   너희들 고향이 뭔지 알지? 고향은 자신이 태어난 곳이나 조상들이 살던 곳을 뜻해. 천량금의 고향은 어디냐면 '우리나라'야. 자, 고향이라고 적힌 옆에 '우리나라'라고 적으면 돼.

아이1   (손을 번쩍 들고) 선생님! 여기서는 우리나라라고 하면 안 돼요. 대한민국이라 해야지요.

나   (매우 당황해서) 미안, 미안, 선생님이 잘못했다. 천량금의 고향은 대한민국이야. 고향이라고 적힌 옆에 '대한민국'이라고 적어. '우리나라'라고 적지 말고.

아이들은 이미 상냥한 마음씨를 갖고 있으므로
굳이 티라노사우루스처럼 천량금의 빨간
열매를 먹을 필요가 없습니다

아차 싶었지만 이미 늦었습니다. 저에게는 당연한 '우리나라'가 이 교실에 있는 많은 아이에게는 당연하지 않다는 사실을 잊고 있었던 겁니다. 하지만 어쩌면 그건 실수가 아니었을지도 모릅니다. 겉으로는 다름을 인정하고 상대를 배려하는 척하면서, 실제로 제 내면에는 아직 그런 마음가짐이 갖춰져 있지 않았던 거지요. 아이들은 별 신경을 쓰지 않았을지 모르지만, 저는 그날 수업 내내 천량금의 빨간 열매처럼 얼굴이 붉어져 있었습니다.

강한 공룡 티라노사우루스의 병을 고쳐 주고 마음을 상냥하게 만들어 준 빨간 열매, 여러분은 먹어 보고 싶지 않으신가요? 사실 천량금의 열매는 조그만 데다가 관상용인지라 먹을 것도 없고 맛도 없습니다. 하지만 하나 정도 따서 껍질을 벗기고 살짝 혀를 대 보면 떫고 시큼하고 달콤한 맛이 입 안에 퍼집니다. 혹시 또 아나요? 피부색, 언어, 종교와 사상 그리고 가진 재물이 다르다고 서로 차별하며 비정상적인 행동을 하는 지금의 인간들을 조그만 빨간 열매 한 알이 정상으로 바꿀 수 있을지도 모를 일입니다. 그런 기적을 바라며 저는 앞으로도 계속 수업에 빨간 열매가 주렁주렁 달린 천량금을 가져갈 생각입니다.

식물의 시간, 나의 시간

　예닐곱 살 정도 아이들은 아직 나이나 수명에 대한 개념이 명확하지 않습니다. 그래서 제가 몇 살까지 살고 싶으냐고 물어보면 '천 살이요', '만 살이요', '억 살이요'라고 대답합니다.
　"우진이가 천 살까지 살면 그때는 가족들은 다 죽고 아는 사람이 아무도 없을 거야. 그래도 괜찮아?" 하고 물으면 그게 무슨 뜻인지 정확히 이해 못 하는 표정을 지으며, 친구들이 있으니까 상관없다고 말합니다. 죽음을 이해하기에는 아직 너무 어린 나이이니 당연한 일이지요. 하지만 아이의 이해 여부와 관계없이 살아 있는 것은 모두 죽습니다. 식물도 예외는 아닙니다. 그때가 언제인지 정확히 알 수는 없지만 식물 또한 때가 되면 죽습니다. 아이들과 식물을 심다 보면 자주 듣는 말이 있습니다.
　"이 식물은 지금 몇 살이에요?"
　"이 식물은 몇 살까지 살아요?"
　눈앞의 식물이 지금 몇 살인지 저도 정확히는 모릅니다. 갈색 모종 화분에 들어 있는 식물들은 대개 농장에서 씨앗이나 잎꽂이, 꺾꽂이로 키운 지 얼마 안 되었으니 대부분 지금 나이는 한 살일 겁니다. 다만 타고난 수명은 식물마다 다르니 나무와 풀로 나눠서 설명해 줍니다.

나 너희 '소나무' 아니?

아이1 알아요. 솔방울 달리는 나무예요.

나 맞아. '남산 위에 저 소나무 철갑을 두른 듯' 우리나라 애국가에도 나오는 나무지. 그런데 소나무는 과연 몇 살이나 살 수 있을까?

아이2 백 살이요.

아이3 천 살이요.

나 지금부터 약 550년 전에 임금님이 보은이라는 마을에 가마를 타고 오셨대. 그런데 어느 소나무 밑으로 지나가려는데 가마가 나뭇가지에 걸릴 것 같은 거야. 그때 이 소나무가 스스로 가지를 위로 들어 올려서 가마가 지나가게 했대. 참 신기하지? 그래서 이 나무를 기특하게 여긴 임금님이 나무에게 '정이품'이라는 벼슬을 내렸고, 그때부터 이 소나무는 '정이품송'이라고 불리게 되었대.

아이4 그 나무가 지금도 있어요?

나 당연하지. 보은이란 마을에 가면 지금도 볼 수 있어. 아무튼 정이품송 소나무는 그때부터 지금까지 계속 살아 있으니 아마 600살은 되었을 거야.

아이 그 나무가 제일 오래 산 거예요?

충북 보은군 속리산면의
정이품송

나   아니, 나무들은 다 오래 살아. 정이품송 소나무보다 더 오래 산 나무들도 많아. 경기도 양평의 용문사라는 절 마당에서 자라는 은행나무는 천 살도 넘었대.

나무에 비해 풀은 수명을 알려 주기가 좀 복잡합니다. 예를 들어 한해살이풀은 아무리 물을 열심히 주고 잘 보살펴 주어도 한 살밖에 못 산다고 하면 아이들은 왜 그러냐고 묻습니다. 물론 답은 그 풀에 생명을 부여한 조물주만 알고 있겠지요. 대답이 궁한 저는 반려동물을 예로 듭니다.

"예전에 선생님 집에서 '루비'라는 햄스터를 키웠어. 선생님은 처음에는 루비를 별로 안 좋아했어. 매일 밤 자기 집 창살을 이빨로 갉아서 시끄럽게 하고, 틈만 나면 도망쳐서 잡기 힘들었거든. 근데 키우다 보니까 점점 예뻐지더라. 그래서 매일 쓰다듬어 주고 밥도 줬는데, 글쎄 루비가 두 살밖에 못 살고 죽은 거야. 알고 보니 햄스터는 두 살만 되어도 할머니래. 그러니까 루비는 두 살이지만 할머니가 되어서 하늘나라에 간 거지. 사람은 두 살이면 아직 아기인데 햄스터는 두 살이면 벌써 할머니라는 게 참 신기하지 않니?"

제 이야기를 듣고 아이들은 자기 집에서 키우던 개나 고양이가 몇 살에 죽었는지 이야기하기 시작합니다.

"우리 집 개는 열일곱 살에 할아버지가 되어서 죽었어요."

"우리 집 고양이는 아홉 살이었는데 아파서 죽었어요."

저는 사람, 개, 고양이뿐만 아니라 모든 생명에게는 주어진 수명이 있다고 말하면서, 아이들에게 친근한 풀들로 '한해살이풀', '두해살이풀', '여러해살이풀'을 알려 줍니다. 한 해만 살고 죽는 한해살이풀은 강아지풀을, 태어나서 한 해를 넘기고 이듬해에 죽는 두해살이풀은 배추를, 잎과 줄기는 시들지만 뿌리가 살아남아서 여러 해를 계속 사는 여러해살이풀은 민들레를 가장 많이 예로 듭니다. 하지만 그런다 한들 주어진 수명이 다른 식물의 세계를 아이들이 온전히 이해할 수 있을까요? 당연히 어렵습니다. 그래서 아이들과 나누는 식물의 수명 이야기는 늘 재미있으면서도 심오합니다. 언제인가 마리골드를 심으며 아이와 나누었던 대화 한 토막을 소개합니다.

아이   선생님, 이 꽃은 몇 살이에요?

나   은정이는 지금 일곱 살이지? 그런데 이 마리골드는 아직 한 살도 안 됐어.

아이   그럼 제가 언니예요?

나   나이로는 당연히 그렇지. 그런데 마리골드는 한 살밖에 못 살고 죽는대.

마리골드를 심는 아이들

아이	제가 잘 보살펴 줘도 한 살밖에 못 살아요? 물을 잘 줘도요?
나	응. 마리골드는 태어날 때부터 한 살만 사는 거로 정해져 있어서 그래. 하지만 은정이 마리골드만 그런 게 아니라 다른 친구들 것도 다 똑같아. 한 살 생일이 될 때쯤이면 이미 할아버지 할머니야.
아이	그럼, 지금 마리골드는 어른이에요?
나	그치. 꽃을 피웠다는 게 어른이 되었다는 표시야.
아이	저는 일곱 살인데도 아직 아이인데.

 일본의 생물학자 모토카와 다쓰오本川 達雄는 『코끼리의 시간, 쥐의 시간』(김영사, 2018)이라는 책에서 코끼리와 쥐는 수명이 다르지만, 평생 뛰는 심장 박동수가 비슷하므로 결국 똑같은 시간만큼 살다가 죽는 셈이라고 말합니다. 물리적인 수명은 다르지만 코끼리와 쥐가 느끼는 수명의 길이는 같다는 거지요.

 여러분은 마리골드처럼 활짝 핀 꽃을 보며 무슨 생각을 하시나요? 예전에 저는 꽃의 아름다움에 감탄을 하면서도 얼마 지나지 않아 시들고 죽어 버릴 모습을 상상하며 화무십일홍, 인생무상을 떠올렸습니다. 한 해밖에 못 살고 죽는 꽃이 안쓰럽게 느껴지기도 했고요. 하지만 아이들은 다른 것 같습니다. 이해가 안 되는 탓도 있겠지만 처음에만 약간 솔깃할 뿐 마리골드의 수명에는 큰 관심이 없습니다. 그저 지금 활짝 피어 있는 마리골드 꽃을 보면서 그 모습을 오감으로 느끼고 예뻐하며 즐길 뿐입니다. 마리골드는 인간의 눈에 짧아 보이는 자신의 삶을 결코 슬퍼하지 않으며,

지금 이 순간을 부지런히 살아갈 뿐이라는 사실을 아이들은 이미 알고 있는 것 같습니다. 저도 '아이의 시간'을 보낼 때는 분명 그 사실을 알고 있었을 텐데, '어른의 시간'을 보내면서 잊어버린 것 같아 아쉽기만 합니다. 제 '아이의 시간'은 지금 어디로 가 버렸을까요? 되찾을 방법은 없을까요?

나의 하루,
나만의 라이프 사이클

영화 〈플랜맨〉(2013)을 보셨나요? 이 영화의 주인공 '정석'은 1분 1초도 어긋남 없이 생활하는 남자입니다. 아침 6시에 일어나서 밤 10시에 잠들 때까지 모든 행동은 손목시계에서 울리는 알람에 맞춥니다. 심지어 점심시간에도 정확히 12시 15분에 알람이 울려야 편의점에 들어갑니다. 그는 이렇게 계획에 맞춰 생활하는 것이야말로 세상이 잘 돌아간다는 뜻이며, 성실함과 건강함을 뜻한다고 생각합니다. 영화는 이런 정석과 정반대 성격을 가진 여자 '소정'이 나오면서 재미있어집니다. 정석은 이제껏 지켜 오던 규칙과 리듬이 소정 때문에 깨어지니 처음에는 불안하고 힘들어하지만, 점점 소정을 좋아하게 되면서 자연스레 자신의 둘레에 높게 쌓았던 담을 서서히 무너뜨립니다.

그렇다면 정석은 소정을 만나기 전까지 왜 이리 강박이라 할 만큼 계획에 맞춰 생활했을까요? 정석의 어린 시절, 엄마는 늘 꼼꼼하고 빈틈없이 아들을 챙겨 주며 큰 기대를 걸었습니다. 이로 인해 정석은 늘 스트레스를 받았지요. 그러던 어느 날 엄마가 갑자기 불의의 사고로 죽습니다. 하지만 정석은 엄마와 정신적으로 헤어지지 못했습니다. 그래서 어른이 되어서도 여전히 엄마가 원하던 행동을 해 왔던 겁니다. 그게 바로 계획에 맞춘 삶이었습니다.

〈플랜맨〉은 영화라서 과장된 부분도 있지만, 누구나 사회생활을 하다 보면 계획에 맞춰 움직일 수밖에 없습니다. 저 또한 지금은 시간을 자유롭게 쓰는 편이지만, 회사에 다닐 때는 정석과 비슷했습니다. 정해진 시간에 일어나서 회사에 출근하고 일을 하다가 점심을 먹고, 또 일을 하다가 퇴근하는 생활의 반복이었습니다. 물론 반복되는 생활 자체가 나쁜 건 아닙니다. 예측 가능한 삶이 주는 안정감을 느낄 수 있으니까요. 하지만 그럼에도 불구하고 많은 사람이 그런 삶에서 벗어나려고 하는 건 아마도 규칙이 주는 안정감보다 내 안에서 두근거리는 자유 의지가 더 크기 때문일 겁니다.

아이들도 마찬가지입니다. 아이들은 어른들의 백배, 천배, 아니 그 이상의 자유 의지를 가진 존재라고 저는 생각합니다. 그런데 아이들의 현실은 어른들과 똑같습니다. 엄격한 규칙에 맞춰 다람쥐 쳇바퀴 돌 듯 생활합니다. 다만 어른들과 다른 점이 있다면 아이들은 회사나 조직 대신 부모가 짜 준 일정을 따르는 것이겠지요.

"아이들은 아직 어려서 스스로 뭔가 결정하기는 무리잖아요. 그러니까 어른이 계획을 짜 줘야죠. 하고 싶은 대로 놔두면 계속 놀기만 할걸요? 그러다가는 나중에 아이에게 원망을 들을지도 몰라요. 왜 그때 자기

하고 싶은 대로 놔뒀냐고요."

어른들이 하는 이런 걱정을 아빠인 저도 당연히 갖고 있습니다. 아이가 학교 가기 싫다고 무턱대고 안 보낼 수도 없고, 공부하기 싫다고 무조건 게임만 하도록 놔둘 수도 없으니까요. 하지만 때로는 이런 어른의 고민과 간섭이 너무 지나쳐서 아이들이 무기력해지고 스스로 판단하는 법을 잊는 건 아닐까 걱정도 됩니다.

초등학교 졸업을 바로 앞둔 겨울방학에 6학년 아이들 여섯 명과 모두 열 번의 수업을 한 적이 있습니다. 9회까지는 매번 화분에 식물을 심거나 꽃꽂이를 해서 집에 가져갔고, 마지막 10회 때는 커다란 화분에 여럿이 함께 식물을 심어 공동 작품으로 학교에 남겼습니다. 그때 수업 대상은 선생님들이 볼 때 왠지 삐딱하거나 무기력한 아이들이었는데, 본인 의사와 관계없이 참가한지라 수업 초반에는 시큰둥한 태도를 보였습니다. "선생님, 이 수업 꼭 와야 해요? 저는 아침에 일어나기 힘들어요", "저는 이거 신청도 안 했는데 담임 선생님이 억지로 시킨 거예요", "저는 피시방으로 친구 만나러 가야 된단 말이에요" 등등 불만도 많았습니다. 다행히 수업이 두세 번 정도 진행되면서 아이들은 식물 심기에 재미도 붙이고 저와도 친해졌는데요, 한번은 식물의 하루와 라이프 사이클을 알아보는 시간을 가졌습니다.

"식물은 낮에는 햇볕을 열심히 쬐어서 영양분을 만들고 밤에는 잠을 자는 게 하루 일과야. 우리 눈에는 가만히 있는 것처럼 보여도 실은 정해진 계획대로 열심히 살고 있는 거지. 하지만 모든 식물의 하루 일과가 똑같지는 않아. 그때그때 상황에 맞춰서 자기가 해야 할 일을 찾아서 해. 지금 이 시간에도 꽃을 피워야 하는 식물은 꽃을 피우려고 애쓰고 있을 테고, 새 잎사귀를 내야 하는 식물은 영양분을 열심히 줄기 끝으로 보내고 있을 거야. 다른 식물들과 달리 밤낮을 바꿔 사는 식물도 있어. 선인장은 살고 있는 사막이 너무 뜨거워서 낮에는 일을 할 수가 없어. 숨구멍을 열었다가 잘못하면 햇볕에 몸속의 수분을 다 빼앗길 수 있거든. 그래서 낮에는 잠을 자고 시원한 밤에 일어나 일을 해."

식물의 하루 일과를 알아본 다음에는 아이들도 자신의 하루 일과를 동그란 생활계획표 양식에 적어 보는 시간을 가졌습니다. 예상대로 다들 비슷했습니다. 잠자는 시간 말고는 학교와 학원, 그리고 게임 정도였습니다. 학교와 학원에 가는 건 어른이 짜 준 계획이고, 그나마 피시방에서 게임하는 시간 정도가 자신의 의지로 정한 것이었습니다. 그렇다면 어릴 때부터 이렇게 비슷한 하루하루를 쌓아 가는 아이들이 커서는 어떤 하루하루를 만들까요? 자신의 20대, 30대 그리고 그 이후의 삶이 어떤 모습이길 바라고 있을까요? 식물의 라이프 사이클에 맞춰서 자신의 라이프 사이클을 생각해 보도록 했습니다.

아이들이 작성한 라이프사이클(282쪽 그림)을 보면, 세 아이에게는 비슷한 부분도 있고 다른 부분도 있습니다. 저는 아이들 대부분이 취직하는 시기를 식물에 꽃이 피는 때로 본 게 꽤나 흥미로웠습니다. 취직하고 스스로 돈을 벌어야 부모로부터 진정한 독립이 가능하고, 그때가 바로 인생의 꽃이 피는 시기라고 아이들은 생각하는 것 같았습니다. 부모의 잔소

나의 라이프 사이클 (이름: 김하민)

식물	땅 속 씨가 움직이다	새싹이 나다	줄기가 자라고 잎이 나다	꽃봉오리가 맺히다	꽃이 피다	꽃이 시들다	열매가 생기다	열매 속에서 씨가 여물다	씨가 땅에 떨어지다
몇 살 일까?	0살	5	군	13	14살	50	70	호예 80	
나 / 무엇을 할까?	세상에 태어나다	걸음마 8말	빨기 보지	알건 아는 나이	직업이 세계	사직	가정	차차 아프나이	사 암 / 세상을 떠나다

나의 라이프 사이클 (이름: 정현가)

14살~15살

식물	땅 속 씨가 움직이다	새싹이 나다	줄기가 자라고 잎이 나다	꽃봉오리가 맺히다	꽃이 피다	꽃이 시들다	열매가 생기다	열매 속에서 씨가 여물다	씨가 땅에 떨어지다
몇 살 일까?	0살	5살	10살		20살	60살	65살	70살	85
나 / 무엇을 할까?	세상에 태어나다	걸음마 & 말	기본지식	공부 & 놀	취직 & 결	사직	가족여행	아프다	세상을 떠나다

나의 라이프 사이클 (이름: 김동완)

식물	땅 속 씨가 움직이다	새싹이 나다	줄기가 자라고 잎이 나다	꽃봉오리가 맺히다	꽃이 피다	꽃이 시들다	열매가 생기다	열매 속에서 씨가 여물다	씨가 땅에 떨어지다
몇 살 일까?	0살	3살	8살	14쌀	20살	25살	30살	40살	죽눈
나 / 무엇을 할까?	세상에 태어나다	기어다니고 걸어다남	말하고 궁궁무를 시작했다	공부 폭탄 이다	직장을 잡는다	결혼을 한다	아이가 생긴다	직장을 얻으된다	세상을 떠나다

리에서 멀어지고 싶은 아이들의 마음이 새삼 느껴졌습니다. 그리고 표현은 좀 다르지만 아이들 모두 인생의 중반과 후반을 "직장을 다니다가 그만두고, 몸이 아프다가 죽는다"라고 적은 것도 인상적이었습니다. 물론 어른 입장에서 볼 때는 별 탈 없이 열매를 맺은 것만으로도 무난하고 성공적인 삶이라 여길지 모릅니다. 하지만 스스로 지금 자신을 꽃봉오리라고 생각한 아이들이, 미래에 자신이 만들어 낼 열매를 이렇게 판에 박은 듯이 똑같이 적은 건 왠지 어른들이 불러 준 대로 받아쓰기한 느낌이 들어 아쉬웠습니다.

〈플랜맨〉의 주인공만큼은 아니지만, 저 또한 십여 년 다니던 회사를 그만두고 나니 처음에는 하루 24시간을 마음대로 쓸 수 있다는 게 너무 좋았습니다. '자유란 이런 거구나'를 실감하는 하루하루였습니다. 하지만 하루 이틀 시간이 지나면서 저 스스로 모든 걸 계획하고 실행해야 하는 게 점점 불안해졌습니다. 남들은 아침부터 저녁까지 열심히 일하고 있는데, 왠지 저만 멈춰 있는 것 같고 알 수 없는 길을 찾아 헤매는 느낌도 들었습니다. 다행히 시간이 더 지나고 몇 번 시행착오를 거치다 보니, 스스로 하루 일과를 짜는 것도 자연스러워졌고 저만의 라이프 사이클도 생각해 보게 되었습니다. 돌이켜 보건대 그 시간들은 저에게 일종의 훈련이었던 것 같습니다.

6학년 아이들과 수업을 하던 당시, 저는 아이들이 적어 낸 비슷비슷한 '하루 일과'와 '라이프 사이클'을 보며 사실 당연한 결과라고 생각했습니다. 제가 그랬듯 아이들 또한 스스로 자신의 시간과 인생을 계획해 볼 기회가 없었을 테니까요. 하지만 그때 아이들이 집에 가져간 식물들이 자신만의 생체 시계에 맞춰서 잎을 내고 꽃을 피우며 열매를 맺는 걸 보면서, 아이들 또한 자신만의 생체 시계에 대해 한 번쯤 생각해 보았기를 바라 봅니다. 그때는 좀 삐딱하고 무기력해 보였던 아이들의 오늘 하루는 어땠을까요? 지금은 모두 20대 초반이 되어 있을 아이들이 어떤 하루 일과를 짜고 어떤 라이프 사이클을 생각하며 살고 있을지 궁금합니다.

보고 싶은
어른이고 싶습니다

수업을 하다 보면 다양한 아이들을 만납니다. 수업 시간 내내 겉돌기만 해서 다음 수업 때 어떻게 하면 좋을지 걱정되는 아이도 있고, 열심히 하는 모습이 너무 예뻐서 다음 수업 때 만나는 게 기다려지는 아이도 있습니다. 식물에는 전혀 관심이 없고 계속 그림책만 보자는 아이도 있고, 반대로 그림책은 읽어 줘도 보지 않고 식물 심을 때만 열심히 하는 아이도 있습니다.

따라서 같은 주제라 해도 수업마다 아이들의 특징과 상황을 잘 고려해서 그림책과 식물을 고르고, 시간 배분도 유연하게 할 필요가 있습니다. 제 경우에 유치원이나 초등학교에서 50분 수업을 한다고 할 때 기본적으로는 15분은 그림책 읽어 주기, 30분은 식물 심기, 나머지 5분은 정리하는 데 할애해 놓고 있지만, 그때그때 아이들의 반응에 맞춰서 시간을 조정합니다. 아이들이 그날 제가 가져간 그림책에 관심을 많이 보이면 그림책 읽어 주는 시간만 30분이 될 때도 있고, 반대로 아이들이 빨리 식물을 심고 싶어 하면 처음부터 식물을 심고 식물 이야기만 하다가 마지막에 10분 가량 가볍게 그림책을 읽어 주기도 합니다.

하지만 제가 처음부터 이렇게 아이들의 반응을 읽으려 노력하고 거기에 맞춰 수업을 했던 건 아닙니다. 수업을 시작하고 나서 처음 한두 해 정도는 미리 짜 놓은 프로그램에 맞춰서 열심히 하는 게 목표였습니다. 운 좋게도 제가 가져간 그림책과 식물을 아이들이 좋아하고 잘 따라 주어서 제 나름대로 수업에 자신감을 가질 수 있었습니다. 그렇게 별일 없이 수업을 잘해 오던 저는 어느 해 겨울 한 유치원에서 남자아이 둘을 만났습니다.

"두 아이 모두 다섯 살이에요. 낮에는 유치원에 있다가 저녁에는 24시간 어린이집으로 가요. 그리고 아침에 다시 유치원으로 오지요. 아이 부모님들은 주말에 데리러 오시기 때문에 아이들은 그때나 엄마 아빠를 만날 수 있어요. 원래 저도 이 아이들을 받을까 말까 고민을 하다가 아이들이 너무 딱해서 받았어요."

수업을 의뢰한 원장님은 아이들 이야기를 한참 해 주셨습니다. 수업은 모두 열 번으로, 내용은 꼭 그림책과 식물이 아니어도 상관없으니 아이들이 좋아할 만한 것으로 다양하게 해 주면 좋겠다고 하셨습니다. 저는 늘 해 왔듯이 다섯 살 남자아이들이 좋아할 만한 그림책과 원예 활동을 중심으로 10회기 프로그램을 짰습니다.

그런데 첫 수업을 끝내고 저는 무력감과 피로감에 휩싸였습니다. 이제껏 아이들 대부분이 좋아한 그림책과 원예 활동이 두 아이에게는 무용지물이었기 때문입니다.

'어, 이상하다. 이 그림책은 분명 아이들이 다 재미있어하는데.'

'이런 식으로 흙 만지고 놀면 다들 신나 하는데.'

두 아이는 두 번째 수업 때도 줄곧 제 주변을 맴돌기만 했습니다. 재미있는 옛이야기로 꼬드겨도 제 근처에는 오지도 않았습니다. 저와 일정 거리를 유지하고 교실에 있는 장난감을 갖고 노는 모습이 마치 보이지 않는 벽을 쌓고 저를 경계하는 것 같았습니다. 아이들의 이런 반응이 저는 혼란스러웠습니다. 이제까지는 아이들이 다 제 프로그램을 좋아한다고 생각했는데, 제가 자신 있어 하던 그림책과 식물이 한순간에 쓸모없어진 것 같아 허탈했고, 앞으로 어떻게 해야 할지도 걱정되었습니다. 그렇게 세 번째 수업도 지나가고 네 번째 수업을 맞이했습니다. 그날도 두 아이는 저를 투명 인간 취급 하면서 교실 한쪽에 있는 공룡을 갖고 놀았습니다. 그때 문득 제 머릿속에 이런 생각이 들었습니다.

'공룡 그림책을 한번 읽어 줘 볼까?'

원래 네 번째 수업에는 다른 그림책을 준비했지만, 마침 차 안에 공룡 그림책이 있어서 담당 선생님께 잠깐 아이들을 봐 달라 부탁하고는 재빨리 차에 뛰어가서 가져왔습니다.

"얘들아, 이거 공룡 나오는 그림책인데 같이 안 볼래?"

그러자 두 아이는 처음으로 제 목소리에 귀를 기울였습니다. 그리고 그림책에 관심을 보였습니다. 저는 마주 앉아 읽어 주기보다 두 아이를 제 양쪽 무릎에 한 명씩 앉히고는 같이 그림책을 보면서 읽어 주기 시작했습니다. 조마조마한 마음으로 다 읽고 나니 한 아이가 말했습니다.

"또 읽어 주세요."

아이들에게 인정받은 느낌이 들어 날아갈 듯 기뻤습니다. 아이들과 수업을 시작하고 나서 처음 느껴 보는 종류의 희열이었습니다. 다시 그림책을 읽어 주려 하자 이번에는 또 한 아이가 말했습니다.

"제가 읽어 주면 안 돼요?"

안 될 이유가 없지요. 다만 아직은 한글을 읽지 못하니 제가 읽어 준 것을 흉내 내는 정도일 거라 생각했습니다. 하지만 그림책을 한 장 두 장 넘기면서 깜짝 놀랐습니다. 아이는 방금 전 제가 읽어 준 그대로 토씨 하나 틀리지 않고 따라 읽었습니다. 제가 읽어 준 걸 단 한 번만 듣고 통째로 외운 겁니다. 그 후로도 그 아이는 다른 그림책에서도 똑같이 놀라운 능력을 보여 주었습니다. 제가 읽어 주었던 글과 행동을 똑같이 흉내 내면서 저와 다른 친구에게 책을 읽어 주었습니다.

놀라운 경험을 한 네 번째 수업 이후, 저는 힘을 빼고 두 아이를 만나기로 마음먹었습니다. 수업을 하러 교실에 들어온 아이들과 먼저 함께 놀면서, 아이들이 하고 싶은 활동 중심으로 수업을 했습니다. 그래서 종이비행기를 접어서 멀리 날리는 놀이만 한 적도 있고, 여러 색깔 털실을 가져와 실뜨기를 한 적도 있고, 점토로 공룡을 만들어 놀다가 끝난 적도 있습니다. 물론 아이들이 원하면 준비해 간 식물을 심기도 했고요. 이렇게 함께 수업을 하다 보니 어느 순간 아이들이 '음, 저 어른은 아주 나쁜 사람은 아닌 것 같아. 우리 편에 끼워 줄까?'라는 생각을 하는 것 같았고, 그 후로는 저를 정말 친구처럼 대해 줬습니다.

약 한 달 동안 열 번의 짧은 수업이었지만, 두 아이와의 만남은 저에게 아주 소중한 시간이었습니다. 자신감인 줄 알았던 자만심에서 조금은 벗어날 수 있었고, 제가 아이들에게 어떤 존재이어야 하며 무엇을 해 주어야 하는지 생각해 보는 기회가 되었습니다. 마지막 열 번째 시간에는 교실에서 수업을 하지 않고 유치원 옆에 있는 놀이터에서 함께 놀았습니다. 혹시 먹고 싶은 게 있냐고 물어봤더니 두 아이 다 꽈배기가 먹고 싶다고 했습니다. 마침 길 건너편에 빵집이 있어서 저는 양손에 아이 한 명씩 손을 꼭 잡고 빵집에 가서 꽈배기도 사 먹었습니다.

마지막 시간도 다 끝나고 어떻게 헤어져야 할까 고민하다가 왠지 오늘이 마지막이라고 말하기는 싫어서 그냥 자연스럽게 헤어졌습니다. 아마 그 후 아이들은 '그 선생님은 왜 안 올까?'라고 몇 번 생각하다가 잊어버렸겠지요. 하지만 저는 잊을 수 없습니다. 마지막 수업 날, 교실에서 아이들을 기다리는데 두 아이가 뛰어와서 제 다리에 매달리며 하는 말을 똑똑히 들었거든요.

"선생님, 보고 싶었어요."

앞으로도 늘 아이들에게 보고 싶은 어른이 되고 싶습니다.

부록

- 그린핑거의 원예 프로그램
- 그린핑거의 원예 수업 일지
- 식물을 이해하는 데 도움이 되는 그림책 50
- 원예 수업에 많이 쓰는 식물 50

그린핑거의 원예 프로그램

회기	활동 목표		활동 내용	활동 그림책	활동 식물
1	관계의 소중함 알기	관계에 대해 알아보기	식물과 사람의 관계 알아보기	푸른 개	민트
2		친구에 대해 알아보기	애벌레가 살고 싶은 화분 만들기	꿈틀이를 찾아줘	호야
3		생명에 대해 알아보기	식물을 심고 식물의 기분을 화분에 표현하기	주먹이	페페로미아
4	자연 친화적 정서와 안정감 갖기	'햇빛'과 '달빛' 알아보기	식물의 하루 일과 알아보기	해와 달이 된 오누이	미모사
5		꽃 느끼기	꽃으로 미니 부케 만들기	작은 개	천일홍
6		숲속 꾸미기	나무와 이끼로 숲속 분위기 나는 화분 만들기	폴린	칼랑코에
7		열매 느끼기	열매가 있는 식물 심어 보기	널 만나서 정말 다행이야	천량금
8	새로운 것에 관심과 흥미 갖기	사물을 자세히 살펴보기	식물의 뿌리와 잎을 그려 보고 컬러 소일 수경 재배	해치와 괴물 사형제	싱고니움
9		새로운 화분 만들기	테이크아웃 컵에 털실을 감아 알록달록 화분 만들기	빨강 파랑 강아지공	은행목
10		땅속 상상하기	화분 속에 땅속 모습을 표현해 보기	땅속나라 도둑 괴물	마삭줄
11		가시가 있는 식물 살펴보기	장미의 생김새를 살펴보고 꽃꽂이하기	꽃이 피는 아이	장미
12	오감을 자극해 상상력 확장하기	색깔의 조화 느끼기	소국으로 꽃꽂이하기	꼬마 곰곰이의 남쪽 나라 여행	소국
13		채소의 향기 느끼기	파를 심고 파의 향기 맡아 보기	채소 먹는 용, 허브	파
14		잎의 생김새 살피기	잎의 생김새를 살펴보고 느끼기	꼬마 다람쥐 얼	산호수
15		가을 편지 쓰기	마른 잎과 포푸리를 이용해 카드 만들기	우체부 아저씨와 비밀 편지	포푸리
16		알뿌리 알아보기	튤립의 알뿌리를 심고 꽃을 상상해서 그리기	헨리에타의 첫 겨울	튤립 알뿌리

17	자신의 생각을 표현하기	이야기 속 공간 상상하기(1)	화분에 무서운 무늬를 그리고 식물 심기	여우누이	아이비
18		이야기 속 공간 상상하기(2)	정글의 모습 상상하고, 정글 꾸미기(동물 피규어)	자바자바 정글	스파티필름
19		나만의 꽃 만들기	모루와 색종이를 이용해서 화분에 꽃 꽂아 넣기	제랄다와 거인	스킨답서스
20		식물의 모습 상상하기	고구마 괴물 만들기	괴물들이 사는 나라	고구마

▶ 수업 순서는 회기 순서와 관계없습니다.
▶ 회기 순서는 활동 대목표별 분류에 따라 구분해 놓은 것입니다.
▶ 연령과 성별, 인원 및 기타 상황에 따라 그림책과 식물은 바뀔 수 있습니다.

활동 그림책 서지 정보

『푸른 개』, 나자 지음, 최윤정 옮김, 주니어 파랑새, 1988
*『꿈틀이를 찾아 줘』, 마이클 그레니엣 지음, 김난주 옮김, 국민서관, 2005
『주먹이』, 김중철 엮음, 이혜리 그림, 웅진주니어, 1998
『해와 달이 된 오누이』, 홍영우 지음, 보리, 2015
*『작은 개』, 마치다 나오코 지음, 김숙 옮김, 북뱅크, 2008
『폴린』, 게오르그 할렌슬레벤 지음, 최순희 옮김, 시공주니어, 2017
『널 만나서 정말 다행이야』, 미야니시 타츠야 지음, 김지현 옮김, 달리, 2014
『해치와 괴물 사형제』, 정하섭 글, 한병호 그림, 길벗어린이, 2018
『빨강 파랑 강아지공』, 크리스 라쉬카 지음, 지양어린이, 2012
『땅속나라 도둑괴물』, 조대인 글, 홍성찬 그림, 보림, 1997
『꽃이 피는 아이』, 엔 보이토비치 글, 스티브 애덤스 그림, 왕인애 옮김, 느림보, 2007
『꼬마 곰곰이의 남쪽 나라 여행』, 도로시 마리노 지음, 이향순 옮김, 북뱅크, 2007
*『채소 먹는 용, 허브』, 컬 배스 글, 데비 하터 그림, 푸른날개, 2007
『꼬마 다람쥐 얼』, 돈 프리먼 지음, 햇살과나무꾼 옮김, 논장, 2010
『우체부 아저씨와 비밀 편지』, 앨런 앨버그 글, 자넷 앨버그 그림, 김상욱 옮김, 미래아이, 2016
『헨리에타의 첫 겨울』, 롭 루이스 지음, 정해왕 옮김, 비룡소, 2014
『여우 누이』, 이미애 글, 허태준 그림, 시공주니어, 2006
*『자바자바 정글』, 윌리엄 스타이그 지음, 조은수 옮김, 웅진주니어, 2001
『제랄다와 거인』, 토미 웅게러 지음, 김경연 옮김, 비룡소, 2008
『괴물들이 사는 나라』, 모리스 샌닥 지음, 강무홍 옮김, 시공주니어, 2017

*표시 도서는 현재 절판 상태입니다.

그린핑거의 원예 수업 일지

	4월 1주(개별 활동)
목표	관계의 소중함 알기 - '생명'에 대해 알아보기

그림책	『주먹이』
	여는 이야기 - 생명이란 무엇일까?
	               - 내 안에 생명이 있는 건 어떻게 알 수 있을까?
	               - 식물도 생명이 있을까?

준비물	식 물 페페로미아 화 분 토분 흙, 흙삽, 돌멩이, 색연필
식물 활동	1. 페페로미아의 잎을 만져 보고 느낌이 어떤지 각각 말해 본다. 2. 페페로미아가 살아 있다는 걸 어떻게 알 수 있는지 말해 본다. 3. 페페로미아의 지금 기분이 어떨지 각자 잎에 귀를 대고 느껴 본다. 4. 새 화분에 어떤 그림을 그려 주면 페페로미아가 좋아할지 생각해 가면서 그림을 그린다. 5. 모종 포트에서 페페로미아를 조심스레 꺼내어 새 화분에 옮겨 심는다. 6. 뿌리가 보이지 않을 때까지 흙을 덮어 준다. 7. 흙 위에 돌멩이를 얹어서 마무리한다. 8. 새 집에서 페페로미아가 잘 살 수 있도록 쓰다듬어 주고 좋은 말을 해 준다.
닫는 이야기	1. 페페로미아가 화분에서 잘 살려면 우리가 무엇을 해 주어야 할까? 2. 페페로미아는 우리 집에 가는 걸 좋아할까? 3. 페페로미아는 얼마나 살 수 있을까?
페페로미아를 잘 키우려면	1. 잎이 두꺼워 물을 자주 주면 잎사귀가 무르고 썩어 버린다. 물은 일주일에 한 번 화분 밑으로 물이 흘러나올 때까지 충분히 준다. 2. 직사광선을 피해 집 안 환한 곳에 놓는다.

7월 3주(모둠 활동)

목표	자연 친화적 정서와 안정감 갖기 - 숲속 꾸미기

그림책	『폴린』
	여는 이야기 - 나는 숲속에 언제 가 봤을까?
	                 - 숲속에는 누가 살고 있을까?
	                 - 숲속에서 나는 살 수 있을까?

준비물	식 물 칼랑코에 화 분 나무화분 흙, 흙삽, 돌멩이, 이끼, 동물 피규어

식물 활동	1. 숲속에 무엇이 살고 있는지 최대한 많은 이야기를 나눈다.
	2. 나만의 숲속은 어떤 모습이면 좋을지 생각해 본다.
	3. 한 화분에 칼랑코에를 3개 모아 심을 계획이므로, 화분의 어느 부분에
	    칼랑코에를 심으면 좋을지 모둠 친구들끼리 함께 정해 본다.
	4. 모종 포트에서 꺼낸 칼랑코에를 심기로 한 위치에 똑바로 세우고, 빈 부분을
	    흙으로 채운다.
	5. 흙이 빈틈없이 잘 채워진 걸 확인한 다음에는 각자 생각한 숲속 모습을
	    떠올리면서 흙을 쌓아 언덕을 만들거나 흙을 약간 파서 골짜기처럼
	    만들기도 한다.
	6. 흙 위에 이끼를 덮고 동물 피규어를 이곳저곳에 놓는다.

닫는 이야기	1. 칼랑코에 숲에 살면 기분이 어떨까? 2. 칼랑코에 숲은 앞으로 모습이 어떻게 변할까? 3. 칼랑코에 숲에 내가 살려면 무엇이 필요할까?
칼랑코에를 잘 키우려면	1. 화분이 크기도 하고 칼랑코에는 다육성 식물이므로 물은 자주 주지 않아도 된다. 2주에 한 번씩 골고루 물을 준다. 2. 꽃이 시들고 나면 조심스레 가위나 손으로 떼어 주어야 새로 꽃이 잘 핀다. 3. 직사광선을 맞지 않도록 조심하고 실내의 밝은 곳에 둔다.

10월 2주(개별 활동)

목표	오감을 자극해 상상력 확장하기 - 색깔의 조화 느끼기
그림책	『꼬마 곰곰이의 남쪽 나라 여행』 여는 이야기 - 오늘 내가 입은 옷의 색깔은 무엇일까? - 내가 제일 좋아하는 색깔은 무엇일까? - 가을에 가장 어울리는 색깔은 무엇일까?
준비물	식 물 소국(국화) 화 분 플라스틱 화기 플로랄폼, 가위
식물 활동	1. 소국을 색깔별로 하나씩 보면서 무슨 색깔인지 말해 본다. 혀꽃과 대롱꽃의 색깔이 다른 경우는 각각 관찰하고 말해 본다. 색깔별로 향기도 다른지 맡아 본다. 2. 꽃꽂이용 꽃은 왜 뿌리가 없는지 생각해 본다. 3. 화기에 플로랄폼을 넣는다. 플로랄폼의 역할을 알아본다. 4. 가위로 소국의 줄기를 잘라 플로랄폼에 꽂는다. 꽂을 때는 줄기의 끝부분이 플로랄폼 바깥으로 삐져나오지 않도록 조심한다. 5. 그냥 꽂기보다는 전체 높이와 색깔의 조화를 생각해 가면서 꽂는다. 6. 다 꽂은 다음에는 코를 가까이 대어 향기를 맡아 보고, 한 발 떨어져 자신이 만든 작품을 감상한다.
닫는 이야기	1. 소국은 꽃이 얼마나 오래 피어 있을까? 2. 소국을 선물할 사람이 있다면 누구일까? 3. 소국과 함께 주고 싶은 선물이 있다면 무엇일까?
소국을 잘 키우려면	1. 국화는 가을을 대표하는 꽃이다. 꽃의 향기를 맡으며 국화를 즐기도록 한다. 2. 꽃꽂이를 한 꽃은 화분에 심은 것처럼 오래가지 못한다. 시든 꽃부터 조심스레 플로랄폼에서 빼내 버린다. 3. 국화는 우리가 보는 꽃이 한 송이가 아니라, 꽃잎 하나하나가 꽃 한 송이란 걸 알려 준다. 테두리에 있는 꽃잎은 '혀꽃', 안쪽에 있는 꽃잎은 '대롱꽃'이다.

12월 3주(모둠 활동)

목표	자신의 생각을 표현하기 - 식물의 모습 상상하기

그림책	『괴물들이 사는 나라』
	
	여는 이야기 - 고구마는 식물의 어느 부분일까?
	                - 고구마도 꽃이 필까?
	                - 고구마는 어떻게 먹어야 맛있을까?

준비물	식 물 고구마 화 분 플라스틱 그릇 컬러 압정, 플라스틱 눈알, 이쑤시개, 전지 여러 장, 색연필

식물 활동	1. 각자 받은 고구마를 손으로 만져 보고 느낌을 이야기한다. 자신의 고구마는
	    생김새가 어떻게 다른지 말해 본다.
	2. 밭에서 자라는 고구마 사진을 함께 보면서, 고구마가 원래는 땅속에서
	    자라는 뿌리라는 사실을 확인한다.
	3. 이쑤시개, 컬러 압정, 플라스틱 눈알 등을 이용해 고구마를 괴물로
	    변신시킨다. 이쑤시개나 압정을 쓸 때는 손이 찔리지 않도록 조심한다.
	4. 고구마 괴물을 세우고 싶으면 이쑤시개를 꽂아 다리를 만들어 준다.
	5. 전지에 색연필로 자신만의 고구마 괴물 집을 그린다. 다 그린 집에는 자신이
	    만든 고구마 괴물을 올려놓는다.
	6. 이웃집 고구마 괴물들과 함께 신나게 논다.
	7. 다 논 다음에는 플라스틱 그릇에 물을 담고 고구마 괴물을 목욕시킨다.
	    고구마 괴물을 계속 물속에 두면 앞으로 어떤 일이 벌어질지 상상해 본다.
	8. 수경 재배로 키운 고구마의 모습을 관찰하고 고구마 괴물이 살아 있다는
	    사실도 확인한다.

닫는 이야기	1. 고구마 괴물에서 자라는 줄기와 잎은 얼마나 길게 자랄까? 2. 고구마 괴물은 나중에 어떤 모습이 될까? 3. 고구마 괴물도 죽을까?
고구마 괴물을 잘 키우려면	1. 그릇의 물이 마르지 않아야 쑥쑥 잘 자라므로 물을 잘 준다. 2. 나중에 고구마에 곰팡이가 피거나 너무 쭈글쭈글해지면 버린다.

식물을 이해하는 데 도움이 되는 그림책 50

식물이 소재로 등장하거나 배경이 되는 그림책을 보는 건 식물을 다각도로 이해하는 데 큰 도움이 됩니다. 원예 프로그램을 진행할 때 아이들에게 읽어 주는 그림책과 상관없이 식물을 이해하는 데 도움되는 그림책 50권을 소개합니다. 프로그램을 진행하는 어른들이 그림책으로 많은 영감과 아이디어를 얻었으면 합니다.

	책제목	지은이	출판사(출간연도)	내용
1	가장 아름다운 정원	루카 토르톨리니 글, 베아트리체 체로키 그림, 박문정 옮김	산하(2020)	식물과 함께하는 삶
2	거인의 정원	오스카 와일드 글, 리트바 부틸라 그림, 민유리 옮김	베틀북(2014)	식물이 전하는 평화의 메시지
3	꽃을 좋아하는 소 페르디난드	먼로 리프 글, 로버트 로슨 그림, 정상숙 옮김	비룡소(2017)	인간에게 꽃은 왜 필요할까?
4	꽃이 피는 아이	옌 보이토비치 글, 스티브 애덤스 그림, 왕인애 옮김	느림보(2007)	꽃이 맺어 주는 관계
5	나는 당신을 믿어요	미야니시 타츠야 지음, 송소영 옮김	달리(2015)	식물이 주는 치유의 힘
6	나는 애벌레랑 잤습니다	김용택 글, 김슬기 그림	바우솔(2019)	내 주변의 식물들
7	나무는 좋다	재니스 메이 우드리 글, 마르크 시몽 그림, 강무홍 옮김	시공주니어(2017)	나무가 좋은 이유
8	나무를 그리다	브루노 무나리 지음, 유성자 옮김	두성북스(2013)	나무 생김새의 법칙
9	나무 속의 나무 집	테드 쿠저 글, 존 클라센 그림, 공경희 옮김	시공주니어(2021)	자연과 더불어 함께 살아가기
10	날아라, 막내야	배봉기 글, 김선남 그림	사계절(2006)	식물로 배우는 자연의 섭리
11	넝쿨 넝쿨 뻗어라	안경자 글, 정지윤, 구이지현 그림	보리(2017)	덩굴식물의 매력
12	달빛 조각	윤강미 지음	창비(2021)	나를 품어 주는 식물

13	들꽃 아이	임길택 글, 김동성 그림	길벗어린이(2008)	꽃으로 만나는 아이
14	딸기 밭의 꼬마 할머니	와타리 무츠코 글, 나카타니 치요코 그림, 이영준 옮김	한림출판사(2018)	식물 열매의 아름다운 색깔
15	떡갈나무 호텔	구보 다카시 글, 고마미야 로쿠로 그림, 민점호 옮김	베틀북(2019)	동물의 안식처가 되는 식물
16	리디아의 정원	사라 스튜어트 글, 데이비드 스몰 그림, 이복희 옮김	시공주니어(2017)	희망을 주고, 마음을 이어 주는 식물
17	마법사 압둘 가사지의 정원	크리스 반 알스버그 지음, 정회성 옮김	비룡소(2019)	식물이 주는 신비로움
18	만희네 집	권윤덕 지음	길벗어린이(1995)	가정 원예의 즐거움
19	모네의 정원에서	크리스티나 비외르크 글, 레나 안데르손 그림, 김석희 옮김	미래사(2014)	화가를 구원해 준 식물
20	바람이 멈출 때	샬럿 졸로토 글, 스테파노 비탈레 그림, 김경연 옮김	풀빛(2020)	자연의 변화를 느끼게 해 주는 식물
21	봄이야기	질 바클렘 지음, 이연향 옮김	마루벌(2008)	봄에 만나는 식물들
22	빈 화분	데미 지음, 서애경 옮김	사계절(2006)	씨앗이 잘 자라려면
23	뾰족산에 사는 작은 리토라	히로노 타카코 지음, 안미연 옮김	베틀북(2001)	숲의 아름다움
24	사계절	존 버닝햄 지음, 박철주 옮김	시공주니어(2017)	식물의 사계절
25	살아있어	나카야마 치나츠 글, 사사메야 유키 그림, 엄혜숙 옮김	보물상자(2008)	생명이란 무엇일까?
26	선인장 호텔	브렌다 기버슨 글, 메건 로이드 그림, 이명희 옮김	마루벌(2008)	동물과 식물의 관계
27	세상의 많고 많은 초록들	로라 바카로 시거 지음, 김은영 옮김	다산기획(2014)	식물이 보여주는 다양성
28	수잔네의 밤	로트라우트 수잔네 베르너 지음, 윤혜정 옮김	보림(2017)	식물은 밤에 무얼 할까?
29	쑥갓 꽃을 그렸어	유현미, 유춘하 지음	낮은산(2016)	식물에서 만나는 나
30	아늑한 마법	손 테일러, 알렉스 모스 글, 신이 치우 그림, 이충호 옮김	다림(2019)	숲의 겨울나기
31	아슬아슬한 여행	앤 조나스 지음, 이상희 옮김	비룡소(2004)	식물이 키워 주는 상상력

32	아카시아 파마	이춘희 글, 윤정주 그림	사파리(2011)	식물이 떠올려 주는 추억
33	연남천 풀다발	전소영 지음	달그림(2018)	우리 곁의 식물들
34	오소리네 집 꽃밭	권정생 글, 정승각 그림	길벗어린이(1997)	야생화의 아름다움
35	우리 가족은 정원사입니다	조안나 게인즈와 아이들 글, 줄리아나 스웨이니 그림, 김정하 옮김	나는별(2020)	가족을 하나로 묶어 주는 식물
36	웨슬리 나라	폴 플레이스만 글, 케빈 호크스 그림, 백영미 옮김	비룡소(2003)	내가 좋아하는 식물
37	정원에서 만나는 세상	이레네 페나치 지음	재능교육(2020)	숲속의 아름다움
38	정원을 만들자!	제르다 뮐러 지음, 이원경 옮김	비룡소(2019)	정원 만들기의 즐거움
39	조지 아저씨네 정원	게르다 마리 샤이들 글, 베네덷 와츠 그림, 강무홍 옮김	시공주니어(2017)	작은 식물의 아름다움
40	지하 정원	조선경 지음	보림(2005)	삶을 풍요롭게 하는 식물
41	쪽빛을 찾아서	유애로 지음	보림(2005)	식물의 아름다운 색깔
42	체리와 체리 씨	베라 B. 윌리엄스 지음, 최순희 옮김	느림보(2004)	식물이 주는 희망
43	커다란 나무	레미 쿠르종 지음, 나선희 옮김	시공주니어(2018)	식물이 주는 지혜
44	커다란 나무 그늘	장 클로드 무를르바 글, 나탈리 노비 그림, 박철화 옮김	느림보(2008)	식물로 만나는 심리학
45	페르디의 가을나무	줄리아 로린슨 글, 티파니 비키 그림, 선우미정 옮김	느림보(2013)	가을의 식물들
46	포인세티아의 전설	토미 드 파올라 지음, 김경미 옮김	비룡소(2007)	식물의 아름다운 전설
47	한밤의 정원사	테리 펜, 에릭 펜 지음, 이순영 옮김	북극곰(2016)	식물로 꾸는 꿈
48	할아버지의 이야기 나무	레인 스미스 지음, 김경연 옮김	문학동네(2011)	식물이 주는 상상력
49	화분을 키워 주세요	진 자이언 글, 마거릿 블로이 그레이엄 그림, 공경희 옮김	웅진주니어(2019)	식물을 잘 키우려면
50	홀라홀라 추추추	카슨 엘리스 지음, 김지은 옮김	웅진주니어(2017)	식물의 놀라운 성장 능력

원예 수업에 많이 쓰는 식물 50

수업을 할 때 쓰는 식물이 따로 정해져 있지는 않습니다. 다만 최대한 사철 볼 수 있는 식물, 실내에서도 키울 수 있는 식물, 그다지 키우기 까다롭지 않은 식물이면 좋습니다. 제가 수업을 할 때 많이 쓰는 식물을 정리해 보았습니다.

	이름과 학명	분류	원산지	특징
1	과꽃 *Callistephus chinensis*	국화과 한해살이풀	한국 북부, 만주, 중국 북부	* 동요에도 나오듯이 우리의 정서가 잘 드러나는 꽃이다. * 한여름에 꽃이 피며, 심은 화분은 실내보다 바깥에 놓는 것이 좋다.
2	국화 *Chrysanthemum morifolium*	국화과 여러해살이풀	중국, 일본 원산종의 원예 품종	* 수업에 쓰는 꽃꽂이용 국화는 '소국' 또는 '스프레이(spray) 국화'라고 하는, 꽃송이가 작은 종류이다. * 다른 꽃에 비해 오랫동안 시들지 않고 색깔도 다양해 꽃꽂이용으로 적합하다.
3	꽃베고니아 *Begonia semperflorens*	베고니아과 여러해살이풀	브라질	* 한번 핀 꽃은 오랫동안 시들지 않으며, 잎이 두꺼워 물을 자주 주지 않아도 좋다. * 꽃베고니아 외에 렉스베고니아, 구근베고니아가 있다. 이름은 비슷하나 생김새는 아주 다르므로 구입할 때 주의한다.
4	네프롤레피스 *Nephrolepis cordifolia*	고사릿과 여러해살이풀	열대, 아열대 지방	* '줄고사리속(屬)' 식물을 통틀어 부르는 이름이다. * 직사광선보다는 간접적으로 빛을 받는 것이 좋으므로, 빛이 잘 드는 실내에 두면 좋다. * 이끼(선태류)와 함께 지구의 땅 위에 처음으로 등장한 식물이다. 지구의 역사, 식물의 역사를 소개할 때 적합하다.
5	마삭줄 *Trachelospermum asiaticum*	협죽도과 여러해살이풀	한국, 중국, 대만	* 덩굴식물이므로 벽이나 공중에 거는 화분에 심어 늘어뜨리면 보기 좋다. * 튼튼하며 추위에도 잘 견딘다. * 마삭줄의 한 종류인 '초설(오색마삭줄)'은 잎 색깔이 예뻐서 인기가 많다.

6	워터코인 (물동전) Hydrocotyle verticillata	산형과 여러해살이풀	남아메리카	* 물을 좋아하며, 동그란 잎 모양이 동전을 닮아 '물동전'이라 불린다. * 보통 식물처럼 화분에 옮겨 심어 키우기도 하지만, 모종 포트 그대로 큰 그릇에 넣고 물에 담가 키워도 좋다.
7	물방울 풀 (솔레이롤리아) Soleirolia soleirolii	쐐기풀과 여러해살이풀	코르시카, 사르데냐	* 위로 뻗지 않고 바닥에 붙어 옆으로 퍼지며 자라는 덩굴성 식물이다. * 물방울처럼 작고 동글동글한 잎은 물이 마르면 금세 시들어 버리므로 물 주기에 주의한다. * '애기눈물', '천사의눈물', '병아리눈물'이라고도 불린다.
8	미모사 Mimosa pudica	콩과 한해살이풀	브라질	* 마치 신경이 있는 것처럼 움직여 '신경초'라고도 불린다. 잎줄기를 건드리면 잎줄기 양쪽의 잎들이 금세 가운데로 모인다. * 대개 환한 낮에는 잎을 활짝 펴고 있고, 어두워지면 자연스레 잎을 가운데로 모은다. * 너무 자주 만지면 스트레스를 받아 잘 자라지 못한다.
9	민트 Mentha spp.	꿀풀과 여러해살이풀	남아프리카, 오스트레일리아	* 애플민트, 스피아민트, 페퍼민트, 초코민트 등 향기에 따라 종류가 다양하다. * 잎을 살짝 건드리면 향기가 많이 난다. * 웃자라기 쉬우므로 햇빛이 드는 곳에 두고 흙이 말랐을 때 물을 충분히 주도록 한다. * 통풍이 잘되어야 병충해가 생기지 않는다.
10	방울토마토 Solanum lycopersicum	가짓과 한해살이풀	남아메리카 서부	* 열매를 먹는 채소를 소개할 때 가장 많이 이용한다. 줄기가 위로 쑥쑥 자라므로 모종을 심을 때 지지대도 함께 세워 주는 게 좋다. * 실내에서는 꽃을 잘 피우지 않으니 직사광선을 쬘 수 있는 바깥에서 키우는 게 좋다.
11	백일홍 Zinnia elegans	국화과 한해살이풀	멕시코	* 빨간 꽃이 백 일 동안 계속 핀다 해서 '백일홍'이라 부른다. * 빨강 이외에 노랑 꽃도 많이 볼 수 있다. * 꽃에 얽힌 이야기를 소개할 수 있는 대표적인 꽃이다. 백일홍에 얽힌 옛이야기를 들은 아이들은 꽃에 더욱 많은 관심을 보인다.

12	비모란선인장 *Gymnocalycium mihanovichii*	선인장과 여러해살이풀	파라과이 원산종의 원예 품종	* 기둥이 되는 녹색 선인장에 둥근 선인장을 붙여 만든 원예 품종이다. * 물을 자주 주면 기둥 아랫부분부터 물러 썩기 쉬우니 주의한다. * 둥근 선인장 둘레에 붙어 있는 자구가 땅에 떨어져 뿌리를 내리고 번식한다.
13	접란 *Chlorophytum comosum*	백합과 여러해살이풀	열대 아프리카, 중국, 인도 남부	* 줄기 끝에 달리는 새로운 포기가 거미처럼 보여서 '스파이더플랜트(spider plant)'라고도 불린다. * 난초와 비슷하게 생겨 이름에 '란'이 들어갔지만 난초는 아니다. * 잎의 가장자리를 따라 흰 줄이 그어져 있는 '비체티접란', 무늬접란이라 불리는 '나비란' 등이 모두 접란의 한 종류이다.
14	사랑초 *Oxalis triangularis*	괭이밥과 여러해살이풀	아열대 지방	* 뿌리 중간중간 알처럼 뭉쳐 있는 부분이 있는데, 그 속에 물을 저장해 놓는다. * 환한 낮에는 나비 모양의 잎을 활짝 펼치고, 어두운 밤에는 잎을 접는다. * 흔히 사랑초를 '옥살리스'라고도 부르는데, 옥살리스는 괭이밥속 식물 전체를 가리키는 말이다.
15	상추 *Lactuca sativa*	국화과 한해살이풀	유럽, 서아시아	* 잎을 먹는 채소를 소개할 때 많이 이용한다. * 한 화분에 상추만 심어도 좋지만, 한련화 등 꽃이 피는 허브 식물을 함께 심으면 화분을 더 재미있게 꾸밀 수 있다.
16	스킨답서스 *Epipremnum aureum*	천남성과 여러해살이풀	솔로몬제도	* 수경 재배에 많이 이용한다. * 실내의 빛이 잘 안 드는 곳에 놓아도 잘 살 만큼 강한 식물이다. 덩굴성이므로 늘어뜨려도 좋고, 기둥을 세워 위로 자라도록 해도 좋다.
17	스타티스 *Limonium sinuatum*	갯질경잇과 여러해살이풀	유럽 남부, 아프리카 북부	* 꽃꽂이를 할 때 쓰며, 꽃이 시들고 난 다음에도 모양과 색깔이 변함없어 드라이플라워로 활용하기에도 좋다. * 꽃 색깔이 다양해서 스타티스만으로 꽃꽂이를 해도 충분히 보기 좋다.
18	스파티필룸 *Spathiphyllum*	천남성과 여러해살이풀	콜롬비아, 베네수엘라	* 빛이 부족해도 잘 사는 튼튼한 식물로 실내 공기를 정화시키는 데에도 효과가 좋다. * 길쭉한 잎 사이에서 꽃대가 올라오는데, 꽃대 위에 흰색 불염포가 생기고, 그 사이로 기다랗고 가는 꽃이 핀다. 꽃을 보려면 밝은 실내에 두는 것이 좋다.

19	시페루스 *Cyperus involucratus*	사초과 여러해살이풀	마다가스카르	* 수생식물로, 개구리밥이나 물배추 같은 다른 수생식물과는 생김새가 달라 흥미롭다. * 먼 옛날 이집트에서 종이를 만들기 위해 시페루스의 줄기 섬유를 썼는데, 지금 볼 수 있는 시페루스는 그것의 원예종이다.
20	싱고니움 *Syngonium podophyllum*	천남성과 여러해살이풀	멕시코, 코스타리카	* 잎이 화살촉과 비슷하게 생겨서 영어로는 '화살머리 덩굴(Arrowhead Vine)'로 불린다. 새 발자국과도 비슷하게 생겼다. * 튼튼하고, 물을 좋아해서 수경 재배에 좋으나 포기를 나누기는 쉽지 않다.
21	아글라오네마 *Aglaonema spp.*	천남성과 여러해살이풀	말레이시아	* 서양에서 실내를 꾸미는 식물로 인기가 많다. * 그리 밝지 않은 실내에서도 잘 자란다. 고온 다습한 환경을 좋아하므로 따뜻한 곳에 두고 분무기로 잎에 물을 자주 뿌려 주면 좋다.
22	아이비 *Hedera helix*	두릅나뭇과 나무	유럽, 아시아, 북아프리카, 카나리아제도	* 덩굴성 식물로, 벽걸이나 공중 화분으로 많이 기른다. * 줄기가 길어서 와이어를 이용해 만드는 토피어리에 많이 쓰인다. * 튼튼할 뿐만 아니라, 잎 모양이 예뻐 인기가 많다. 단, 잎에 무늬가 있는 종류는 상대적으로 약한 편이다.
23	안개초 (안개꽃) *Gypsophila elegans*	석죽과 한해살이풀 혹은 여러해살이풀	우크라이나, 코카서스, 이란 북부	* 같은 안개초라도 화분에 심는 것과 꽃꽂이에 쓰는 것은 각각 다른 종류이다. * 꽃이 시들어도 모양과 색깔이 변하지 않아 드라이플라워로 많이 쓰인다. * 꽃은 작지만 전체적으로 풍성한 느낌이 들어 꽃꽂이 전체에 볼륨감을 줄 때 이용한다. * 물감 푼 물을 줄기로 빨아들이도록 해서 꽃에 물을 들이기도 한다.
24	율마 *Cupressus macrocarpa*	측백나뭇과 나무	미국 캘리포니아주	* 물을 제때 안 주거나 가지를 자르다 생장점을 다치게 하면 금세 잎이 누렇게 말라 버리니 주의한다. * 가지를 살살 손으로 쓰다듬으면 향기가 난다. * 햇빛을 많이 받아야 선명한 잎 색깔과 향기가 유지된다.

25	은행목 *Portulacaria afra*	쇠비름과 여러해살이풀	남아프리카	* 다육식물로, 잎 속에 물을 많이 저장하고 있어서 물을 자주 주면 썩어 버린다. * 떨어진 잎은 흙 위에 그대로 놔두면 다시 뿌리와 싹을 낸다. * 영어 이름 '코끼리 덤불Elephant bush'은 남아프리카의 코끼리들이 좋아하는 먹이라서 붙여졌다.
26	일일초 *Catharanthus roseus*	협죽도과 한해살이풀	마다가스카르, 자바, 브라질	* 일일초는 매일매일 새 꽃이 피어나 오랫동안 꽃을 볼 수 있어서 붙여진 이름이다. * 한여름을 대표하는 꽃으로, 커다란 화분에 모아 심는 편이 따로 심는 것보다 보기 좋다. * 햇빛을 많이 받을수록 꽃이 오래가고 꽃 색깔도 선명하다.
27	장미 *Rosa spp.*	장미과 나무	아시아, 유럽	* 화분에 심기보다는 꽃꽂이에 많이 사용한다. 아이들이 작업할 때는 줄기의 억센 가시에 찔리지 않도록 주의를 준다. * 꽃의 향기도 좋고 꽃잎의 촉감도 좋으니 오감으로 느껴 보도록 한다.
28	제라늄 *Pelargonium spp.*	쥐손이풀과 여러해살이풀	남아프리카	* 튼튼하고 예쁘기도 하지만, 제라늄의 향기를 벌레들이 싫어해서 서양에서는 창가를 꾸미는 식물로 인기가 좋다. * 모기 쫓는 풀로 알려진 '구문초(로즈 제라늄)'도 제라늄의 한 종류이다.
29	채송화 *Portulaca grandiflora*	쇠비름과 한해살이풀	브라질, 우루과이, 아르헨티나	* 줄기가 땅에 바짝 붙어 자라고, 작고 귀여운 꽃을 많이 피워서 여름철 꽃밭 가장자리에 많이 심는다. * 줄기, 잎 속에 물이 많이 들어 있는 다육질 식물이다. * 채송화와 비슷한 종류인 '포튜라카'도 여름철 꽃시장에 함께 나온다.
30	천량금 *Ardisia japonica*	자금우과 나무	한국, 일본, 대만	* '자금우'라고도 불리며, 조그맣고 귀여운 빨간 열매가 겨울 분위기에 잘 어울린다. * 천량금처럼 빨간 열매가 달리는 식물로 산호수, 백량금(만량금)이 있다. 세 식물은 언뜻 비슷해 보이지만, 잎과 전체 생김새가 조금씩 다르다.
31	천일홍 *Gomphrena globosa*	비름과 한해살이풀	미국의 열대 지역	* 조그맣고 동그란 꽃이 핀다. * 여러 포기를 한 화분에 심어야 보기 좋다. * 천 일 동안 피어 있다는 뜻을 가진 '천일홍'이란 이름처럼, 한번 핀 꽃은 오랫동안 시들지 않는다.

32	카네이션 *Dianthus caryophyllus*	석죽과 여러해살이풀	남유럽	* 5월(어버이날, 스승의 날)이나 2월(졸업) 행사를 위한 선물용 미니 부케로 자주 이용한다. * 꽃꽂이용으로 많이 알려져 있지만, 모종을 화분에 심어도 보기 좋다.
33	칼랑코에 *Kalanchoe blossfeldiana*	돌나물과 여러해살이풀	마다가스카르	* 다육질의 두꺼운 잎이 있어 물을 자주 줄 필요가 없다. 꽃은 많이 피고 오래가는데, 시든 꽃은 떼어 주는 게 좋다. * 줄기에서 난 잎이 옆으로 누워 자라므로 다른 식물과 모아 심기에는 적당하지 않다. * 겹꽃을 피우는 '칼란디바', 꽃이 초롱처럼 생긴 '웬디'도 칼랑코에의 한 종류이다.
34	콜레우스 *Solenostemon scutellarioides*	꿀풀과 한해살이풀	자바	* 보기 드물게 붉은 잎을 가진 식물이다. 잎 색깔의 조화를 이용해 화분을 멋지게 꾸밀 수 있다. * 같은 콜레우스라도 잎의 무늬나 색깔이 모두 달라서 잎의 색감을 그림으로 표현해 보는 활동도 재미있다. * 자라면서 잎의 색깔이나 무늬가 변하기도 한다.
35	타라 *Pilea glauca*	쐐기풀과 여러해살이풀	베트남	* 줄기가 바닥에 바싹 붙어서 자라기 때문에 처음 심을 때 약간 넉넉한 크기의 화분에 심는 게 좋다. * 모루(털실 철사)를 이용해서 다닥다닥 붙어 있는 작은 잎들 위에 얼굴 표정 등 식물의 감정을 표현하는 활동을 하면 재미있다.
36	테이블야자 *Collinia elegans*	야자과 나무	멕시코 북부	* 가늘고 길게 뻗은 잎이 시원한 느낌을 주며, 다른 식물과 모아 심어도 잘 어울린다. * 직사광선을 쬐지 않아도 잘 자라므로 실내에서 키우기 좋다. * 야자 가운데 가장 키가 작은 종류이다.
37	튤립 *Tulipa spp.*	백합과 여러해살이풀	지중해 동부, 중앙아시아	* 늦가을부터 초겨울에 걸쳐 알뿌리를 심어 이듬해 봄에 꽃을 보는 식물이다. * 알뿌리로 수업을 할 때 대표적으로 쓰이며, 심은 알뿌리를 실내에 두면 봄이 되기 전 겨울에도 꽃을 볼 수 있다. * 꽃 색깔이 매우 다양하므로 여러 종류의 알뿌리를 한 화분에 모아 심어도 보기 좋다.

38	트리안 *Muehlenbeckia complexa*	마디풀과 여러해살이풀	뉴질랜드, 오스트레일리아	* 가는 줄기에 동그랗고 작은 잎이 다닥다닥 붙어서 난다. * 줄기들이 옆으로 퍼지면서 화분 전체를 매우 풍성한 느낌이 들도록 해 준다. * 물이 마르면 금세 시들어 버리므로 물 줄 때를 놓치지 말고 규칙적으로 주어야 한다.
39	패랭이꽃 *Dianthus chinensis*	석죽과 여러해살이풀	한국, 중국	* 카네이션의 원종이므로 카네이션과 함께 놓고 잎과 꽃의 생김새를 비교해 보면 재미있다. * 꽃 모양이 옛 사람들이 쓰던 모자 '패랭이'와 비슷한 데서 이름이 유래했다. 사물의 생김새에서 이름을 얻은 꽃들을 알아보는 시간을 가지면 좋다.
40	팬지 *Violet wittrockiana*	제비꽃과 한해살이풀	북유럽 원산종의 개량종	* 꽃잎 가운데 부분에 까만 무늬가 있는 것이 특징이다. * 노랑, 하양, 보라 등 꽃 색깔이 다양해서 모아 심으면 예쁘다. 색깔에 대해 알려 주는 수업에 좋다. * 늦겨울부터 봄에 걸쳐 볼 수 있는 꽃이다.
41	페튜니아 *Petunia hybrida*	가짓과 한해살이풀	남아메리카	* 한여름 길거리를 꾸미는 가장 대표적인 꽃이다. 꽃도 오래가고 색깔도 다양하다. * 벽걸이 혹은 공중 화분에 심어 놓으면 아래로 늘어져 보기 좋다.
42	페페로미아 *Peperomia spp.*	후춧과 여러해살이풀	브라질, 베네수엘라	* 다육질 식물로 자주 물을 주지 않아도 좋다. 포기가 잘 나누어지므로 나누어 심기도 좋다. * 수박페페, 아몬드페페처럼 잎의 무늬나 색깔에 따라 이름이 다른 품종이 여럿 있다. 각각 느낌이 다르므로 다양하게 활용할 수 있다.
43	포인세티아 *Euphorbia pulcherrima*	대극과 나무	멕시코 남부	* 빨간 부분은 꽃이 아니라 '포'이고, 꽃은 가운데 조그맣고 노란색 부분이다. * 예민한 식물이므로 옮겨 심을 때 뿌리가 다치지 않도록 주의한다. * '크리스마스 꽃'으로도 불리며, 크리스마스를 앞두고 많이 심는다. * 줄기나 가지가 꺾인 부분에서 하얀색의 액체가 나오는데 대극과 식물의 특징이다.
44	푸밀라 *Ficus pumila*	뽕나뭇과 나무	한국 남부, 일본, 대만, 오스트레일리아	* 덩굴성이므로 한 화분에 여러 식물을 모아 심을 때 화분의 가장자리를 꾸미는 식물로 어울린다. * 물이 부족하면 잎이 금세 시들어 버리므로 주의한다.

45	풍란 *Neofinetia falcata*	난초과 여러해살이풀	한국 남해안, 일본	* 대엽풍란과 소엽풍란이 있으나, 수업에는 잎이 조그만 소엽 풍란이 적당하다. * 원래 바위나 나무에 뿌리를 붙이고 공중의 습기를 빨아먹고 살기에 분무기로 잎에 자주 물을 뿌려 축축하게 해 주는 게 좋다.
46	프리뮬러 *Primula spp.*	앵초과 한해살이풀	중국	* 봄이 되면 땅에 바짝 붙다시피 낮은 꽃대에서 꽃을 피우는데, 원색의 화려한 꽃이 아이들의 눈길을 끈다. * 오브코니카, 줄리앙, 폴리안타, 말라코이데스 등 품종이 다양한데, 모두 인기가 많다. * 밖에서 직사광선을 받아야 꽃이 오래 피고 색깔도 유지된다.
47	피토니아 레드스타 *Fittonia verschaffeltii*	쥐꼬리망촛과 여러해살이풀	페루	* 잎맥의 색깔이 다양한데, 잎맥 색깔에 따라 레드스타 이외에도 핑크스타, 화이트스타, 오렌지스타 등 여러 품종이 있다. * 줄기에 난 흰색 솜털이 귀엽고, 물만 잘 주면 잘 자라서 키우기도 좋은 식물이다.
48	한련화 *Tropaeolum majus*	인동과 한해살이풀	페루, 콜롬비아, 브라질 고산지대	* 한여름에 볼 수 있는 꽃으로 바깥에서 키워야 오랫동안 꽃을 볼 수 있다. * 잎과 꽃을 먹을 수 있는 식물이지만, 꽃시장에 있는 것은 농장에서 약을 뿌렸을 수도 있으므로 안 먹는 편이 좋고, 새로 자라는 잎과 꽃을 비빔밥 등에 넣어 먹으면 좋다.
49	호야 *Hoya carnosa*	박주가릿과 여러해살이풀	일본 남부, 중국, 오스트레일리아	* 잎이 두꺼운 다육질 식물로, 물을 자주 주지 않도록 한다. 다른 식물과 모아 심을 때도 트리안이나 푸밀라처럼 물을 자주 줘야 하는 식물과는 함께 심지 않는다. * 햇볕을 잘 쬐면 초록 이외에도 하양, 분홍의 잎을 볼 수 있어 아이들이 신기해한다. * 초콜릿 향기가 나는 하얗고 예쁜 꽃을 피운다.
50	호야 케리 *Hoya kerrii*	박주가릿과 여러해살이풀	동남아시아	* '호야'의 한 종류로 잎만 떼어 내 잎꽂이로 뿌리를 내린 것이다. 꽃시장에서는 잎 위에 그림을 그려 팔기도 한다. * 생김새 때문에 '하트선인장'이라고 불리는데, 실제로 선인장은 아니며 다육질의 덩굴식물이다.